Antico
Panpepato
Nannini
Siena
Panforte Nero

Karten und Pläne

☐ Service

Leserforum

Die Meinung unserer Leserinnen und Leser ist wichtig, daher freuen wir uns von Ihnen zu hören. Wenn Ihnen dieser Reiseführer gefällt, wenn Sie Hinweise zu den Inhalten haben – Ergänzungs- und Verbesserungsvorschläge, Tipps und Korrekturen – dann kontaktieren Sie uns bitte:

Redaktion ADAC Reiseführer
ADAC Verlag GmbH
Am Westpark 8, 81365 München
Tel. 089/76 76 41 59
verlag@adac.de
www.adac.de/reisefuehrer

Toskana Impressionen

Traumlandschaft zwischen Bilderbuchstädten und Kunstschätzen

Die Toskana ist mehr als die **Landschaft** im Herzen Italiens, die von den Regionen Ligurien und Emilia Romagna im Norden, Umbrien und Marken im Osten und Latium im Süden eingerahmt wird. Die Toskana ist mehr als ein **Urlaubsgebiet** mit Mittelmeerstränden, Jachthäfen, Skigebieten, Thermalanlagen, Klöstern, Galerien und Weinstöcken. Eine Unzahl von Berichten prominenter Reisender über den Reiz der Kunstschätze, eingebettet in liebliche Landschaft, verdichtete sich in den Köpfen der Leser zu dem **Traum** der Toskana, den vorzugsweise Nordeuropäer an kalten, grauen Wintertagen zu träumen pflegen.

Sie träumen dann von Zypressenalleen, die zu zauberhaften alten Weingütern führen, von Zitronengärten und Olivenhainen, von piniengekrönten samtenen Hügeln am Horizont, die im Frühnebel liegen und sich erst dann ganz preisgeben, wenn die Sonne den Schleier öffnet. Das alles gibt es wirklich. Sie träumen von einer Landschaft voll unberührter Natur. Diese Landschaft gibt es nicht.

Oben: *Berühmter Jüngling – Michelangelos David vor dem Palazzo Vecchio in Florenz*
Rechts oben: *Einzigartig – die muschelförmige Piazza del Campo in Siena*
Rechts Mitte: *Toskanisches Lebenselixier – Wein aus dem Chianti-Gebiet*
Rechts: *Toskanisches Szenenbild – Pinien, sanfte Hügel und einsame Landhäuser*

Bilder einer Landschaft

Die Toskana ist eine **Kultur-Region**, seit 2500 Jahren geformt von Menschenhand. Jeder Zentimeter dieses 22 990 Quadratkilometer umfassenden Landstrichs wurde von Bauern durchpflügt, von Schlachtenblut getränkt, von Mönchen, Bürgern und Herrschern besiedelt, die Straßen, Brücken, Burgen, Städte,

Tempel, Kirchen und Paläste errichteten, zum eigenen Schutz, zur Ehre Gottes, zur Verdammnis der Feinde, aus Prunklust.

Dass das uralte Land der **Etrusker**, die der Toskana den Namen gaben, so ›ursprünglich‹ wirkt, ist der umsichtigen Verwaltung dieser Region zu verdanken. Obwohl heute nur noch drei Prozent des Bruttosozialproduktes in der **Landwirtschaft** erzielt werden, ließen die Bewohner es nicht zu, ihre Region zugunsten der Industrieentwicklung und des Mas-

sentourismus unter Zement zu begraben. Die Toskaner waren die ersten Italiener, die auf einen **sanften Tourismus** setzten.

Dabei gibt es den typischen Toskaner so wenig wie die typische *toskanische Landschaft:* Die Region, zu 67 Prozent hügelig, zu 25 Prozent bergig und zu 8 Prozent eben, besteht aus zahllosen Landschaften: Welten trennen die sanften Hügel um **Pienza** von den schroffen Apuanischen Alpen bei **Carrara**, die feinen breiten Sandstrände der **Versilia** von den Felsenklippen der Halbinsel **Monte Argentario**, die fruchtbaren Ebenen der **Maremma** von den tannenbewaldeten Höhen und Tälern des Mugello nordöstlich von **Florenz**.

Von Region zu Region

Weil die Toskana seit Jahrtausenden eine um die Städte konzentrierte Region ist, folgt der Führer dieser Struktur. Ausgehend vom Zentrum der Toskana, der Stadt **Siena**, ist jeder *Provinzhauptstadt* mit der dazugehörigen Region ein eigenständiges Kapitel gewidmet.

Auf **landschaftliche Besonderheiten**, ebenso wie auf kulturelle oder gesell-

Oben: *Mittelalterambiente – Monteriggioni mit vollständig erhaltenem Mauerring*
Mitte: *Historienspektakel – Fußballwettkampf Calcio Storico in Florenz*
Rechts oben: *Meisterwerk der Renaissance – Fresken von Luca Signorelli und Sodoma in der Abbazia di Monte Oliveto Maggiore*
Rechts Mitte: *Lauschiges Plätzchen vor erhabener Kulisse – Piazza del Duomo in Arezzo*
Rechts: *Brückenreigen in Florenz*

schaftliche Gepflogenheiten, geht der Führer daher auch Region für Region ein. Denn das Selbstbewusstsein und die Selbstständigkeit der Regionen haben sich bis heute bewahrt.

Nicht einmal das, was man den klassischen **toskanischen Dialekt** nennt, klingt in allen Regionen gleich. Die **Spezialitäten der Küche** können von Dorf zu Dorf völlig unterschiedlich sein, ebenso wie der **Wein**. Wer sich der Toskana nähern will, muss sich daher zunächst von dem Gedanken verabschieden, ein in sich zusammenhängendes, homogenes Gebiet vor sich zu haben.

Reiz der Vielfältigkeit

Die Faszination der Toskana steckt im Gegenteil: Dem aufmerksamen Betrachter wird sich eine unglaubliche **kulturelle Vielfalt** präsentieren, die entstehen konnte, weil mächtige, mitunter reiche autonome Bürgerschaften Kunst in Auftrag gaben, um sich selbst verherrlichen zu lassen.

Eine – wenn auch umstrittene Theorie – bemisst die geschichtliche Bedeutung

der einzelnen **Kunstzentren** der Toskana an der Größe der Taufkapellen.

Das monumentale Baptisterium in **Pisa** und die grandiose Taufkirche unterhalb des Doms von **Siena** sind demnach nicht nur Zeichen der Frömmigkeit, sondern auch Ausdruck für den Stellenwert, den die Republikaner der Geburt eines weiteren freien Bürgers beimaßen. Denn da wurde mit großer Freude ein Mensch in die Gemeinschaft aufgenommen, der verpflichtet war, sein Leben lang für die Republik zu kämpfen. In den italienischen Städten jedoch, die in ständiger Abhängigkeit vom Kirchenstaat oder eines Königshofes waren, entstanden keine erhabenen Taufkirchen.

Mit Liebe pflegen die Bewohner der Dörfer und Städte der Toskana die Erinnerung an die Zeit, als sie als Republiken **Weltgeschichte** schrieben. Besucher, die sich für die Vergangenheit und die Kultur dieses Landstriches interessieren, die nachfragen, welche Traditionen in den jeweiligen Orten gepflegt werden, wel-

Oben: *Strandidyllen auf der Insel Elba*
Rechts: *Tafelfreuden mit Zutaten der Region*
Unten: *Landschaftsträume und Klosterromantik– Abbazia di Monte Oliveto Maggiore*
Rechts oben: *Zeit für den abendlichen Bummel– Corso Italia in Arezzo*

che Spezialitäten und welche Weine die Menschen hier erzeugen, sind in der Toskana überaus geschätzte Gäste. Man lädt sie dann gern zu einem Schluck Wein oder einem Stück Wildschweinsalami ein, um sich gemeinsam darüber zu freuen, dass es dieses wunderschöne, von Gott geliebte Land überhaupt gibt.

Der Reiseführer

In zehn Kapiteln beschreiben die Autoren die Highlights der Toskana. **Übersichtskarten** und **Stadtpläne** erleichtern die Orientierung. Besondere Empfehlungen zu den Sehenswürdigkeiten, Hotels, Restaurants etc. bieten die **Top Tipps**. Den Besichtigungspunkten sind **Praktische Hinweise** mit Tourismusbüros sowie Hotel- und Restaurantadressen angegliedert. Der **Aktuelle Teil** bietet alphabetisch geordnet Nützliches von Informationen vor Reiseantritt über Essen und Trinken bis zu Verkehrsmitteln. Hinzu kommt ein umfassender **Sprachführer**. Ein **Kaleidoskop** interessanter Kurzessays rundet den Reiseführer ab.

Geschichte, Kunst, Kultur im Überblick

Von Etruskern, Römern, der Macht der Medici und modernem Umweltbewusstsein

Frühgeschichte bis Bronzezeit Zeugnisse der Existenz von Neandertalern wurden bei Arezzo und in den Apuanischen Alpen gefunden. Knochen des Homo sapiens kamen bei Talamone ans Licht. Bei Cetona entdeckten Archäologen Reste eines Dorfes der Bronzezeit.

11.–10. Jh. v. Chr. Mit Beginn der Eisenzeit verbreitet sich die Villanova-Kultur in der Toskana. Zu diesem Zeitpunkt wandern die Etrusker aus Kleinasien oder Asien ein oder entwickeln sich, nach einer anderen Theorie, aus italischen Stämmen und bilden ihre Hochkultur durch Unterwerfung weniger hoch entwickelter Gemeinschaften.

10.–6. Jh. v. Chr. Die Etrusker werden eine der beherrschenden Mächte des Mittelmeerraums. Die Blütezeit etruskischer Kunst bricht im 7. Jh. v. Chr. an.

5. Jh.–396 v. Chr. Die Etrusker verlieren wichtige Kriege gegen Griechen und Phönizier. Mit der römischen Eroberung der bedeutenden Etruskerstadt Veji 396 v. Chr. setzt der allmähliche Niedergang der etruskischen Herrschaft ein.

281–187 v. Chr. Die Römer erobern das Territorium des alten Etruskerreiches.

31 n. Chr. Augustus ordnet nach den siegreichen Kämpfen um die Macht in Rom die römischen Provinzen. Die Toskana wird VII. Region der römischen Verwaltungsbezirke mit dem Namen Etruria. Sie umfasst noch Teile Nord-Latiums. Da die Römer aber den Küsten der Toskana immer noch zu wenig Aufmerksamkeit widmen, verfallen die hydraulischen Meisterwerke der Etrusker, das Land verwandelt sich in weiten Teilen wieder in Sumpf.

297 Kaiser Diokletian ordnet die Verwaltungsbezirke neu. Die Toskana wird V. Region mit dem Namen Tuscia. Wirtschaftlich ist die Region durch die massiven Getreideimporte aus Ägypten und Sizilien fast ruiniert. Auch die Mineralverarbeitung hat kaum noch Bedeutung.

410 Die Stämme der Goten unter Alarich verwüsten weite Teile der Toskana, zerstören das fein gewebte Netz der Verwaltungssitze der Römer und vernichten die wichtigsten wirtschaftlichen Produktionsstätten und Verbindungen.

553 Die Toskana wird byzantinische Provinz, die Herrschaft dauert allerdings nur 16 Jahre an, danach erobern die Langobarden die Toskana. Sitz des neu geschaffenen Herzogtums Toskana wird Lucca.

774 Unter Karl dem Großen erobern die Franken das Langobarden-Reich. Die Küstenorte der Toskana werden verlassen, nachdem sich die Feldzüge der Sarazenen häufen. Nur Pisa bleibt als größte Stadt in Meeresnähe bestehen.

888–962 Die Toskana wird Teil des sog. Unabhängigen Italischen Reiches.

1056 Florenz wird zur Hauptstadt der unter einem Marchese vereinten Toskana ernannt: Die Stadt entwickelt sich dank einer blühenden Ökonomie und der Erfindung des Bankwesens sprunghaft.

1080 Pisa steigt zur bedeutendsten Hafenstadt im nordwestlichen Mittelmeer auf. Begünstigt durch die Kreuzzüge wird es einer der wichtigsten Häfen für die Einschiffung in das Heilige Land und nach Kleinasien.

ab 1100 Die Spannungen zwischen Kaiser und Kirche teilen die Städte der Toskana in zwei unversöhnliche Parteien: kaisertreue Ghibellinen und papsttreue Guelfen.

◁ *Zeugnis der etruskischen Hochkultur: Ädikulagrab in der Nekropole San Cerbone in Populonia*

Auch die Römer hinterließen Spuren in der Toskana. 3000 Plätze hatte dieses unter Kaiser Claudius errichtete Amphitheater in Fiesole bei Florenz

ab 1125 Florenz zeigt immer deutlicher expansionistische Tendenzen. Vor allem Pisa wird hart, aber zunächst erfolglos umkämpft, weil Florenz wegen seiner Textilproduktion dringend einen Hafen braucht.
ab 1200 Das durch die Einführung des Bankwesens reiche Florenz erobert die Vormachtstellung über alle Rivalen in der Toskana.
1313 Mit dem Tod von Heinrich VII. scheint der endgültige Untergang der ghibellinischen Partei sicher.
1342 Eine Bankkrise trifft Florenz und bedroht die Vormacht der Stadt in der Toskana.
1348 Die Pest des Jahrhunderts (von Boccaccio in der Einleitung seiner Novellensammlung ›Decamerone‹ beschrieben) tötet allein in Florenz 80 000 Menschen – zwei Drittel der Einwohner.
1406 Die Florentiner nehmen Pisa ein und erreichen den ersehnten Zugang zum Meer. Pisa, eine der mächtigsten Städte des Mittelmeerraums, erholt sich von diesem Schlag nie wieder.
1434 Cosimo de' Medici kommt in Florenz an die Macht und leitet damit eine – mit Unterbrechungen – drei Jahrhunderte währende Hegemonie der Medici in Florenz und später der ganzen Toskana ein.
1478 Lorenzo de' Medici versucht, ein Gleichgewicht der Kräfte in Italien aufzubauen, zwischen der Großmacht des Hauses Sforza in Mailand, den Königen von Neapel und dem Kirchenstaat.
1492 Nach dem Tod von Lorenzo besetzt der französische König Karl VIII. Florenz. Der Mönch Fra Girolamo Savonarola ruft eine kurzlebige Theokratie aus,

Förderer der Architektur, Philosophie und Dichtkunst in Florenz: Lorenzo de' Medici ▷

Auf der Piazza del Campo ergötzten sich die Sienesen an zahlreichen Wettkämpfen (hier Stier- und Bärenkampfszene um 1600). Nur der ›Palio‹ wird heute noch veranstaltet

die von fanatischer Frömmigkeit geprägt ist.

1512 Nach der Wahl von Piero Soderini zum Gonfaloniere, des höchsten Amtes der Signoria, kehren die Medici nach Florenz zurück, jedoch nur für 15 Jahre. Dann werden sie erneut verbannt, Florenz wird Bürgerrepublik.

1530 Die letzte Florentiner Republik, zu der ein Großteil der Toskana gehört, wird von Karl V. eingenommen. Karl lässt sich 1530 in Bologna zum König von Italien krönen. Die Medici kehren nach Florenz zurück.

1555 Söldnertruppen unter Führung der Florentiner belagern und vernichten Siena, die letzte freie Bürgerrepublik.

1570 Cosimo I. de' Medici (1519–1574) erhält von Papst Pius V. den Titel ›Großherzog der Toskana‹. Ausgenommen von seinem Herrschaftsbereich sind nur Lucca und Massa-Carrara sowie Teile der Küste, der Monte Argentario und Elba, das unter spanische Kontrolle gerät.

1621 Nach dem Tod Cosimos II. übernimmt ein Konsortium die Regierung der Stadt Florenz, weil der Nachfolger Ferdinando II. noch zu jung ist.

1737 Mit dem Tod von Gian Gastone, dem letzten Medici, geht die Herrschaft in der Toskana an die Familie Lorena über.

1808 Die Toskana wird von Frankreich unter dem Namen ›Etrurisches Reich‹ annektiert. Ausgenommen sind die Provinzen Lucca, Massa-Carrara und Piombino, die der Kontrolle der Familie Napoleons unterstehen.

1814 Napoleon wird nach Elba verbannt.

1815 Der Wiener Kongress setzt den Großherzog der Toskana, Ferdinand III., wieder ein.

1848 Nach Aufständen in Pisa und Florenz flieht Großherzog Leopold II. Eine republikanische Regierung

Auf dem Weg in die Verbannung: Napoleon 1814 bei der Einschiffung nach Elba

Der Ponte Vecchio in Florenz bleibt 1944 verschont von Zerstörungen der Deutschen, die den alliierten Vormarsch durch Sprengung von Brücken und Zufahrtswegen verhindern wollen

wird eingesetzt, die binnen kurzem zu einer Diktatur führt.

1852 Leopold II. kehrt mithilfe österreichischer Truppen nach Florenz zurück. Er hat alle progressiven Kräfte Italiens gegen sich.

1859 Nach einer Demonstration am 27. April 1859 fliehen der Großherzog und die Familie Lorena nach Österreich.

1860 Am 15. März 1860 entscheidet sich die Toskana, Teil des Reichs von König Viktor Emanuel II. zu werden.

1865–71 Florenz wird Hauptstadt Italiens, bis der König in Rom einzieht.

1940 Nach dem Kriegseintritt Italiens an deutscher Seite bombardieren alliierte Flieger die Städte der Toskana schwer.

1946 Ein Volksentscheid am 2. Juni 1946 begründet die Italienische Republik. Die Königsfamilie wird verbannt. Florenz wird Hauptstadt der Toskana.

1966 Im November erlebt Florenz seine bislang schwerste Flutkatastrophe.

1970 Die Toskana wird eine administrativ und legislativ teilautonome Region.

1987 Der Etruskologe Francesco Nicosia beweist durch Grabungen, dass Florenz eine römische Stadtgründung ist.

1993 Bei einem von der Mafia verübten Bombenattentat vor den Uffizien sterben fünf Menschen.

1998 Der Toskanische Archipel erhält den Status eines Nationalparks.

2001 Im Dezember wird der weltberühmte ›Schiefe Turm‹ von Pisa nach langwierigen Restaurierungs- und Sicherungsarbeiten wieder eröffnet.

2002 Florenz führt als erste von mehreren Kunststädten Italiens ein ›Eintrittsticket‹ für Busreisegruppen ein. Die Gelder sollen zur Verbesserung der Infrastruktur eingesetzt werden.

2003 35 italienische Kleinstädte, darunter in der Toskana Massa Marittima und Viareggio, schließen sich dem 1999 in Greve (Chianti) gegründeten Netzwerk ›Citta Slow‹ (www.cittaslow.info) an, das sich für Lebensqualität und Umweltschutz in den Städten stark macht.

2006 Die Parlamentswahlen im April gewinnt das Mitte-Links-Bündnis l'Unione mit Romano Prodi, der als neuer Ministerpräsident Silvio Berlusconi nach dessen fünfjähriger Regierung ablöst.

In Feierstimmung: Romano Prodi nach seinem Sieg bei den Parlamentswahlen 2006 ▷

Eine Bühne für Bilderbuchblicke –
die toskanische Landschaft gleicht den
romantischen Träumen eines Künstlers

Unterwegs

Siena und Provinz – im Herzen der Toskana

Siena bildet die größte und kunsthistorisch interessanteste Provinz der Toskana. Neben der **Provinzhauptstadt** sollte man auch die **Kleinstädte** und **Klöster** besuchen, die in die sanfte Hügellandschaft rund um Siena eingebettet sind: Pienza, die ›Idealstadt‹ des Papstes Pius II., San Gimignano, das ›Manhattan des Mittelalters‹, die Weinstädte Montepulciano und Montalcino, die Etruskerstadt Chiusi, die Pilgerstation San Quirico d'Orcia, das romantische Kastell Monteriggioni, die Ruinen der Zisterzienserabtei San Galgano, das bezaubernde Kloster Sant'Antimo und den von Sodoma mit Fresken geschmückten Kreuzgang des Benediktiner-Konvents Monte Oliveto Maggiore.

1 Siena

Plan Seite 29

Der faszinierende Geist einer eigenwilligen Republik – die Stadt der Contraden.

Wenn alljährlich am 2. Juli und am 16. August auf der Piazza del Campo der lange Einzug der rivalisierenden Stadtteile Sienas, der Contraden, zum seit dem Jahr 1147 zelebrierten **Pferderennen** ›Palio‹ beginnt, blicken die Zuschauer immer mit einem leichten Schauer auf das Ende des Zuges. Denn dort tragen Knappen die Symbole Hahn, Löwe, Viper, Bär, Schwert und Eiche, die sechs ›Geister‹-Stadtteile repräsentieren. Sie wurden nach einer Massenschlägerei am 2. Juli 1675 auf ewig vom Palio ausgeschlossen und die **Contraden** aufgelöst, aber die Banner werden weiter bei der Eröffnung des Palio mitgetragen, als wären sie ein Symbol dafür, was die Provinz Siena auszeichnet: das, was es nicht gibt.

Johann Wolfgang von Goethe empfand während seiner ›Italienischen Reise‹ das Tempo seiner Pferdekutsche als zu schnell, um die Schönheit der Landschaft in der heutigen Provinz Siena bewundern zu können. Völkerscharen von Besuchern folgten Goethe in diesen Landesteil der Toskana und bewunderten etwas, was es in der Provinz Siena nicht gibt: die unberührte Natur. Die Traumlandschaft der Provinz Siena, die, wie *D. H. Lawrence* sagte, der »Seele das Gefühl gibt, dass es ihr gut tut, hier zu sein«, ist vollkommen künstlich. Die Pinien und Zypressen, die

Panorama zum Verlieben: Siena mit Piazza del Campo vor toskanischer Landschaft

die Landschaft prägen, werden seit Jahrhunderten von Menschen gepflanzt. Die sanften, wie mit Samt überzogenen Hügel, die sich an die Ufer der Flüsse schmiegen, sind das Ergebnis von jahrhundertelanger harter Arbeit. Wenn es überhaupt noch so etwas wie unberührte Natur in dieser Provinz gibt, dann in den Bergen des **Monte Amiata** (rund 20 km südlich von Montalcino), aber diese Berglandschaft, die an die vorderen Alpen erinnert, meint der Besucher nicht, wenn er an die Provinz Siena denkt.

Was er meint, ist die Vielzahl von **Stadtpalästen**, die erwartungsgemäß allerlei wertvolle Kunstgegenstände beherbergen, die sich in stilechter Umgebung betrachten lassen, die **Wohlstand**, Liebe für die Künste und einen gepflegten Lebenswandel verraten. Aber was der Besucher da sieht, das liebliche, künstlerisch interessante, zum Spaziergang einladende Siena, auch das hat es in der Vergangenheit so nie gegeben. Zur Zeit der Blüte Sienas nutzten die Sienesen die Fenster ihrer Paläste nicht, um das Tageslicht einzufangen, um ihre Bilder und Statuen geschickt zu beleuchten, wie etwa im 17. Jh. die reichen Florentiner, sondern um durch die Fenster mit einer Armbrust unliebsame Gegner zu bekämpfen.

Sieneser Fehden

Der Hass unter den verfeindeten Parteien der Stadt war so groß, dass am Silvesterabend 1494 die streitenden ›Novi‹ und ›Popolari‹ im Dom vom Bischof gezwungen wurden, sich zu küssen und zu verzeihen.

In den Kirchen zeigt man heute dem Betrachter **Meisterwerke**, die aus Liebe zur Kunst angefertigt worden sein sollen. Doch die wichtigsten Bilder, die in Siena entstanden oder von sienesischen Künstlern in der Provinz geschaffen wurden, entstanden weder aus Kunstliebe noch aus purer Frömmigkeit. Sie hatten einen

Im Galopp um den Campo

TOP TIPP

Der **Palio** ist kein Touristenspektakel, kein farbenfrohes Volksfest und auch kein normales **Pferderennen**. Er ist brutal, gnadenlos und parteiisch. Auch deshalb kämpfen Tierschützer aussichtslos gegen den Palio, der Siena in zehn unversöhnliche Lager teilt. Allein bei den Proberennen an den Vortagen der eigentlichen Veranstaltung kam in den vergangenen Jahren ein gutes Dutzend Pferde um. Die jahrhundertelang in Fraktionen zerrissene Stadt erfand Stierkämpfe und Ballspiele, Fechter- und Ringerturniere, um die Feindschaft unter den **Stadtteilen**, den Contraden, in Wettkämpfen zu kanalisieren. Einzig der Palio blieb übrig, weil er so spektakulär ist. Kaum jemand, der auf der **Piazza del Campo** steht, kann sich vorstellen, dass zehn reinrassige Rennpferde gleichzeitig dreimal diesen Platz umpreschen können, ohne sich alle Knochen zu brechen, was ja oft genug vorkommt. Um das Rennen überhaupt zu ermöglichen, reicht es, wenn die Pferde ohne Reiter ins Ziel laufen, da diese immer wieder einmal auf der Strecke bleiben.

Früher nahmen alle 17 Contraden am Palio teil. Weil es dabei allzu viele Opfer unter Pferden und Reitern gab, dürfen heute nur noch **zehn Pferde** gleichzeitig laufen, die den Contraden vor dem Rennen zugelost werden. Sabotageakte in den Ställen gehören zu den klassischen Rennvorbereitungen. Vor dem Start ziehen **Fahnenschwenker** über den Platz und tragen den Palio herein, eine bemalte Fahne für den Sieger. Nach mehr als einer Stunde **Umzug** beginnt die komplizierte Startprozedur. Am Fonte-Gaia-Brunnen dirigieren die Reiter ihre Pferde in eine mit Seilen abgesperrte Startzone. Die Sienesen, die sich auf dem Platz drängen oder einen Fensterplatz gemietet haben, ertragen sie mit endloser Geduld. Wenn schließlich das Seil fällt, sind alle Mittel erlaubt. Die ›Fantini‹, die **ohne Sattel und Steigbügel** reiten, dürfen ihren Widersachern auch mit der Peitsche ins Gesicht schlagen.

Nach wenigen Minuten ist das Rennen vorbei. Dann geraten die Sieger in Ekstase. In den Kirchen danken sie der Madonna für ihre Gnade, hängen Pferdehaare, Fähnchen und Zaumzeug in die Kapellen ihrer Contrade. Und bei den Verlierern fließen bittere Tränen der Enttäuschung, begleitet von dem Schwur nach Revanche im kommenden Jahr.

Rasantes Spektakel: Beim alljährlichen Wettstreit der Contraden auf dem Piazza del Campo liefern sich Pferde und Reiter ein erbittertes Rennen um den begehrten Palio, die Siegerfahne

Einzigartige Platzanlage: Piazza del Campo zu Füßen des mittelalterlichen Torre del Mangia

Zweck, manchmal sogar einen **militärischen**. *Simone Martini* aus Siena, eines der Genies der italienischen Malerei, wurde des Öfteren von seiner Stadtregierung, die zwischen dem 13. und 14. Jh. zu den reichsten Europas zählte, in die von Siena eroberten **Festungen** geschickt, um daheim in Siena möglichst genaue Bilder der Anlagen zu malen. Im Fall einer Verteidigung war das Wissen um die exakte Lage und Ausstattung der Festungen überlebenswichtig.

In das winzige Bergstädtchen **Roccalbegna** im Süden des Gebiets von Siena (östlich von Grosseto) schickten die Ratsherren den schon zu Lebzeiten hochberühmten Maler *Ambrogio Lorenzetti*. Er malte drei Tafelbilder, die dort noch immer in der Pfarrkirche SS. Pietro e Paolo aufbewahrt werden. Heute fragen sich die Besucher, wie in eine so kleine Stadt so hochkarätige Kunst kam, die man eher in Florenz oder eben Siena erwartet hätte. Die Antwort liegt darin, dass die Bilder die Besiedlung des strategisch wichtigen Städtchens erleichterten. Nur weil es dort anbetungswürdige Kunst gab, wie die ›Madonna delle ciliege‹ (Madonna der Kirschen), gemalt von einem Top-Künstler seiner Zeit, ließen sich überhaupt Sienesen dazu bewegen, in einen Ort am Rande des Herrschaftsgebiets zu ziehen und ihn zu verteidigen.

Bilder und Skulpturen der Kirchen Sienas, die aus reinem Kunstinteresse gemalt und bezahlt wurden, hat es nie gegeben. Selbst das berühmteste Bild der Stadt, das zu den wichtigsten Werken der italienischen Malerei zählt, nämlich die ›**Maestà**‹ von *Duccio di Buoninsegna,* entstand zwischen 1308 und 1311 auch aus ›strategischen‹ Gründen. Duccio malte eigenhändig die Widmung ›mater sancta Dei sis causa Senis requiei‹ (Heilige Mutter Gottes, sei der Grund für die Ruhe Sienas). Siena war die erste Stadt Europas, die sich auf diese Weise mit einem öffentlichen **Dokument** unter den Schutz der Madonna stellte. Dass der Mutter Gottes gerade die Sienesen besonders am Herzen lagen, davon gingen die Bürger der Stadt auch später aus: Simone Martini malte 1315 eine *›Maestà‹*, eine thronende Madonna, an die Wand des Ratssaales von Siena, die somit an den Ratssitzungen symbolisch teilnahm.

Siena bei Nacht: Glanzpunkt der Stadt ist der marmorverkleidete Dom ▷

Erzrivalen Florenz und Siena

Siena sorgte sich allerdings zu Recht um seine Sicherheit: Der ungeheure Reichtum der in ganz Europa operierenden sienesischen Kaufleute war so legendär, dass nicht wenige Staaten und Herrscher ›Appetit‹ auf Siena bekamen. **Florenz** hatte im 14. Jh. neben *wirtschaftlichen Rivalitäten* einen Grund mehr, die Sienesen zu hassen. Siena fügte Florenz die historische Schmach zu, den größten italienischen Dichter, **Dante Alighieri**, 1301 aufzunehmen, als die Florentiner ihn gerade in Abwesenheit zum Tode verurteilt hatten. Dante kehrte nie wieder in seine Geburtsstadt zurück.

Bürgerrepublik

Es war aber keineswegs der Hang zur Grausamkeit, der aus Siena eine so schöne und so einzigartige Stadt werden ließ. Neben den blutrünstigen Rivalitäten der Stadtteile und der reichen Familien besaßen die Sienesen auch wirklichen **Bürgersinn**. Wie tief republikanisch sie dachten und wie groß ihr Abscheu gegen tyrannische Regierungsformen war, zeigt die Karriere eines der größten Söhne der Provinz Siena.

Enea Silvio Piccolomini, besser bekannt als **Papst Pius II.**, geboren in Corsignano bei Siena (seinen Geburtsort taufte er später in **Pienza** um), stammte aus einer alten sienesischen Familie. Er war einer der glänzendsten **Humanisten**, die je den Thron Petri bestiegen. Seine sienesisch-republikanische Gesinnung prägte ihn derart, dass er sogar als Papst wie ein **Gegner** des **absolutistischen Systems** dachte. Pius II. liebte es, Beratern und Künstlern an seinem Hof ein Privileg zuzugestehen, das im 15. Jh. an Europas Königs- und Fürstenhöfen als Sensation angesehen wurde: anderer Meinung zu sein. Piccolomini schwebte aber nicht nur in höheren geistigen Sphären, er hatte auch einen scharfen Blick für die Alltagsprobleme von Untertanen: In seinem 1444 verfassten Büchlein ›*Vom Elend der Hofleute*‹ prangert der spätere Papst das Verhalten der wie *Tyrannen regierenden Fürsten* an, zu denen jahrhundertelang auch die Päpste gehört hatten, und beschreibt sein Mitleid für die einfachen Hofleute. Als Pius II. am 24. Februar 1459 nach Siena kam, gab es trotz seiner Gesinnung erst einmal Ärger. Als er versuchte, den **Adel** Sienas an der Regierung der Stadt zu beteiligen, wurde ihm das als Einmischung ausgelegt. Das Verhältnis besserte sich nie. Die Sienesen sahen mit Misstrauen auf den überaus mächtigen Piccolomini.

Alles andere als friedlich verlief auch der Abschied der Stadt Siena von ihrer republikanischen Staatsform und damit ihrer autonomen politischen Handlungsfähigkeit. Am 17. April 1555 wurde Siena von den Florentinern erobert. Diese Schlacht wird in den Schulbüchern als »heroischer, letzter Kampf« der Freiheit gegen die Unterdrückung beschrieben. Doch auch ein »heldenhaftes Ende der Republik Siena« hat es nie gegeben: Es gab ein brutales Gemetzel. Nur 650 Sienesen gelang die Flucht in die Bergfestung **Montalcino**, wo Florenz im Jahr 1559 den Resten der Republik Siena den überflüssigen, aber endgültigen Todesstoß versetzte.

Sienas Stadtgeschichte

Die drei Hügel zwischen den Flüssen Elsa und Arbia, auf denen die Stadt Siena liegt, waren schon von **Etruskern** besiedelt. Kaiser Augustus baute hier die Militärkolonie ›**Sena Iulia**‹ auf. Der Gründungsmythos der Stadt lautet jedoch an-

ders: Der Legende nach soll *Senio*, der Sohn von Remus, die Stadt Siena gegründet haben. Deshalb beruft sich auch Siena auf die *Wölfin*, die die Zwillinge Romulus und Remus säugte, als Wahrzeichen der Stadt. Von den Langobarden und später von den Karolingern erobert, regierten in Siena zwischen dem 10. und 11. Jh. die Bischöfe, die sogar die bisherigen Feudalherren unter ihre Gewalt zwangen. Im 12. Jh. gelang es den Bürgern von Siena, den Bischof als Regenten abzusetzen, sich unter den Schutz des Kaisers zu stellen und eine Stadträte-Regierung zu bilden. Siena blieb zunächst **ghibellinisch**, also kaisertreu, in Kontrast mit der papsttreuen Guelfenstadt Florenz. In den folgenden drei Jahrhunderten erlebte die Stadt ihre **wirtschaftliche Blüte** durch Handel und Bankgeschäfte in ganz Europa, gleichzeitig jedoch befand sie sich in ständigem Kriegszustand. Im Inneren kämpften Kaufleute und Adel, Ghibellinen und Guelfen um ihren Anteil an der Macht. Immer neue Varianten republikanischer **Räteregierungen** wechselten sich ab, während Siena gleichzeitig die Angriffe der Florentiner abwehren musste. Am 4. September 1260 besiegten die Sienesen, mit Unterstützung deutscher Ritter des Königs Manfred und der Heere von Lucca, Pisa und Cortona, in der **Schlacht bei Montaperti** das päpstlich-florentinische Heer. Aber der Triumph währte nicht lange. Der Papst belegte Siena mit einem *Kirchenbann*, die Kaufleute wurden von vielen wichtigen Handelspartnern boykottiert. Am 11. Juni 1269 verloren die Sienesen die **Schlacht bei Monteriggioni** gegen Florenz.

Trotz aller Spannungen blieb Siena noch mehr als 200 Jahre, mit einer kurzen Unterbrechung, eine freie republikanische Stadt, bis der ehemalige Ratsherr *Pandolfo Petrucci* sich 1487 als Diktator an die Macht putschte, die er an seine Söhne weitergab. 1530 zog **Kaiser Karl V.** mit seinen Truppen in Siena ein und formte eine neue Räteregierung zugunsten der reichsten Kaufleute. 1552 jagten die Bürger die Kaisertreuen aus der Stadt und verbündeten sich mit den verbannten republikanischen Florentinern unter *Piero Strozzi*. Das war der Anfang vom Ende. Cosimo I. de' Medici, der als Diktator Florenz regierte, ließ sich von Kaiser Karl V. ein 24 000 Soldaten starkes Söldnerheer schicken, das die Stadt belagerte. Nach sechs Monaten **Belagerung** gab Siena auf. Cosimo I. vereinnahmte die Stadt für sein ›Großherzogtum Toskana‹. 1859 war Siena die erste Stadt der Toskana, die für den Anschluss an das Königreich Italien stimmte.

Ein Meisterwerk Giovanni Pisanos ist die von Heiligenfiguren belebte Domfassade

Altstadt

TOP TIPP Duomo Santa Maria Assunta 1

Piazza del Duomo,
Tel. 05 77 28 30 48
www.operaduomo.siena.it
März–Mai und Sept., Okt. Mo–Sa 10.30–19.30, So 13.30–17.30 Uhr, Juni–Aug. Mo–Fr 10.30–20, So 13.30–18.30 Uhr, Nov.–Febr. Mo–Sa 10.30–18.30, So 13.30–17.30 Uhr

Sienas **Dom** thront am höchsten Punkt der Stadt. In seiner jetzigen Gestalt mit Querschiff, Kuppel und flachem Chorabschluss geht er auf einen **spätromanischen**, um 1210 begonnenen **Bau** zurück, der stufenweise erweitert wurde. So verlängerte man 1316 den Chor nach Osten, was – wegen des abschüssigen Geländes – Stützkonstruktionen notwendig und die *Taufkirche San Giovanni* (Battistero, s. S. 26) möglich machte. Die Pest von 1348, allzu hohe Baukosten und ungünstige politische Verhältnisse verhinderten den Plan eines viel größeren Doms, es blieb bei den Mauern, die noch heute rechts vom Dom (Duomo Nuovo mit *Museo dell'Opera Metropolitana*, s. S. 27) zu sehen sind. Der hohe **Campanile**, dessen von eins auf sechs nach oben hin anwachsende Zahl der Fensteröffnungen eine Aufhebung der Schwere bewirkt, war spätestens 1313 errichtet, der Gesamtbau mit Chorabschluss schließlich 1382 vollendet.

Der aus Pisa berufene *Giovanni Pisano* schuf 1284–99 die **Fassade** – erstmals in Italien eine Schauwand mit einem Skulpturen-Zyklus im Sinn der französischen Gotik. Atemberaubend ist hier die Vielfalt von Säulchen, Ornamentbändern, von menschlichen und tierischen Gestalten, Blattvariationen, Giebeln und Vorsprüngen. Zahlreiche Skulpturen sind durch Kopien ersetzt, die ausdrucksstarken Originale Pisanos werden im Museo dell' Opera Metropolitana aufbewahrt.

Das **Innere**, durch ungewöhnlich hohe rundbogige Arkaden in drei Schiffe geteilt, wirkt streng, was noch verstärkt wird durch den Wechsel von dunkelgrünen und weißen Marmorstreifen an Wänden und Pfeilern. Unter dem Gesims reihen sich *Terrakottabüsten* von 171 Päpsten (15./16. Jh.), eine interessante Galerie ungemein veristischer Physiognomien. Nicht gerade organisch vermittelt der **Kuppelraum** (über sechseckigem Grundriss) zwischen Lang- und Querhaus, doch setzte er bis 1375 den entscheidenden Raumakzent, als hier der Hochaltar mit Duccios ›Maestà‹ (befindet sich heute im Dommuseum, s. S. 28) aufgestellt war. Einzigartig ist der **Marmorfußboden** mit seinen in den Stein eingeritzten und mit verschiedenfarbigem Marmor mosaikartig gestalteten Bildern, die in 56 Feldern Sibyllen, Propheten, biblische Szenen, Allegorien sowie die Wappen der italienischen Städte zeigen. Über 40 Künstler haben zwei Jahrhunderte lang (1369–1562) an diesem prachtvollen Boden gearbeitet, darunter *Matteo di Giovanni* (›Bethlehemitischer Kindermord‹, 1481), *Pinturicchio* (›Fortuna‹, 1504) und *Domenico Beccafumi* (›Isaaks Opferung‹, 1547).

Aus der Fülle der **Ausstattung** seien hier einige der besonderen Glanzpunkte aufgeführt: Papst Alexander VII. aus dem Hause Chigi stiftete die **Cappella Chigi** [**A**] im rechten Querschiff. Der noble Raum wurde 1662 von *Gian Lorenzo Bernini* entworfen, der auch die hll. Hieronymus und Maria Magdalena beiderseits des Eingangs geschaffen hat, Skulpturen voller Leidenschaft. Am marmornen **Hochaltar** [**B**] von Peruzzi (1532) bestechen das Bronze-Ziborium Vecchiettas (1467), die beiden seitlichen Kandelaber-Engel von Giovanni di Stefano (1489), die unteren von Francesco di Giorgio (1499). Die Engel an den Chorpfeilern stammen von Beccafumi (1550), der auch die Apsis mit Fresken (u. a. Paradies-Darstellung) ausstattete. Das großartige **Rundfenster** [**C**] der Chorwand, das älteste Glasgemälde Italiens, entwarf 1287/88 *Duccio*. Drei übereinander angeordnete Bildstreifen zeigen Szenen des Marienlebens. Dem **Chorgestühl** [**D**] von Francesco und Giacomo del Tonghio (1362–92) fügte man die kunstvollen Holzintarsien mit Stillleben und illusionistischen Innenräumen hinzu (Fra Giovanni da Verona, 1503).

Berühmtestes Einzelstück des Doms, Hauptwerk *Nicola Pisanos* wie der europäischen Skulptur schlechthin, ist

TOP TIPP

die **Kanzel** [**E**] im linken Querschiff. Des Meisters Sohn *Giovanni* und *Arnolfo di Cambio* halfen bei der Arbeit der Jahre 1266–68. Die achteckige Kanzel ruht auf neun Säulen aus Granit, Porphyr und grünem Marmor, von denen vier auf Löwen stehen und die mittlere von den Personifikationen der sieben freien Künste und der Philosophie getragen wird. Die **Relieffelder** der Kanzelwände zeigen Szenen aus dem Leben Christi, von der ›Geburt‹ über die ›Kreuzigung‹ zum ›Jüngsten Gericht‹, unterbrochen von Propheten und Engeln. Wir haben hier die zweite der vier großen *Kanzeln der Pisani* (Pisa – Dom und Baptisterium; Pistoia – Sant'Andrea) vor uns. Im Vergleich zur älteren Kanzel des Pisaner Baptisteriums [s. S. 90] dominiert hier die

Nicola Pisano schmückte die Domkanzel mit Szenen aus dem Leben Christi

Bildwelt eindeutig den architektonischen Aufbau, das erzählerische Element ist ausgeweitet, die Bewegungen sind reicher. Die **Figuren** folgen wohl antiken Skulpturen, sind jedoch wesentlich lebendiger herausgearbeitet und wirken auch geschmeidiger. Wer sich Zeit nimmt, der wird erkennen, dass sich in den einzelnen Gesichtern ausgeprägte Charaktere, ja seelische Bewegungen spiegeln. Irreführend ist der heutige Eindruck des freien Stehens der Kanzel, die ursprünglich mit den romanischen Chorschranken in Verbindung stand. Nach deren Abbruch 1481 fügte *Bartolomeo Neroni* erst 1543 die Treppe hinzu.

Schräg vis-à-vis, in der Eckkapelle zwischen Chor und linkem Querhausarm, gibt es ein frühes Hauptwerk von *Tino di Camaino* zu bewundern, das **Grabmonument** [F] des Kardinals Riccardo Petroni, 1317/18. In der **Cappella di San Giovanni Battista** [G], die 1482 von Giovanni di Stefano für eine Armreliquie Johannes d. T. erbaut wurde, entzückt die *Bronzestatue des Täufers* (1457), eine der letzten Arbeiten *Donatellos*. Außerdem sehenswert sind Neroccios qualitätvolle Statue der *Katharina von Alexandrien* (1487) und Pinturicchios *Fresken* mit Szenen aus dem Leben Johannes d. T.

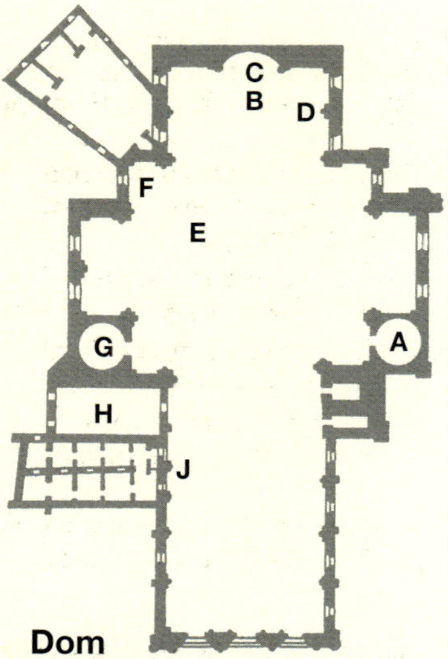

Dom

A Cappella Chigi
B Hochaltar
C Rundfenster
D Chorgestühl
E Kanzel
F Grabmonument Petroni
G Cappella di San Giovanni Battista
H Libreria Piccolomini
J Piccolomini-Altar

Ein weiterer Höhepunkt des Dombesuchs ist die Besichtigung der **Libreria Piccolomini** [H] im linken Seitenschiff. Sie wurde gegründet um 1495 von Kardinal Francesco Todeschini Piccolomini, dem späteren Papst Pius III., zur Erinnerung an seinen humanistisch gebildeten Onkel, Pius II., und zur Aufnahme von dessen Bibliothek. Ein überaus festlicher Raum: rundum freskiert, Majolika-Fußboden mit Piccolomini-Wappen, kleinteilig gegliederte Decke mit Groteskenmalereien. Die anmutigen **Fresken** von *Pinturicchio* (1502–09) zeigen die wichtigsten Lebensstationen des Enea Silvio Piccolomini. Beginnend am Fenster rechts: Aufbruch zum Konzil von Basel – als Botschafter vor dem schottischen König Jakob I. – bei der Dichterkrönung durch Kaiser Friedrich III. in Frankfurt am Main – Bischofsweihe durch Papst Eugen IV. – als Erzbischof von Siena mit dem Kaiserpaar – Empfang des Kardinalshutes – Krönung zum Papst – Aufruf zum Kreuzzug – Heiligsprechung der Katharina von Siena – Tod in Ancona. Den humanistischen Aspekt dieses Festraums unterstreicht die Gruppe ›*Drei Grazien*‹, eine römische Kopie (3. Jh.) eines hellenistischen Originals. In den Schaukästen liegen Choralbücher mit Miniaturen.

Aufmerksamkeit gebührt schließlich noch dem **Piccolomini-Altar** [J] mit dreistöckigem Renaissance-Aufbau, links neben dem Eingang zur Bibliothek, gestiftet vom Gründer der Libreria und ausgeführt von *Andrea Bregno* (1485). Berühmt sind hier die *Heiligenstatuetten*, als Frühwerke Michelangelos umstritten, doch wohl nach seinen Zeichnungen gearbeitet. Die schöne *Madonna* in der Mittelnische wird *Jacopo della Quercia* zugeschrieben, um 1400.

Battistero di San Giovanni 2

Tel. 05 77 28 30 48
www.operaduomo.siena.it
März–Mai, Sept., Okt. tgl. 9.30–19 Uhr, Juni–Aug. tgl. 9.30–20 Uhr, Nov.–Febr. tgl. 10–17 Uhr

Links vom Ausgang des Doms führt eine Treppe hinab zum Baptisterium, das zwischen den Jahren 1316 und 1325 als Substruktion für die Domerweiterung errichtet wurde und unter dem Chor liegt. Die klar gegliederte *Fassade* wurde 1382 hinzugefügt.

Raumerlebnis: Fresken von Pinturicchio schmücken die Libreria Piccolomini in Sienas Dom

Das **Innere** der Taufkirche mit seinem weit gespannten Kreuzrippengewölbe, gestaltet 1325 von *Tino di Camaino*, wird von voluminösen Pfeilern, die auch den Chor stützen, in drei Schiffe geteilt. Das Baptisterium ist in leuchtender Farbigkeit freskiert (im 19. Jh. stark übermalt). Beachtenswert ist vor allem der **Christuszyklus** vor dunklem Hintergrund in der Apsis: *Kreuzigung, Gebet am Ölberg* und *Beweinung Christi* wurden 1447 von Michele di Matteo aus Bologna geschaffen, die *Geißelung* und *Kreuztragung* darunter malte 1453 Lorenzo di Pietro, genannt ›Il Vecchietta‹.

Ein Meisterwerk der frühen Renaissance ist das hexagonale **Taufbecken** mit dem Marmorziborium auf schlankem Sockel, das zwischen 1417 und 1430 unter der Leitung *Jacopo della Quercias* entstand: Die sechs *Relieftafeln* und die eckständigen vergoldeten Messingfiguren, die das Becken umgeben, bieten dem Betrachter die einzigartige Möglichkeit, die Werke der drei bedeutendsten Bildhauer ihrer Zeit – Jacopo della Quercia, Donatello und Ghiberti – direkt miteinander zu vergleichen. Der Zyklus über das **Leben Johannes des Täufers** beginnt an der Rückseite des Beckens und verläuft im Gegenuhrzeigersinn:

1. *Zacharias wird Johannes' Geburt verkündet* (Jacopo della Quercia) und *Justitia* (Gerechtigkeit) von Giovanni di Turino
2. *Geburt Johannes des Täufers* und *Caritas* (Nächstenliebe), beide von Turino di Sano
3. *Predigt Johannes des Täufers* und *Prudentia* (Klugheit) von G. d. Turino
4. *Taufe Christi* (Ghiberti) und *Fides* (Glaube) von Donatello
5. *Johannes der Täufer vor Herodes* - (Ghiberti) und *Spes* (Hoffnung) von Donatello
6. *Festmahl des Herodes* (Donatello) und *Fortitudo* (Tapferkeit) von Goro di Neroccio.

Museo dell'Opera Metropolitana 3

Piazza del Duomo 8
Tel. 05 77 28 30 48
www.operaduomo.siena.it
März–Mai, Sept. Okt. tgl. 9.30–19 Uhr, Juni–Aug. tgl. 9.30–20 Uhr, Nov.–Febr. tgl. 10–17 Uhr

Das Dommuseum von Siena wurde 1870 in den ersten drei Jochen des rechten Querschiffs des unvollendet gebliebenen ›Neuen Domes‹ eingerichtet. Im **Erdgeschoss** fällt der Blick zunächst auf das

Meilenstein der europäischen Kunst: die ›Maestà‹ von Duccio di Buoninsegna (1308–11)

Marmortondo *Madonna mit Kind* von *Donatello* (um 1430), abgenommen von der Lünette über dem Seiteneingang am Glockenturm: Die strenge Madonna Donatellos wirkt wie eine plastische Version der Muttergottes von Duccio. Hinter diesem Tondo überrascht das Flachrelief *Der hl. Abt Antonius empfiehlt Kardinal Antonio Casini der Muttergottes* von Jacopo della Quercia: Der Stifter lässt sich hier in demütigster Haltung abbilden.

Die beiden Reliefs werden von zehn **Statuen** umrahmt, die von *Giovanni Pisano,* dem Sohn des Kanzelmeisters Nicola Pisano, zwischen 1285 und 1297 für die Fassade des Domes gemeißelt wurden. Diese Skulpturen sind die ersten Monumentalfiguren des Mittelalters mit Gesichtern und Gesten voller Lebendigkeit und Dramatik. Verblüffend, wie Giovanni Pisano durch grobe Strukturen (er arbeitete mit einem Bohrer) und die leichte Drehung der überlangen Hälse Plastizität und den Anschein von Bewegung erzielt: Die Statuen sind dazu geschaffen, aus der Ferne zu wirken.

Im **1. Obergeschoss** wird in einem klimatisierten Raum der Schatz des Dommuseums gehütet: Im Dämmerlicht erstrahlen die goldenen Heiligenscheine auf der **Maestà** [s. S. 21] von *Duccio di Buoninsegna.* Duccio, der Begründer der sienesischen Malerei, schuf dieses beidseitig gemalte Polyptychon zwischen 1308 und 1311 für den Hauptaltar des Domes [s. S. 25]. Der Gemeinde zugewandt war das 2,12 x 4,25 m große Bild der segnenden Muttergottes mit dem Kind, umgeben von einer himmlischen Schar von Engeln und Heiligen. Im Vordergrund knien die vier Schutzpatrone von Siena. Die kleinen Tafeln der Eingangswand, die 26 Szenen aus der Passion Christi darstellen, bildeten ursprünglich die Rückseite des Altaraufsatzes. Die Predellentafeln sind rechts davon an der Längswand ausgestellt. Bis 1506 schmückte Duccios ›Maestà‹ den Altar des Domes, dann musste es einem Ziborium Vecchiettas weichen. Das Werk wechselte innerhalb des Domes mehrmals den Standort, bis es 1771 auseinander gesägt wurde. Manche Teile gingen verloren, acht Bildtafeln befinden sich außerhalb Italiens, u. a. in New York, Washington und London. Duccio bleibt beim *Aufbau* seines Meisterwerkes der byzantinisch ikonographischen Tradition verhaftet, entzückt jedoch durch eine nie zuvor erreichte Farbgebung der zarten Zwischentöne, eine besonders feine Linienführung und – auf den kleineren Tafeln – die zierliche Anmut der Gestalten. Einzigartig sind die dekorativen *Details*: Feinste Mosaikeinlagen schmücken den Marmor-Thron, die preziösen Stoffe scheinen aus Goldfäden gewebt zu sein, hauchzart umhüllt der fliederfarbene Umhang das Jesuskind. Faszinierend ist die erzählerische Kraft der kleineren Tafeln, an denen unter anderem *Pietro Lorenzetti* mitgewirkt haben soll. Die Bildsprache Duccios blieb bis ins 15. Jh. hinein Vorbild. Ein Kuriosum: Während die männlichen Gestalten Duccios bereits charakteristische Gesichter aufweisen, tragen sämtliche Frauen (und Engel) das Profil der Muttergottes.

An der rechten Wand des Duccio-Saals ist die **Mariengeburt** *Pietro Lorenzettis* ausgestellt, ein Spätwerk des Sienesen von 1342, der sich im Gegensatz zu seinem Bruder Ambrogio weniger auf die narrative Darstellung als auf räumliche Gestaltung konzentriert. Dieses Bild gilt als die perfekte Innenraumdarstellung des 14. Jh. in Italien. Links daneben lädt eine **Muttergottes mit Kind** von *Duccio* zum Vergleich: Der Meister malte sie 1283, beinahe 30 Jahre vor der ›Maestà‹.

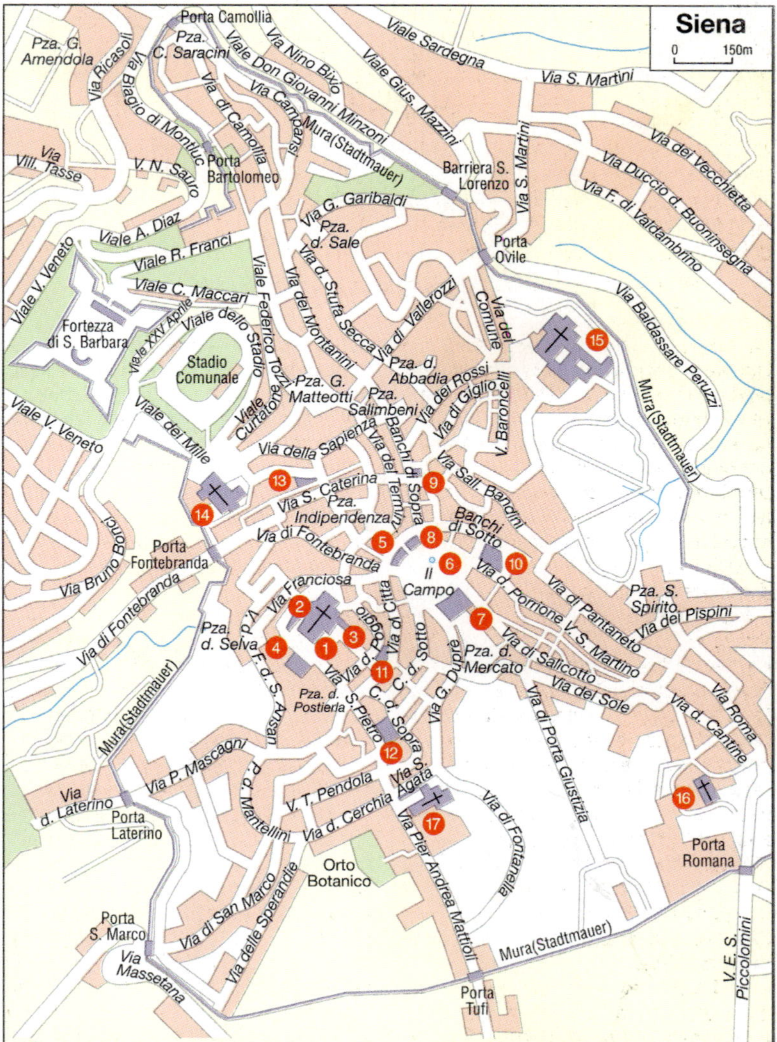

1 Duomo Santa Maria Assunta
2 Battistero di San Giovanni
3 Museo dell'Opera Metropolitana
4 Ospedale di Santa Maria della Scala
5 Palazzo Sansedoni
6 Fonte Gaia
7 Palazzo Pubblico (Museo Civico)
8 Loggia della Mercanzia
9 Palazzo Tolomei
10 Palazzo Piccolomini
11 Palazzo delle Papesse – Centro Arte Contemporanea
12 Pinacoteca Nazionale
13 Casa di Santa Caterina
14 San Domenico
15 San Francesco
16 Santa Maria dei Servi
17 Sant'Agostino

Im **Saal 2** rechts hinter dem Duccio-Raum beeindruckt die vergoldete Holzskulpturen-Gruppe *Madonna und die Heiligen Antonius, Bartholomäus, Johannes d. T. und Petrus*, die 1420 bis 1424 von *Jacopo della Quercia* und seiner Werkstatt geschaffen wurde. Die entrückt wirkende Madonnengestalt gilt als eine der besten Arbeiten des Bildhauers.

In **Saal 3 und 4** sind *Zeichnungen* aus der Dombauhütte, *Chorbücher* des 14. und 15. Jh. sowie Abbildungen der Marmorfußböden des Doms ausgestellt.

Im **2. Obergeschoss** befindet sich die *Schatzkammer* des Doms, eine Treppe höher hat man Zugang zu einem *Aussichtspunkt* an der Westfassade. Im **3. Obergeschoss** ist u. a. die Madonna mit den großen Augen (1225) ausgestellt. Diese Holztafel eines sienesischen Künstlers schmückte den Dom-Altar, bevor Duccios ›Maestà‹ sie ersetzte.

Dem Dom gegenüber liegt das Krankenhaus **Ospedale di Santa Maria della Scala** 4 (Tel. 05 77 22 48 11, www.santamaria.comune.siena.it, tgl. 10.30–18.30 Uhr, letzter Einlass 18 Uhr), dessen Gründung auf das Jahr 832 zurückreichen soll. Der **Pilgersaal** dieser Klinik ist mit einzigartigen *Fresken* ausgemalt, die die UNESCO wegen ihrer Einmaligkeit zum geschützten Kulturgut erklärte: Domenico di Bartolo aus Asciano bei Siena malte 1440–43 Krankenpfleger bei ihrer Arbeit im Krankenhaus. Im linken Seitenflügel des Ospedale ist das **Museo Archeologico Nazionale** mit vorgeschichtlichen, etruskischen und römischen Funden untergebracht.

Siena wurde auf drei Hügeln erbaut, die die Form eines Y bilden. Am Schnittpunkt liegt in einer Mulde eine einzigartige mittelalterliche Platzanlage: Die

TOP TIPP

muschelförmige **Piazza del Campo** mit ihrem charakteristischen Ziegelsteinpflaster ist noch heute fast genauso erhalten, wie sie im 14. und frühen 15. Jh. angelegt wurde. Ein Baugesetz von 1297 sorgte dafür, dass die gerundeten Patrizierpaläste, die den Platz rahmen, mit einheitlichen Fensterformen ausgestattet wurden.

Der beeindruckendste der Paläste ist der **Palazzo Sansedoni** 5: Er wurde 1339 von dem Bildhauer und Baumeister Agostino di Giovanni aus mehreren Einzelhäusern und Wohntürmen zu einem eleganten Komplex umgeformt.

An der rechteckigen **Fonte Gaia** 6 wird zweimal jährlich der ›Palio‹ gestartet [s. S. 20]. 1408 erhielt *Jacopo della Quercia* den Auftrag für den Bau des Brunnens, ein

Die Fonte Gaia entstand der damaligen Wasserarmut zum Trotz als Prestigeobjekt der Stadt. Die Originalreliefs von Jacopo della Quercia sind im Palazzo Pubblico zu sehen

Prestigeobjekt für das stets unter Wassermangel leidende Siena. Leider wurden die herrlichen Marmorskulpturen des Meisters, die 449 Jahre lang den Brunnen schmückten, durch die Witterung stark beschädigt. 1868 ersetzte *Tito Sarrocchi* sie durch freie Kopien. Die Reste der Arbeiten Della Quercias werden heute in der Loge des Rathauses ausgestellt.

Der **Palazzo Pubblico** 7, das *Rathaus* (1297–1310), stellt eines der beeindruckendsten Beispiele gotischer Architektur in Italien dar. Fenster und Portale des Untergeschosses aus Travertinblöcken sind von ›sienesischen Bögen‹ (vorgeblendeten Spitzbögen über sanften Segmentbögen) gerahmt, die Obergeschosse in rotem Backstein, der seine Farbe je nach Sonneneinstrahlung spielerisch verändert, sind mit von Säulen dreigeteilten gotischen Fenstern ausgestattet. Die beiden Seitenflügel wurden 1680 im gleichen Stil um ein Stockwerk erhöht.

Eine kühne Konstruktion ist der zwischen 1325 und 1344 errichtete 102 m hohe **Torre del Mangia** (Tel. 05 77 29 26 14, Mitte März–Okt. tgl. 10–19 Uhr, Nov.–Mitte März tgl. 10–16 Uhr) mit einer Bekrönung aus Travertin über dem Backsteinschaft. Der Name geht auf den Glöckner zurück, den die Sienesen ›Mangiaguadagni‹ (der, der den Verdienst der Bürger verzehrt) nannten. Die zinnenbewehrte Plattform bietet einen herrlichen Ausblick. Die an den Seiten offene *Kapelle* zu Füßen des Turms (1352–76) wurde als Dank für die Erlösung von der Pest des Jahres 1348 errichtet.

Bis in den späten Abend von quirligem Leben erfüllt: Restaurants auf der Piazza del Campo

TOP TIPP Museo Civico

Tel. 05 77 29 26 14
www.comune.siena.it/museocivico
Mitte März–Okt. tgl. 10–19 Uhr, Nov., Mitte Febr.–Mitte März tgl. 10–18.30, Dez.–Mitte Febr. tgl. 10–17.30 Uhr

Das ausgezeichnet restaurierte *Rathaus* beherbergt heute das Stadtmuseum von Siena. Über eine moderne Treppe erreicht man die **Ausstellungsräume im 1. Stockwerk**. Der Besucher betritt zunächst die **Sala di Risorgimento**, der Einigung Italiens gewidmet und Ende des 19. Jh. mit Szenen aus dem Leben König Viktor Emanuels II. ausgemalt. Von dort gelangt der Besucher in die fünf Säle, die den ›**Cortile di Podestà**‹ bilden und einst vom Bürgermeister als Wohnräume genutzt wurden. Zurzeit sind dort *Keramiken*, aber auch einige sehr interessante und überaus seltene *etruskische Münzen* aus Populonia ausgestellt. Die *Bildergalerie*, die in diesen Sälen untergebracht ist, bietet keine erstklassigen Schätze.

Nach diesem Rundgang erreicht der Besucher die **Sala di Balia** (Sala dei Priori), die durch einen Bogen in zwei Teile aufgeteilt ist. *Spinello Aretino* malte den Saal in den Jahren um 1407 mit *Fresken* aus. Sie erzählen Episoden aus dem Leben des Papstes Alexander III., der mit bürgerlichem Namen Orlando Baldinelli hieß, aus Siena stammte und im 12. Jh. zum Gegner von Kaiser Barbarossa aufgestiegen war. In die Nischen über den Fresken malte 1408 *Martino di Bartolomeo* die *16 Tugenden*.

Von dort gelangt der Besucher in die **Sala di Passaggio** (Sala dei Cardinali). Auf der rechten Wand ist ein *Fresko-Fragment* zu erkennen, das drei Heilige zeigt und Teil einer ursprünglich sehr viel größeren Komposition sein soll, die dem Sienesen *Ambrogio Lorenzetti* zugeschrieben wird.

Links schließt sich die **Sala del Concistorio** an, deren Eingang durch ein sehr elegantes *Portal* geschmückt ist, das Bernardo Rossellino im Jahr 1448 schuf. Die

Architektur als Symbol der Macht – vom Palazzo Pubblico aus wurde Siena regiert

Decke des Saals ist mit *Fresken* von *Domenico Beccafumi* geschmückt, die zwischen 1529 und 1539 entstanden und Allegorien zeigen. Der Besucher gelangt durch die Sala di passaggio zur **Ratskapelle**. Sie wurde nach vierjähriger Restaurierung 1993 wieder geöffnet. Die Kapelle ist mit *Fresken* von *Taddeo di Bartolo* ausgeschmückt, die der Künstler zwischen 1407 und 1414 malte. Sie enthält noch ein weiteres Kleinod, eine *Heilige Familie* von Sodoma aus dem Jahr 1536. Das *Chorgestühl* schnitzte *Domenico di Niccolò* zwischen 1415 und 1428.

An die Kapelle schließt sich die **Sala del Mappamondo** an. Der Besucher steht in einem der wichtigsten Räume für die mittelalterliche Kunst Italiens. Von der Weltkarte, der Mappamondo, die dem Saal den Namen gab, ist nichts erhalten. Zu sehen ist allerdings das leicht beschädigte, im Jahr 1315 gemalte **Fresko** der ›Maestà‹ von *Simone Martini*. Das Fresko wurde leider auf eine zu feuchte Wand gemalt, sodass Martini selbst das Bild noch im selben Jahr restaurieren musste. Das große Wandfresko gehört zu seinen besten Werken. Unter einem Baldachin thront die Madonna. Zu ihren Füßen sind die Symbole der Republik Siena zu sehen, die sich dem Schutz der Madonna empfiehlt. Beherrscht wird der Saal von dem großen, ausgezeichnet erhaltenen Fresko, das **Guidoriccio da Fogliano** bei der Belagerung von Montemassi zeigt, wo sich die aufrührerischen Feinde versteckt hielten. Simone Martini malte es im Jahr 1328. Die herrlich frischen Farben, die sechs

Jahrhunderte überstanden, die graziöse Darstellung des Reiters Guidoriccio und die weite, hügelige Landschaft mit sienesischen Feldlagern im Hintergrund haben das Fresko weltberühmt gemacht.

Durch die Sala del Mappamondo gelangt man schließlich in die **Sala della Pace** (Friedenssaal), welche die Hauptattraktion des Palazzo Pubblico darstellt. *Ambrogio Lorenzetti* hielt in einem faszinierenden **Fresken-Zyklus** Szenen aus dem täglichen Leben des Mittelalters fest, eine absolute Rarität. Er kreierte mit diesen Genreszenen aber gleichzeitig ein aufschlussreiches philosophisches und politisches Bildprogramm. Hier wird, deutlicher als an jedem anderen Ort in der Toskana, dargestellt, wie und nach welchen Wertvorstellungen die mittelalterlichen Menschen der Region dachten und lebten. Der Fresken-Zyklus entstand zwischen 1338 und 1340. Auf der Stirnwand des Saals, gegenüber dem Fenster, ist das ›Buon Governo‹, **Das gute Regiment**, abgebildet, personifiziert als Tugend, Frieden, Gerechtigkeit, Vorsicht und Stärke. Auf der linken Seite dieses Freskos sieht man die Auswirkungen dieser guten Regierung: eine einzigartig lebensvolle Darstellung des mittelalterlichen Sienas mit den Geschlechter-Türmen der reichen Familien. Der Wechsel der Jahreszeiten ist angedeutet. Leider ist das gegenüberliegende Fresko ›Mal Governo‹, **Das schlechte Regiment**, das die Auswirkungen einer schlechten Regierung zeigt, stark beschädigt. Trotzdem lassen sich einige Szenen erkennen: Mord und Totschlag herrschen in den Straßen Sienas, die Häuser sind Ruinen, ganze Landstriche verwaist. Auf diese Wand malte Lorenzetti die Tyrannei als Satan, der Platz nimmt zwischen Zwietracht, Grausamkeit und Betrug. Auf dem Fresko erscheint die Gerechtigkeit in Ketten zu Füßen des Tyrannen. Darüber schweben der Geiz, die Überheblichkeit und die Selbstsucht.

In der angrenzenden **Sala dei Pilastri** wird eines der erschreckendsten Bilder der frühen Renaissance aufbewahrt: ›Strage degli innocenti‹ (Kindermord zu Bethlehem), das Matteo di Giovanni 1482 malte.

Nahe der Piazza del Campo, in der Via di Città, befindet sich die schöne **Loggia della Mercanzia** 8, entworfen von *Sano di Matteo*, 1444 fertig gestellt: Der Bau ist ein Beispiel für den Übergangsstil von der Gotik zur Renaissance. Das Obergeschoss stammt aus dem 17. Jh.

Der gotische **Palazzo Tolomei** 9 (1205) an der Piazza Tolomei 11 ist der älteste Patrizierpalast Sienas. Heute beherbergt er eine Bank.

Beachtenswert ist auch der ab 1469 errichtete **Palazzo Piccolomini** 10 (Tel. 0577247145, Mo–Sa jeweils 9.30, 10.30 und 11.30 Uhr) mit seiner von Biforien gegliederten Renaissance-Fassade. Der Palast ist Sitz des Staatsarchivs. Dort kann der Besucher eine einmalige Sammlung *bemalter Holztäfelchen* bewundern. Diese Tafeln waren Deckel der Register des Finanzamtes und entstanden im Zeitraum zwischen 1228 und 1689.

Kunstvolle Rarität: ›Das gute Regiment‹ von Ambrogio Lorenzetti im Museo Civico

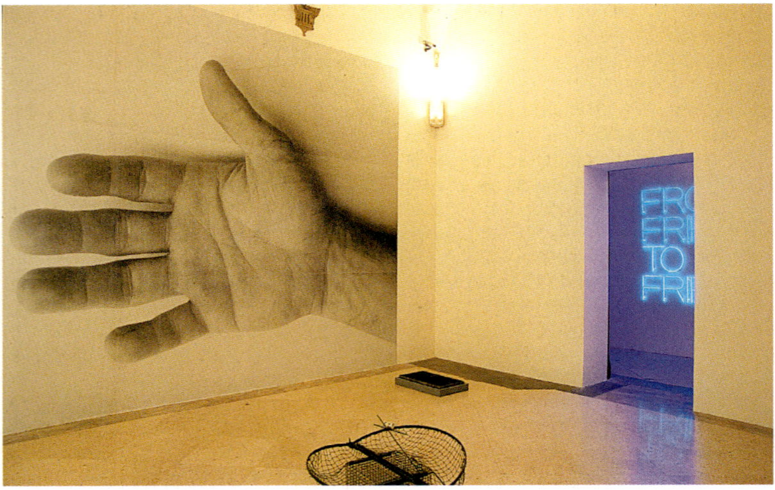

Aktuelle zeitgenössische Kunst zeigt der Palazzo delle Papesse – Centro Arte Contemporanea

Südlich der Piazza del Campo in der Via di Città lohnt der **Palazzo delle Papesse – Centro Arte Contemporanea** 11 (Tel. 0577 22 07 1, www.papesse.org, Di–So 11–19 Uhr) einen Abstecher. Der Renaissancepalast entstand 1460–95 für Caterina Piccolomini, die Schwester Papst Pius' II. 1884 wurde er mit Fresken im Stil des 15. Jh. ausgemalt und im 2. Obergeschoss mit einer Terrasse ausgestattet, die einen herrlichen Rundumblick über die Dächer Sienas bietet. Heute finden in den Innenräumen regelmäßig Wechselausstellungen internationaler zeitgenössischer Kunst statt.

Pinacoteca Nazionale 12

Tel. 05 77 28 11 61
www.comune.siena.it
Mo 8.30–13.30, Di–Sa 8.15–19.15,
So/Fei 8.15–13.15 Uhr

Der **Palazzo Buonsignori** an der Via San Pietro 29 beherbergt heute die wichtigste staatliche Sammlung sienesischer Kunst. Der Bau entstand in der ersten Hälfte des 15. Jh. und ist einer der schönsten spätgotischen Paläste Italiens. Die Pinakothek enthält Arbeiten, um die sie die besten Bildergalerien der Welt beneiden. Zu den Glanzpunkten der im 2. Stock ausgestellten Werke gehören etwa in **Saal V** die *Anbetung der Könige* von *Bartolo di Fredi* (Ende 14. Jh) mit zeitgenössischen Architekturversatzstücken Sienas, wie beispielsweise dem Dom. Man beachte besonders die lebendige Darstellung der Hunde, Affen und Kamele, während die Gesichter der Figuren noch an die des Meisters Duccio erinnern.

Auf erzählerische Kraft statt auf dekorative Details konzentrierte sich Simone Martini beim Tafelbild der *Vier Wunder des hl. Agostino Novello* (1330) in **Saal VI**: Der fliegende Lebensretter lässt unweigerlich an eine Superman-Figur aus der Comic-Welt denken. Erstaunlich ausgereift zeigt sich bereits die Gestik und Mimik der Gestalten.

Die Werke *Città sul Mare* (Stadt am Meer) und *Un Castello in Riva a un Lago* (Ein Kastell am Seeufer) von *Ambrogio Lorenzetti* in **Saal VII** zählen zu den wichtigsten Kunstschätzen Europas, denn diese **Tafelbilder** aus dem 14. Jh. sind die wohl einzigen Beispiele europäischer Malerei dieser Zeit, die reine Landschaften darstellen. Erst mehr als 100 Jahre später tauchen Nachfolger dieser Landschaftsmalerei auf. Ein weiteres monumentales Werk von Pietro Lorenzetti, die *Storie dell'Ordine carmelitano* (Geschichten des Karmeliterordens) von 1328/29 befindet sich an der gegenüber liegenden Wand.

Erst seit 1992 sind in **Saal XXX** die sechs Original-Kartons von *Beccafumi* zu sehen, die der Künstler als Entwurf für die *Bodendekoration* im Dom herstellte. Die Originale in der Kathedrale sind leider verdeckt.

Zum Besitz des Museums zählt auch ein mit dem Namen *Albrecht Dürer* signierter *Hl. Hieronymus*, der auf das Jahr 1514 datiert ist. Es gibt jedoch sehr starke Zweifel an der Echtheit des Bildes. Beachtenswert ist auch ein Porträt *Elisabeths von England* (16. Jh.), eines der schönsten Werke *Federico Zuccaris*.

In der engen Gasse Vicolo del Tiratoio 15 liegt die **Casa di Santa Caterina** 13 (Tel. 0577 28 08 01, www.caterinati.org, tgl. 9–18 Uhr). Hier wurde Caterina Benincasa, Tochter eines wohlhabenden Wollfärbers, im Jahr 1347 geboren. Von 1464 an baute man das Elternhaus der 1461 heilig gesprochenen Frau in ein Sanktuarium um. Die verschiedenen Räumlichkeiten wurden von der Bruderschaft von S. Caterina in Oratorien umgestaltet, denen man im 17. Jh. *das Oratorium* des ›Crocifisso‹ anfügte. Dieses *Kruzifix*, vor dem die Heilige in der Kirche von Santa Caterina in Pisa ihre Stigmata erhielt, wurde 1565 heimlich nach Siena gebracht.

Rund ums Centro

Mit ihren mächtigen Proportionen beherrscht die Backstein-Basilika **San Domenico** 14, die man auch per Rolltreppe von dem vor der Stadtmauer liegenden Parkplatz aus erreicht, wie ein Fels den nördlichen Teil der Stadt. Die Kirche wurde 1226–1465 erbaut und nach einem Brand 1531 restauriert. Zur Errichtung des Querschiffs war der Bau einer Unterkirche erforderlich, die wegen ihrer Gräber ›Totenkirche‹ genannt wird. Das Innere der einschiffigen Hallenkirche ist lichtdurchflutet. Das *Ziborium* des Hauptaltars schuf *Benedetto da Maiano* um 1475. Glanzstück der Kirche ist die von *Sodoma* (1526) und *Francesco Vanni* (1595) ausgemalte **Katharinenkapelle** (Santuario) auf der rechten Seite des Langhauses. Meisterwerke in sanften Farben sind die beiden Bilder von Sodoma: *Ohnmacht der hl. Katharina* und *Verzückung der hl. Katharina*. Im Altartabernakel *Giovanni di Stefanos* (1466) wird der Kopf der Schutzheiligen des Dominikanerordens und der Stadt Siena aufbewahrt.

Die Basilika **San Francesco** 15, erbaut zwischen 1328 und 1475, liegt an der Piazza San Francesco, am nordöstlichen Stadtrand Sienas, dicht an der Stadtmauer. Der Sieneser Maler und Bauherr *Francesco di Giorgio Martini* soll die gotische Basilika entworfen haben. Nach mehr-

Die mächtige Backsteinbasilika San Domenico beherrscht den Norden der Stadt Siena und beherbergt die Kopfreliquie der hl. Katharina

Einladung zum Verweilen: Die Villa Scacciapensieri verwöhnt Gäste in grandiosem Ambiente

fachen Umbauten im Barock gelang es bei Restaurationen gegen Ende des 19. Jh. weitgehend, der Kirche ihr ursprüngliches Aussehen wieder zu geben. Das **Innere** der Kirche ist einschiffig. In der 1. Seitenkapelle links ist ein **Fresko** von Pietro Lorenzetti zu sehen, das um das Jahr 1330 entstanden sein soll und eine Kreuzigung zeigt. In der 3. Seitenkapelle links befinden sich zwei **Fresken** von Pietros Bruder Ambrogio Lorenzetti, die eine außerordentlich dramatische Komposition aufweisen. Die Bilder entstanden ebenfalls um das Jahr 1330 und zeigen Motive des Martyriums der Franziskaner in Thanah und den Abschied Ludwigs von Toulouse von Bonifaz VIII.

Neben der Kirche liegt das Oratorio di San Bernardino mit dem **Museo Diocesano d'Arte Sacra** (Tel. 0577283048, www.operaduomo.siena.it, März–Okt. tgl. 10.30–13.30 und 15–17.30 Uhr) von Siena. Der Betsaal im 1. Stockwerk wurde Ende des 15., Anfang des 16. Jh. ausgemalt. Die **Fresken** zeigen links beginnend folgende Motive: *hl. Ludwig* von Sodoma, *Geburt Mariä* von Girolamo del Pacchia, *Tempelgang Mariä* von Sodoma, *Marias Verlöbnis* (Beccafumi), *hl. Bernhardin* (Girolamo del Pacchia), *Erzengel Michael* (Pacchia), *Madonna* (Beccafumi), *Verkündigung* (Pacchia), *hl. Antonius von Padua* (Sodoma), *Heimsuchung* (Sodoma), *Marientod* (Beccafumi), *Himmelfahrt, hl. Franziskus* und *Marienkrönung* (alle Sodoma). Den **Hauptaltar** schmückt eine *Madonna* von *Sano di Pietro* (1406–1481).

Den Süden der Altstadt Sienas begrenzt die Kirche **Santa Maria dei Servi** 16. Querhaus und Apsis stammen wie der romanische Glockenturm aus dem 13. Jh., das Langhaus wurde 1471 bis 1528 errichtet. Am 2. Altar rechts ist eine 1261 von Coppo di Marcovaldo signierte *Madonna mit Engeln* zu sehen, florentinische Interpretation eines byzantinischen Motivs: Laut Legende malte Marcovaldo, der als florentinischer Soldat in Siena in Gefangenschaft geraten war, das Bild, um sich freizukaufen. In der 2. Seitenkapelle rechts ist das Fresko *Bethlehemitischer Kindermord* von Pietro Lorenzetti zu sehen.

Den Westrand Sienas markiert die im 13. Jh. gegründete und 1755 barockisierte Kirche **Sant'Agostino** 17. Beachtenswert sind die *Kreuzigung* von Perugino (1506) am 2. Altar rechts und die Cappella Piccolomini mit einer *Madonna* Ambrogio Lorenzettis und einer *Anbetung* Sodomas.

Die **Chiesa dell'Osservanza** erhebt sich auf einem Hügel 3 km nördlich von Siena. Sie ist leicht zu erreichen, wenn man Siena durch das Stadttor Porta Ovile verlässt. Die Kirche entstand 1474 und wurde nach Bombenschäden 1944 wieder aufgebaut. In der 4. Seitenkapelle rechts befindet sich ein wertvolles *Triptychon* eines unbekannten Künstlers, das auf das Jahr 1436 datiert ist. In der Sakristei der Basilika wird das Meisterwerk *Giacomo Cozzarellis* aufbewahrt, eine *Figuren-Gruppe* aus farbiger Terrakotta, die um das Jahr 1497 entstand. Neben der Sakristei liegt das kleine **Museo Aurelio**

Castelli (Besichtigung nur auf Anfrage, Tel. 05 77 33 24 44, Mo–Fr 9–12, 15.30–18, Sa 9–12 Uhr), in dem das von der Wand abgenommene Fresko *Das Jüngste Gericht* von *Girolamo di Benvenuto* aus dem Jahr 1500 zu sehen ist. Sehr interessant sind auch die *Chorbücher*.

Praktische Hinweise

Information

APT Siena, Piazza del Campo 56, Siena, Tel. 05 77 28 05 51, Fax 05 77 28 10 41, www.terresiena.it

Stadtfeste

Palio am 2. Juli und 16. August auf der Piazza del Campo, www.ilpalio.org

Einkaufen

Aus Siena stammen nicht nur die hl. Katharina und der hl. Bernhardin, sondern auch zwei in Italien hochverehrte zeitgenössische Persönlichkeiten: die Rocksängerin Gianna Nannini und ihr Bruder, der Ex-Rennfahrer Alessandro Nannini. Letzterer übernahm vom Vater den Familienbetrieb, eine traditionsreiche Kaffeerösterei und Bäckerei, und baut ihn gerade aus. Geplant sind ›Nannini Coffee Shops‹ auch in großen deutschen Städten. Wer sehen will, wie die Stamm-Bar aussieht, die die berühmte Familie seit 1943 betreibt, kann im Nannini-Café *Conca d'Oro* an den Banchi di Sopra 24 nördlich der Piazza del Campo den hauseigenen Espresso genießen und als Souvenir die hübsch verpackte Gebäck-Spezialität ›Panforte Sienese‹ erstehen.

Hotels

****__Villa Scacciapensieri__, Via di Scacciapensieri 10, Siena, Tel. 0 57 74 14 41, Fax 05 77 27 08 54, www.villascacciapensieri.it. Diese wunderschöne Villa, etwa 1 km vor der Stadt gelegen, bietet einen fantastischen Blick auf Siena. Nach der Stadtbesichtigung kann man in den schönen Zimmern, auf der herrlichen Terrasse, beim Tennisspielen oder am Swimmingpool wunderbar entspannen.

***__Hotel Minerva__, Via Garibaldi 72, Siena, Tel. 05 77 28 44 74, Fax 0 57 74 33 43, www.albergominerva.it. Komfortables 59-Zimmer-Hotel in Zentrumsnähe mit schöner Aussicht und gutem Preis-Leistungs-Verhältnis.

***__Palazzo Ravizza__, Pian dei Mantellini 34, Siena, Tel. 05 77 28 04 62, Fax 05 77 22 15 97, www.palazzoravizza.it. Der Palast mit Garten ist eines der schönsten Stadthotels in Siena. Die Besitzer haben die Atmosphäre des 17. Jh. erhalten.

Restaurants

Al Marsili, Via del Castoro 3, Siena, Tel. 05 77 47 71 54, www.ristorantealmarsili.it. Feine toskanische Spezialitäten in einem mittelalterlichen Kellergewölbe zwischen Dom und Piazza del Campo.

TOP TIPP **Grotta di S. Caterina – Da Bagoga**, Via della Galluzza 26, Siena, Tel. 05 77 28 22 08, www.bagoga.it. Vielfach ausgezeichnetes Lokal im Weinkeller eines alten Palazzo in der Altstadt. Serviert werden regionale Spezialitäten und delikate Kreationen des Hauses wie etwa mit Mandeln und Pinienkernen gefülltes Perlhuhn (Mo geschl.)

Köstliches Souvenir: Panforte Sienese aus dem traditionsreichen Nannini-Café ›Conca d'Oro‹

2 Pienza

Die Stadt Pius' II., ein Traum der Renaissance in Stein.

Der viel gescholtene Massentourismus, dem der langsame Niedergang intakter Lebensräume in der Toskana angelastet wird, hat sich im Fall der Stadt Pienza Lorbeeren verdient. Der starke Toskana-Tourismus der vergangenen Jahre hat Pienza nämlich in exakt das zurückverwandelt, als das es einst erdacht war: eine vollkommen künstliche Stadt.

Geschichte Der Hügel, auf dem heute Pienza liegt, würde ein wenig beachtetes Dorf mit Namen Corsignano tragen, wenn er nicht der Familie Piccolomini gehört hätte, der am 19. August 1458 die Ehre zuteil wurde, dass einer ihrer Söhne, *Enea Silvio Piccolomini,* zum Papst gewählt wurde.

Der Papst, der sich Pius II. nannte, entschied sich, seine Residenz außerhalb Roms nicht in eine Stadt zu verlegen, sondern eine Stadt um seine Residenz zu bauen. So schickte Pius II. 1459 den Baumeister *Bernardo Rossellino*, einen Schüler Albertis, in das Dörfchen Corsignano, um hier den **Papstpalast** inklusive Kathedrale und Gebäude für die Kardinäle und Dienerschaft zu errichten. Insgesamt ließ der Papst mehr als 30 größere Gebäude erbauen, allesamt aus der Kasse des Kirchenstaates finanziert. Um dieser ›Idealstadt‹ seinen Stempel aufzudrücken, griff Pius II. in die Kartographie ein, strich den Namen Corsignano und benannte die Stadt nach sich selbst: Pienza, die Stadt des Pius.

Besichtigung Die **Piazza Pio II.** mit ihrem schönen Ziehbrunnen (Widmungsinschrift des Papstes von 1462) bildet den Mittelpunkt der Stadt und diente Papst Pius II. als Versammlungshof für feierliche Messen.

Beherrscht wird der Platz von dem aus Sandstein gefertigten Dom **Santa Maria Assunta**, errichtet vom Architekten *Rossellino* 1459–1462 auf den Grundmauern der romanischen Kirche Santa Maria. Die **Fassade** mit den drei Portalen ist in Travertin ausgeführt, die Komposition von monumentalen Triumphbögen inspiriert; ein Meisterwerk, bei dem der Einfluss des Maestro Alberti auf seinen Mitarbeiter Rossellino besonders deutlich zu erkennen ist. An der Fassade ist das *Wappen Pius II.* zu sehen. Seit 1989 laufen regelmäßig Restaurierungsmaßnahmen, denn der Bau – besonders im Chorbereich – sinkt stetig im nicht ausreichend befestigten Untergrund ein. Für Besucher ist die Kirche dennoch zugänglich. Das **Innere** des dreischiffigen Doms orientiert sich an der Form mitteleuropäischer Hallenkirchen, die Pius II. auf seinen Reisen jenseits der Alpen bewundert hatte. Kleeblattförmige Pfeilerbündel mit eingeschobenen Aufsatzstücken tragen das Kirchengewölbe, das reichhaltig mit ornamentalen Verzierungen versehen ist. In der 4. Kapelle des rechten Seitenschiffs ist ein Meisterwerk von *Vecchietta* zu bewundern, eine *Himmelfahrt Mariens*.

Wenn man aus der Kathedrale kommt, liegt rechts die **Canonica**, die ehem. Priesterunterkunft. Den klassischen Renaissancebau des **Palazzo Vescovile**, des Bischofspalastes an der Westseite der Piazza Pio II., gab Kardinal Rodrigo Borgia in Auftrag. Dieser Borgia führte auch später, als Papst Alexander VI., ein derart ausschweifendes Leben, dass durch sein Verschulden die katholische Kirche den Tiefpunkt ihres Ansehens erreichte. Über dem Portal erkennt man das Stierwappen der Familie Borgia. Heute beherbergt der Palast das **Museo Diocesano** (Tel. 0578749905, www.sistemamusei.it, Mitte März–Okt. Mi–Mo 10–13, 15–19 Uhr, Nov.– Mitte März Sa/So 10–13, 15–18 Uhr). Prächtigstes Ausstellungsstück dieses Dommuseums ist das reich mit Goldfäden durchzogene seidene *Messgewand Pius II.* im 3. Saal, eine englische Arbeit aus dem 14. Jh. Aufgestickt sind eine ›Christgeburt‹ im Zentrum sowie Szenen aus dem Leben der hl. Katharina von Alexandrien und der hl. Margarete. Das Pluviale gehört zu den besterhaltenen Textilien des Mittelalters. Thomas Palaiologos, Bruder des letzten byzantinischen Kaisers, schenkte es dem Papst. Darüber hinaus hütet das Museum eine herrliche *Bildtafel* mit 48 Christusszenen aus dem 14. Jh. (Schule des *Bartolo di Fredi*), flämische *Wandteppiche* aus dem 16. Jh. und etruskische Fundstücke, vor allem Asche-Urnen aus dem 7.–5. Jh. v. Chr.

Der **Palazzo Comunale**, das Rathaus, liegt genau gegenüber dem Eingang zur Kathedrale an der Piazza Pio II. Der Palast stammt aus dem 14. Jh., der bemerkenswerte, aus Ziegelsteinen erbaute *Turm*, wurde im 17. Jh. hinzugefügt. Der Palast ist im 20. Jh. stark restauriert worden, behielt jedoch seine charakteristische ur-

Ideale Renaissance-Kulisse – der Dom Santa Maria Assunta mit seiner antikisierenden Triumphbogen-Fassade und der Palazzo Piccolomini verraten den Einfluss Leon Battista Albertis

sprüngliche *Travertin-Fassade* bei. Im **Ratssaal** ist ein *Fresko* sienesischer Schule aus dem 15. Jh. zu sehen, das eine *Madonna mit Kind* zeigt.

TOP TIPP

Durch seine gewaltigen Ausmaße beeindruckt der frei stehende dreistöckige **Palazzo Piccolomini** (rechts neben dem Dom). Architekt *Rossellino* errichtete ihn nach dem Vorbild von Leon Battista Albertis Palazzo Rucellai in Florenz. Wie aus Würfeln zusammengesetzt wirkt die *Fassade* aus Sandstein und Travertin durch die durchlaufende horizontale Gebälk-Gliederung und die vertikale Einteilung durch Pilaster. Den quadratischen *Innenhof* zieren Travertin-Säulen mit kunstvollen Kapitellen. Überraschend wirkt im Gegensatz dazu die zierliche *Südfassade* im Garten mit den drei übereinander angeordneten Säulenloggien. Von hier aus genoss der Papst eine herrliche **Aussicht** über die von ihm so geliebte sanfte Hügellandschaft. Der *Anbau* am Westflügel beherbergte die Küche, die, wie Pius II. in seinen ›Commentarii‹ berichtet, im ursprünglichen Projekt vergessen worden war. Im 1. Stockwerk befindet sich das **Museo Palazzo Piccolomini** (Tel. 0578748503, www.palazzopiccolominipienza.it, Mitte März–Mitte Okt. Di-So 10–18.30, Mitte Okt.–Mitte März Di-So 10–16.30 Uhr) mit persönlichen Gegenständen des Papstes. Die Familie Piccolomini wohnte hier bis Mitte des 20. Jh.

Westlich des Piccolomini-Palastes erhebt sich ein überaus schlichter Bau, der aus dem Rahmen fällt. Die Kirche **San Francesco** ist das einzig vollständig erhaltene mittelalterliche Gebäude Pienzas: Die gotische Fassade mit dem ›Teufelsauge‹ genannten Fenster weist ein Portal aus dem 13. Jh. auf. Das einschiffige **Innere** hütet eine sanfte blonde *Barmherzige Maria* von Luca Signorelli. Die Wandfresken wurden im 16. Jh. übertüncht, San Francesco diente damals als Hospital. Im angrenzenden ehem. **Kloster** mit Kreuzgang aus dem 15. Jh. ist seit 1993 ein Hotel [s. S. 40] untergebracht.

Etwa 700 m vor Pienzas Stadttor ›Al Santo‹ steht einsam zwischen Zypressen und Buchen die **Pieve di San Vito**, einst Hauptkirche des mittelalterlichen Corsignano. Sie wurde von lombardischen Baumeistern Ende des 12. Jh. errichtet. Im Türsturz des rechten Seitenportals ist der

Zug der Hl. Drei Könige eingemeißelt. Auffällig ist vor allem der unvollendete, ungewöhnliche zylindrische *Campanile* aus dem 11. Jh. ohne Dach. Das Gewölbe der *Krypta* wird von einer Säule mit frühchristlichem Kapitell gestützt.

Ein Besuch lohnt auch das 1324 von Bernardo Tolomei gegründete *Olivetanerkloster* **Sant'Anna in Camprena**. Man verlässt Pienza in Richtung San Quirico d'Orcia und biegt nach 1 km rechts in einen etwa 5 km langen Waldweg ein. Die **Fresken** mit den eleganten Landschaftsdarstellungen im Refektorium (1504) sind die ersten Bilder, die der Piemontese *Sodoma* in der Toskana malte (vgl. Monte Oliveto Maggiore). Seine Themen: *Grablegung, Madonna mit hl. Anna und Mönchen, Der hl. Benedikt segnet die Kongregation* und das *Brotwunder*; das letzte eine **Landschaftsdarstellung** mit grünen Hügeln, Fluss und antikem Triumphbogen vor untergehender Sonne.

i Praktische Hinweise

Information

Ufficio Informazioni,
Piazza Dante Alighieri 18, Pienza,
Tel. 05 78 74 90 71, Fax 05 78 74 83 59

Spezialität aus Pienza: Pecorino in allen Variationen und Geschmacksrichtungen

Einkaufen

In Pienzas auch sonntags geöffneten Lebensmittelläden decken sich Italiener mit den Spezialitäten der Region ein. Vor allem der *Pecorino* (trockener Schafskäse) und die *Wildschweinsalami* sind von erster Güte. Außerdem kann man *Grappa* in ausgefallenen Geschenkflaschen erstehen.

Hotels

******Il Chiostro di Pienza**, Corso Rossellino 26, Pienza, Tel. 05 78 74 84 00, Fax 05 78 74 84 40, www.relaisilchiostro dipienza.com. Das sorgfältig restaurierte Kloster aus dem 15. Jh. ist ein stimmungsvolles, komfortables Stadthotel mit Garten, herrlicher Aussicht und Pool.

TOP TIPP **La Saracina**, Staatsstraße 146, rund 7,5 km nordöstlich von Pienza, Tel. 05 78 74 80 22, Fax 05 78 74 80 18, www.lasaracina.it. Das restaurierte Gut bietet drei herrliche Suiten, zwei Zimmer und ein Apartment. Zur luxuriösen Ausstattung gehören wunderschöne Bäder und Kamine (Jan./Febr. geschl.).

Restaurant

Dal Falco, Piazza Dante Alighieri 3, Pienza, Tel. 05 78 74 85 51, www.ristoran tedalfalco.it. Das familiäre Restaurant bietet ausgezeichnete toskanische Küche, besonders zu empfehlen sind die *Picci*, hausgemachte Nudeln, und die Wildschweingerichte (Fr geschl.).

3 San Quirico d'Orcia

Ein zauberhaftes Kleinod in der Ruhe der ländlichen Toskana.

Der 2200 Einwohner zählende Ort liegt auf 409 m Höhe über den Tälern D'Orcia und Dell'Asso und war im Mittelalter und der frühen Neuzeit ›Verkehrsknotenpunkt‹ für Rom-Pilger aus Nordeuropa. Während sich heute nur noch selten Besucher hierher verirren, logierten vor 500 Jahren Staatsgäste und hochkarätiger Klerus in den Gaststuben.

Die Pfarrkirche **La Collegiata** steht direkt am Stadttor und ist eines der Kleinode romanischer Kunst in der Toskana. Bereits im 9. Jh. wurde der Bau begonnen, jedoch erst im 13. und 14. Jh. in der heutigen Form fertig gestellt. Die Kirche wurde im Zweiten Weltkrieg beschädigt und später restauriert. Sehenswert ist das

Die sanften Hügelketten bei San Quirico entfalten schon bei Sonnenaufgang ihren Reiz

romanische *West-Portal*, das aus der Zeit um 1080 stammt. Auf einem mit Reliefs geschmückten Türsturz sind kämpfende Fabeltiere dargestellt. Rechts davon, auf der Südseite, befinden sich zwei weitere schöne *Portale*. Das linke von ihnen ist ein in lombardischer Manier gearbeitetes Portal aus dem 14. Jh., das wahrscheinlich von einem Schüler Giovanni Pisanos geschaffen wurde: Es wird von zwei Löwen-Figuren eingerahmt, die Säulen tragen. Das rechte ist ein gotisches Portal, das um das Jahr 1298 gebaut worden sein soll. Das sehr schöne *Innere* der Kirche ist weitgehend im Originalzustand erhalten. Im Chor der Kirche ist ein *Chorgestühl* mit berühmten Intarsienarbeiten von *Antonio Barili* (1453–1516) zu sehen. Im linken Seitenschiff befindet sich die *Grabplatte Heinrichs von Nassau*. Ebenfalls im linken Seitenschiff wird ein *Triptychon* des sienesischen Malers Sano di Pietro (1406 bis 1481) aufbewahrt, das die Auferstehung Jesu zum Thema hat.

Sehenswert sind in San Quirico außerdem der 1679 von Carlo Fontana errichtete **Palazzo Chigi** hinter der Collegiata, der kleine, in der Manier der Spätrenaissance angelegte Park **Orti Leonini** am Stadttor, in dem alljährlich im Herbst eine Skulpturenausstellung stattfindet, die polygonale **Porta dei Cappuccini** und das romanische Kirchlein **Santa Maria di Vitaleta**, deren Altar von zwei *Holzfiguren* des 15. Jh. geschmückt wird, die Francesco di Valdambrino zugeschrieben werden.

Nur 4 km südöstlich von San Quirico d'Orcia entfernt liegt der malerische Thermalbadeort **Bagno Vignoni** [s. S. 181].

i Praktische Hinweise

Stadtfest

Festa del Barbarossa am 3. Sonntag im Juni: Umzug in historischen Kostümen.

1. Sonntag im September: Festtag mit kleinem Markt und feierlicher Prozession.

Hotel

Castello di Ripa d'Orcia, Ripa d'Orcia, Tel. 05 77 89 73 76, Fax 05 77 89 80 38, www.castelloripadorcia.com. Der Geheimtipp unter den Hotels rund um San Quirico: Ein Zweig der Familie Piccolomini, Nachkommen von Papst Pius II., vermietet in der Burg ›Castello di Ripa d'Orcia‹, die an einer Schlucht hinter Bagno Vignoni liegt, elegante Zimmer und Apartments und betreibt ein vorzügliches Restaurant (Nov. geschl.). Der Weg zum ›Castello‹ ist abenteuerlich, dafür wird man mit absoluter Ruhe und atemberaubender Landschaft belohnt: Man fährt ab Quirico d'Orcia den Hinweisschildern nach.

4 Montepulciano

Eine Stadt für Weinliebhaber und ein Platz zum Träumen mit Aussicht auf die sanfte Hügellandschaft.

Wer durch das romantische 14 000-Einwohner-Städtchen auf dem 605 m hohen Hügel zwischen dem Valdichiana und dem seit 2004 auf der UNESCO-Welterbe-Liste stehenden Val d'Orcia spaziert, wird von der harmonischen Architektur beeindruckt sein, die von Frieden und

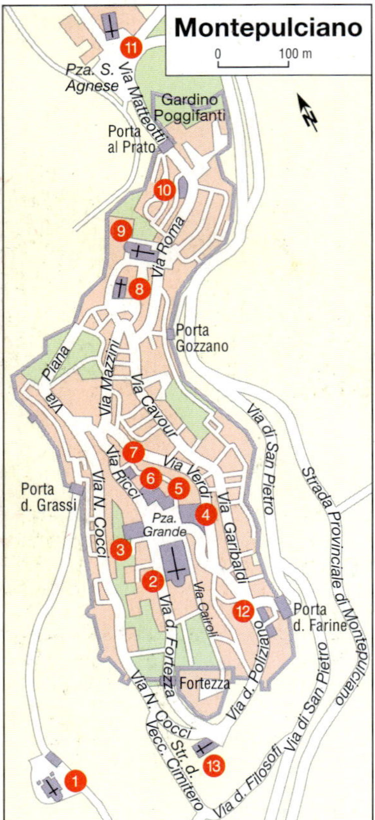

1 San Biagio
2 Duomo
3 Palazzo Comunale
4 Palazzo Contucci
5 Palazzo Nobili-Tarugi
6 Palazzo del Capitano del Popolo
7 Palazzo Neri-Orselli
8 Santa Lucia
9 Sant'Agostino
10 Palazzo Avignonesi
11 Sant'Agnese
12 Casa del Poliziano
13 Santa Maria dei Servi

Wohlstand zeugt. Dabei war kaum eine andere Stadt ein solcher Zankapfel der Geschichte wie Montepulciano.

Geschichte Schon von Etruskern besiedelt, wird der Ort als **Castrum Politianum** 715 zum ersten Mal urkundlich erwähnt. Deshalb nennen sich die Einwohner von Montepulciano noch heute ›Polizianer‹. Ab 1154 kämpften Florenz, Siena und Arezzo um das kleine Montepulciano. 1232 machten die Sienesen die Stadt dem Erdboden gleich. In den folgenden drei Jahrhunderten wurde Montepulciano immer wieder von Sienesen und Florentinern erobert, belagert, besetzt, bebaut und zerstört. Erst im 16. Jh., nachdem sich Florenz endgültig die Herrschaft gesichert hatte, kehrte Ruhe ein: Beinahe alle Gebäude der Stadt, wie sie sich heute präsentiert, stammen aus dieser Zeit. Von 1609 bis 1636 regierte *Cristina di Lorena,* die das Fürstentum von ihrem Ehemann, dem toskanischen Großherzog Ferdinand I., geerbt hatte. Nach ihrem Tod verarmte Montepulciano deutlich, war jedoch noch wohlhabend genug, sämtliche Kirchen innen barock umzubauen.

San Biagio liegt am Fuße von Montepulciano in zauberhafter Landschaft

Heute ist Montepulciano nicht nur eine der am besten erhaltenen **Spätrenaissancestädte** der Toskana, sondern auch florierendes landwirtschaftliches Zentrum, berühmt für den **Wein** ›Nobile di Montepulciano‹.

Besichtigung Das wichtigste Bauwerk Montepulcianos liegt 2,2 km außerhalb des Stadtzentrums im Südwesten am Viale delle Rimembranze. *Antonio da Sangallo d. Ä.* errichtete hier 1518–45 auf den Resten der romanischen Pieve sein Meisterwerk: **San Biagio** 1, ganz aus goldgelbem Travertin erbaut und in einsamer Hügellage weithin sichtbar, ist das klassische Beispiel für den kirchlichen Zentralbau der Renaissance (wie von Bramante für den Petersdom gefordert). Die Kirche hat den **Grundriss** eines griechischen Kreuzes, die Kuppel erhebt sich in der Mitte, im Süden wurde eine halbkreisförmige Apsis hinzugefügt, die von innen nicht sichtbar ist. Sie dient als Sakristei. Sangallo verzichtete zugunsten des in der Spätrenaissance modischen ›reinen‹ Stils auf Dekorationen oder Ornamente, gliederte den Bau statt dessen durch flache, an den Ecken massive Pilaster in strenge geometrische Formen (Quader, Zylinder, Halbkugeln). Die beiden frei stehenden **Glockentürme** wurden erst nach 1550 von dem Florentiner *Giuliano di Baccio* hinzugefügt. Nur der östliche mit der Abfolge der klassischen Ordnungen (dorisch, ionisch, korinthisch) wurde vollendet. Im **Inneren** wirkt die perfekt symmetrische Kirche streng feierlich, trotz einiger barocker Stuckarbeiten und der Bilder (*Marienkrönung* und *Himmelfahrt*), die den Zuccari zugeschrieben werden. Der große marmorne **Hauptaltar** stammt von Gianozzo und Lisandro Albertini (1584), Ottaviano Lazzerini schuf die vier **Heiligenstatuen**. Links von der Kirche erhebt sich die **Canonica**, das Pfarrhaus, das von Antonio da Sangallo entworfen, aber erst 1595 gebaut wurde.

Montepulciano wird von einem **Mauerring** umgeben, den Antonio da Sangallo d. Ä. im Auftrag Cosimos I. errichten ließ. TOP TIPP Herz der Stadt ist der Domplatz **Piazza Grande**, der von außergewöhnlichen Palästen, Dom und Rathaus gesäumt wird. Der **Duomo**

❷ entstand 1592–1630 nach einem Entwurf von Ippolito Scalza auf den Resten einer älteren Pfarrkirche, deren Kirchturm aus dem 15. Jh. bestehen blieb. Die Fassade blieb unvollendet. Das **Innere** ist dreischiffig. Schönstes Kunstwerk ist die **Liegefigur**, die den Erzbischof Bartolomeo Aragazzi, den Sekretär Martins V. darstellt. Der Sarkophag gehörte zu einem großen Grabmonument, das Michelozzo 1427–36 schuf und dessen Teile heute im Dom verteilt sind. Neben zwei **Basreliefs** an den Pfeilern gehört auch der Marmorsockel mit Putten dazu, auf dem jetzt der **Hauptaltar** steht. Taddeo di Bartolo malte 1401 das goldgrundige Triptychon *Mariä Himmelfahrt* am Altar: auf dem rechten Bild eine Ansicht des mittelalterlichen Montepulciano.

Wenn man aus dem Dom heraustritt, sieht man links den **Palazzo Comunale** ❸, das Rathaus aus der 2. Hälfte 14. Jh., das mit seinen Rundbogenfenstern, dem zinnenbesetzten Wehrgang und Turm an den Palazzo Vecchio in Florenz erinnert. Die Fassade soll Michelozzo 1424 entworfen haben. Der *Turm* (Mo–Fr 9.30–12 Uhr) bietet einen schönen Blick auf San Bagio.

Der mittelalterliche Palazzo Comunale ist Blickfang der Piazza Grande in Montepulciano

Lauschiger Winkel: Renaissancebrunnen vor dem Palazzo del Capitano del Popolo

Genau gegenüber steht der dreistufige **Palazzo Contucci** (4): Nach Plänen Antonio da Sangallos d. Ä. wurden Untergeschoss und Innenhof errichtet. Baldassare Peruzzi war der Architekt des ›Piano Nobile‹. Das oberste Stockwerk wurde erst 1690 aufgesetzt.

Der **Palazzo Nobili-Tarugi** (5), der dem Dom gegenüber liegt, wird im Wesentlichen Vignola zugeschrieben: Interessant ist der Bau, weil er den Übergang von der Renaissance zum Barock kennzeichnet. Die Trennung zwischen Untergeschoss und ›Piano Nobile‹ ist in der *Fassade* weitgehend aufgehoben, die mächtigen Piedestale und Kolossalpilaster ionischer Ordnung weisen schon auf die künftige Monumentalisierung der Fassadenstruktur hin. Links hinter einem **Renaissancebrunnen** von 1520 steht das älteste Gebäude des Domplatzes: der gotische **Palazzo del Capitano del Popolo** (6) (heute das Gericht) aus dem 14. Jh.

In der nahen Via Ricci 10 ist im spätgotischen **Palazzo Neri-Orselli** (7) (14. Jh.) das **Museo Civico e Pinacoteca Crociani** (Tel. 0578717300, April–Okt. Di–So 10–13, 15–18 Uhr, Nov.–März Sa, So 10–13, 15–18 Uhr) untergebracht, das über eine bunte Sammlung verfügt: *Etruskische Grabbeigaben, Wappen, Chorbücher*, aber auch *Terrakotta-Arbeiten* von Andrea della Robbia (1435–1525) und ein *Johannes d. T.* von Luca della Robbia. Im ersten Obergeschoss eine *Madonna mit hl. Johannes*, die Pinturicchio zugeschrieben wird.

Die Barockkirche **Santa Lucia** (8) in der Via Saffi, nach einem Entwurf Flaminio del Turcos 1653 errichtet, ist vor allem wegen der *Madonna della Misericordia* von Luca Signorelli in der **Cappella Ceppari** sehenswert.

Die Chiesa di **Sant'Agostino** 9 mit ihrer durch *Terrakottareliefs* verzierten **Fassade** erhebt sich nur wenige Schritte entfernt an der Piazza Michelozzo. Entworfen wurde sie im 15. Jh. von Michelozzo, der hier spätgotische Elemente mit Renaissance-Dekorationen mischte. Das Innere wurde 1784–91 umgestaltet. Der Kirche gegenüber steht die **Torre di Pulcinella** (15. Jh.): Die Holzfigur aus neapolitanischer Werkstatt schlägt die Stunden.

Man passiert den in einer Formensprache zwischen Spätrenaissance und Frühbarock errichteten **Palazzo Avignonesi** (Hausnummer 91) 10, der *Vignola* zugeschrieben wird, und gelangt im Norden des Mauerrings durch die **Porta al Prato** von *Sangallo d. Ä.* zur Chiesa di **Sant' Agnese** 11. Die Kirchenpatronin Agnese Segni wurde am 28.1.1268 in dem Dorf Gracciano di Montepulciano geboren. 1306 bekam die verehrte Nonne vom Bischof von Arezzo den kleinen Hügel vor Montepulciano geschenkt, auf dem sie ein eigenes Kloster gründen durfte. Agnese starb 1317, sie wurde 1726 heilig gesprochen. Von der schönen Fassade der Klosterkirche lasse man sich nicht täuschen: Sie wurde erst 1935 gebaut. Das gotische Eingangsportal allerdings stammt aus dem 13. Jh. Der einschiffige **Innenraum** wurde in den vergangenen Jahrhunderten mehrfach neu gestaltet. Die jetzige Form geht vorwiegend auf das 17. Jh. zurück. Im Sarkophag auf dem Altar, einer Marmorarbeit von Mazzuoli da Siena, ruhen die sterblichen Reste der hl. Agnes. Das anschließende Gebäude dient noch heute als **Kloster**. Die Dominikanerinnen teilen das Gebäude mit den Schülern eines technischen Gymnasiums. Den **Kreuzgang** darf man besichtigen. Er stammt, wie die *Fresken* mit Szenen aus dem Leben der hl. Agnes, aus dem 17. Jh.

TOP TIPP Gegenüber der Kirche liegt der hübsche **Giardino Poggifanti** mit einem *Obelisken*, der an Garibaldis gefallene Mitstreiter erinnert. Vom Garten aus kann man in Richtung Südosten bis zum Lago Trasimeno blicken.

Am Südende der Stadt, in der Via del Poliziano 5, liegt das Haus, in dem am 14.7.1445 der berühmteste Sohn der Stadt geboren wurde: Angelo di Benedetto di Nanni degli Ambrogini, Humanist und Poet, der unter dem Namen *Poliziano* in die Geschichte einging. Sein Wohnhaus, die **Casa del Poliziano** 12, wurde im Jahr 1500 umgestaltet. Poliziano verließ seine Heimatstadt schon im Alter von 15 Jahren und erhielt in Florenz eine umfassende humanistische Bildung. Mit 16 übersetzte er Verse aus der ›Ilias‹ ins Toskanische. Dank dieser Arbeit engagierte *Lorenzo il Magnifico de' Medici* den jungen Mann als Hauslehrer für seine Söhne. Zwischen 1471 und 1480 schrieb Poliziano seine berühmtesten Werke, die ›Canzoni a ballo‹, ›Rispetto‹ und ›Stanze‹. Im Jahr 1480 zerstritt sich Poliziano mit Lorenzo de' Medici und ging an den Hof der Gonzaga in Mantua, wo er eines der ersten italienischen **Theaterstücke** schrieb: ›La Festa di Orfeo‹. Kurz darauf rief ihn die Universität von Florenz als Professor für Latein und Griechisch zurück. Poliziano starb 1494 in Florenz.

Lagerstatt süffiger Kostbarkeiten: Weinkeller des Palazzo Contucci in Montepulciano

Südlich des Mauerrings liegt die Servitenkirche **Santa Maria dei Servi** ⑬ mit gotischer Fassade aus dem 14. Jh., die um 1700 von dem Jesuitenpater *Andrea Pozzo* im Innern umgestaltet wurde. Sehenswert ist die *Madonna* am dritten Altar links von einem Schüler Duccio di Buoninsegnas.

i Praktische Hinweise

Information

Ufficio Informazione,
Piazza Grande 7, Montepulciano,
Tel. 05 78 71 74 84, Fax 05 78 75 27 49

Einkaufen

In Montepulciano kauft man Wein, zum Beispiel in der *Enoteca* in der Via di Voltaia nel Corso 82 oder im *Palazzo Contucci* auf der Piazza Grande oder auf einem der umliegenden Weingüter (Winzerverzeichnis im Palazzo Comunale).

Hotels

*****Albergo Il Marzocco**, Piazza Savonarola 18, Montepulciano, Tel. 05 78 75 72 62, Fax 05 78 75 75 30, www.albergoilmarzocco.it. In dem kompakten Stadtpalast aus dem 16. Jh. nächtigt man stilvoll und relativ preisgünstig. Das Haus ist größtenteils mit Antiquitäten ausgestattet, die Zimmer sind zweckmäßig eingerichtet und bieten sehr schöne Aussichten auf das grünhügelige Umland.

Borgo delle More, Loc. Acquaviva, Via Montenero 18, Tel./Fax 05 78 76 81 66, www.borgodellemore.com. 5 km von Montepulciano entfernt liegt dieses Weingut mit schönen Gästezimmern und Swimmingpool.

Restaurants

Borgo Buio, Via Borgo Buio 10, Montepulciano, Tel. 05 78 71 74 97, www.borgobuio.it. Für die Region charakteristisches Restaurant mit angegliederter Enoteca. Ausgezeichnete Nudelgerichte, vor allem die klassischen toskanischen *Pici* sind zu empfehlen. Gute Fleischgerichte, dazu werden Spitzenweine der Region angeboten (Do mittag geschl.).

La Grotta, Località San Biagio, Tel. 05 78 75 76 07. Köstliche Gerichte und Weine der Region bietet dieses traditionsreiche Restaurant 2 km südwestlich von Montepulciano. Im Sommer speist man auch im Garten – mit Blick auf die eindrucksvolle Kirche San Biagio (Mi geschl.).

Eindrucksvolle etruskische Hinterlassenschaft: Tomba della Pellegrina in Chiusi

5 Chiusi

Eine uralte Etruskerstadt im Süden der Toskana.

Auf die »günstige strategische Lage« weisen Touristenführer hin, wenn sie die Entstehung der Etruskerstadt Chiusi im 7. Jh. v. Chr. erläutern und zeigen den steilen Tuffsteinfelsen, auf dem noch heute Chiusis Stadtgebiet liegt. Das Besondere an der Lage der Stadt, die unter dem Namen Chamars eine Metropole des etruskischen Städtebundes war, erschließt sich bei einem Spaziergang am Südrand der Stadt. Dort, in der Nähe der Etrusker-Gräber, liegt der **Lago di Chiusi**. Vor 2500 Jahren lag an dem überschaubaren See ein Binnenhafen. Von hier konnten Schiffe über den Fluss Chiani und dann über den Tiber die zeitweilig von Etruskern beherrschte Kolonie Rom erreichen. Nachdem die Stadt um 296 v. Chr. von den Römern erobert worden war, erhielt sie den Namen Clusium. Im Jahr 776 wurde Chiusi eine Grafschaft. Bis zur Einigung Italiens war die Stadt immer wieder Spielball der Päpste, die vom nahen Orvieto aus operierten, sowie der Republiken Siena und Florenz.

Das **Museo Archeologico Nazionale e Tombe Etrusche** (Tel. 05 78 20 1 77, Tomba della Scimmia nur nach tel. Voranmeldung Di, Do, Sa jeweils 11 und 14.30 Uhr, im Sommer 11 und 16 Uhr, Museum und alle weiteren Gräber tgl. 9–20 Uhr) ist leider auch ein Denkmal für die unaufhaltsame Zerstörung dessen, was von der

Mit der Natur im Einklang: Oliven und eine Zypresse leisten der Abbazia Sant'Antimo Gesellschaft

faszinierenden Kultur der Etrusker erhalten blieb. Die einzigartigen Wandmalereien, vor allem in der **Tomba della Scimmia**, sind inzwischen fast völlig verblichen. Dass die Darstellung eines Affen dem Grab den Namen gab, wird für kommende Generationen nicht mehr nachvollziehbar sein, denn wegen mangelnder Belüftung hat die Feuchtigkeit in der 1. Grabkammer das **Wandgemälde** mit der Darstellung eines Totenbanketts, Box- und anderen Wettkämpfen, das bei der Entdeckung Mitte des 19. Jh. noch in frischen Farben geleuchtet hatte, zerfressen. Bei einem Rundgang sind kleinere Gräber ohne Malereien zu sehen, z. B. die **Tomba della Pellegrina** (3. Jh. v. Chr.) mit Aschenurnen und fünf Sarkophagen. Im **Museum** selbst sind etruskische *Sarkophage* und für diese Region charakteristische Kanopen der Villanova-Kulturen (menschliche Körper darstellende Aschenurnen) zu sehen. Außerdem werden Teile von abgenommenen *Wandfresken* aus den Gräbern sowie großformatige Fotos der Malereien aus den geschlossenen Gräbern ausgestellt, das etruskische Wagenrennen der *Tomba del Colle* etwa. Besonders schön ist eine Alabaster-Urne des Laris Sentinate Larcna, die das Porträt des Verstorbenen zeigt.

Der basilikale **Dom** von Chiusi mit offenem Dachstuhl, im 6. Jh. errichtet, ist eine der ältesten Kirchen Italiens, wurde jedoch nach 1887 völlig umgebaut und im Inneren mit *Mosaikimitationen* ausgemalt. Beachtenswert sind 18 *antike Säulen*, die aus Tempeln des antiken Forums stammen sollen, das am heutigen Domplatz lag. Unter dem Glockenturm befinden sich eine Zisterne aus dem 1. Jh. v. Chr. An diesem Wasserbecken beginnt einer der unterirdischen etruskischen **Tuffstein-Gänge** (im Rahmen von Führungen zu besichtigen, Informationen erhält man im Ufficio Informazione, s. u.), die Chiusi durchhöhlen. In Häusern der Stadt werden Abschnitte der Gänge als Keller benutzt.

Im Kapitelsaal des **Museo della Cattedrale** (rechts neben der Domfassade, Tel. 0578 22 64 90, Juni–Mitte Okt. tgl. 10–12.45, 16–18.30 Uhr, Mitte Okt.–Mai Mo–Sa 10–12.45, So 10–12.45, 15.30–18 Uhr) sind 22 mit Miniaturen versehene *Chorbücher* des 15. Jh. ausgestellt.

i Praktische Hinweise

Information

Ufficio Informazione, Piazza Duomo 1, Chiusi, Tel./Fax 0578 22 76 67

Hotel

***__La Fattoria__, Via Lago di Chiusi, Chiusi, Tel. 0 57 82 14 07, Fax 0 57 82 06 44, www.la-fattoria.it. Am See, rund 3 km vom Stadtzentrum entfernt, liegt dieses romantische Gasthaus mit acht Zimmern (Febr. geschl.).

6 Abbazia Sant'Antimo

TOP TIPP *Ein Bauwerk, das aus der Landschaft emporgewachsen scheint.*

Die Abteikirche Sant'Antimo liegt einsam in einem Tal, 10 km südlich von Montalcino, inmitten von Feldern, Olivenhainen und ginsterbewachsenen Hängen. Mit ihrem gelbbraunen Travertin- und Alabastergestein fügt sie sich vollkommen in die Umgebung ein. Eine große Zypresse flankiert den quadratischen **Glockenturm**, Ölbäume umgeben die Apsis.

Nach der Überlieferung von Karl d. Gr. Anfang des 9. Jh. gegründet, 813 zum ersten Mal erwähnt, erhielt die **Benediktinerabtei** alsbald reiche Schenkungen, sodass sie im Mittelalter zu einem der wohlhabendsten Klöster der Toskana avancierte. Ihre Äbte waren damals mächtige Feudalherren. Ende des 13. Jh. begann der Niedergang, die Klostergebäude verfielen, allein die Kirche blieb bestehen. 1462 wurde der Konvent aufgehoben, seit 1979 lebt hier jedoch wieder eine kleine Gemeinschaft von Augustinermönchen.

Feinste Tier- und Pflanzendarstellungen zeigen die Kapitelle der Abbazia Sant'Antimo

Mit dem **Bau** der heutigen Kirche wurde kurz nach 1110 begonnen. Neben der schlichten, wenig geschmückten Fassade beeindrucken außen der massige **Campanile** mit über 700-jähriger Glocke (1219) im Innern und die einfach gefügte Apsis. An ihrer Ostseite zwei schöne *Flachreliefs* des 12. Jh. (geflügelter Stier mit Frauenkopf und Madonna mit Kind). Interessant sind zudem die **Seitenportale** mit Flechtband, Rankenwerk und Tier-Umrandungen. Wohl aus der Gründungszeit der Kirche stammt die *Karolingische Kapelle* an der Südseite, deren unregelmäßig gesetzten, roh behauenen Quader sich sichtbar von den glatten Steinen der Kirche des 12. Jh. abheben.

Das dreischiffige **Innere** in der typischen romanischen Basilikaform mit Empore wird im Wechsel gesäumt von Säulen und Kreuzpfeilern. Besondere Beachtung verdienen die *Kapitelle*, fast alle aus Alabaster, mit grazilen Darstellungen von Tierschädeln, Pflanzen, Schachbrett- und Flechtbandmustern. Das Glanzstück befindet sich über der zweiten Säule rechts: ›Daniel in der Löwengrube‹, um 1120, mit deutlichen künstlerischen Bezügen nach Burgund oder Moissac. Französische Einflüsse verraten auch die relative Steilheit des Innenraums, die Kreuzgratgewölbe über den Seitenschiffen, vor allem aber der **Chorumgang** *mit drei Kapellen*, ein absolutes Kuriosum in Mittelitalien.

7 Montalcino

Weinstadt, die wie ein Adlerhorst die zentrale Toskana beherrscht. Nicht nur für ein Glas ›Brunello‹ …

Schon Etrusker und Römer siedelten auf dem 567 m hohen Hügel zwischen den Tälern des Ombrone und Asso. Ludwig der Fromme schenkte das Dorf im Jahr 814 dem Kloster Sant' Antimo. Im 12. Jh. war Montalcino freie Gemeinde, 1260 eroberten die Sienesen das Städtchen. Als Siena 1555 vor dem Söldnerheer des Medici-Tyrannen Cosimo I. kapitulieren musste, zogen sich die wenigen Sienesen, denen rechtzeitig die Flucht aus ihrer Stadt gelungen war, hinter die Mauern Montalcinos zurück. Der verbannte Florentiner Pietro Strozzi rief hier die zweite sienesische Republik aus und regierte mit Unterstützung der Franzosen noch einige Jahre lang einen ›unabhängigen‹ Staat. Nach dem Rückzug der Franzosen eroberte Cosimo I. auch diese letzte Bastion der einst freien Stadtrepubliken.

Besichtigung Heute ist die idyllische, von Reben umgebene 5500-Einwohner-Stadt vor allem für ihren hervorragenden Rotwein **Brunello** bekannt.

TOP TIPP Schon von weitem sichtbar ist die Burg **La Rocca** am Südende der Via Ricasoli, an der ab 1361 gebaut wurde. Den äußeren Festungsring ließ der Mediceer Cosimo I. nach der Unterwerfung Sienas und Montalcinos ab 1559 errichten. Im **Hof** befindet sich eine Weinhandlung: Eine Treppe über den Lagerräumen führt auf einen **Turm**. Im Juli werden in der Burg Klassik- und Jazz-Konzerte aufgeführt (Informationen erhält man im Pro Loco-Büro, s. S. 51).

Mittelpunkt Montalcinos ist die spätmittelalterliche, an sienesischer Bauweise orientierte **Piazza del Popolo** mit ihren umliegenden Loggien aus dem 14. Jh. An der Ecke zur Via Matteotti erhebt sich der **Palazzo Comunale** (13. Jh.) mit in die Fassade eingemauerten *Wappen* und schlankem *Glockenturm*.

Die einschiffige Kirche **Sant' Agostino** mit reizvollen *Glasfenstern* wurde im 14. Jh. von unbekannten Künstlern mit *Fresken* ausgemalt, die Episoden aus dem Leben des hl. Augustinus zeigen.

Im Bischofspalast in der Via Spagni 4 ist das **Museo Civico e Diocesano o d'Arte Sacra** (Tel. 0577846014, Di–So 10–13, 14–18 Uhr) untergebracht. Einer der Schätze des Museums ist der *Thronende Petrus* von Francesco di Valdambrino (1425). Die farbige Holzfigur wirkt so bewegt, das Gesicht ist von so lebhafter Mimik, dass

Bereit zum Turnierkampf: Hellebardenträger bei der Sagra del Tordo

man noch heute meint, dieser mit Tiara und rotem Kardinalsumhang ausgestattete Petrus könnte sich jeden Augenblick von seinem Sessel erheben.

Glanzstück der städtischen Sammlung sind fünf Werke (*Marienkrönung, Kreuzabnahme, Taufe Christi, Hl. Johannes und Engel in der Wüste* und *Leben des hl. Filippo Ciardelli*), die der sienesische Maler Bartolo di Fredi 1380–1390 schuf. Bartolo, stark beeinflusst von Simone Martini und den Brüdern Lorenzetti, war ein Meister des Kolorits und der dekorativen Ausstattung. Als seine beste Arbeit gilt die herrliche **Marienkrönung**, interessanter ist der **hl. Johannes**. Bei dieser Darstellung hielt sich der Künstler nicht an die Überlieferung. Aus diesem Grund steht Johannes mit seinem Engel keineswegs in der Wüste vor Jerusalem, sondern in einem Wald vor der Stadt Siena mit ihrem Dom.

i Praktische Hinweise

Information

Pro Loco, Via Costa del Municipio 8, Montalcino, Tel./Fax 05 77 84 93 31, www.prolocomontalcino.it

Wie auf einem Adlerhorst thront die Weinstadt Montalcino mit ihrer imposanten Burg La Rocca über der toskanischen Landschaft

Stadtfest

TOP TIPP **Sagra del Tordo** (Drosselfest) am letzten Sonntag im Oktober. Der historische Drossel-Festschmaus ist inzwischen durch ein Volksfest mit Weinständen und Imbissbuden ersetzt worden. Nachmittags Bogenschützenturnier in historischen Kostümen.

Einkaufen

An der Straße zum Kloster Sant'Antimo liegt das Weingut **Fattoria dei Barbi** (Tel. 05 77 84 11 11, www.fattoriadeibarbi.net), wo man den Wein beim Erzeuger kaufen kann. In der Taverna dei Barbi genießt man traditionelle Küche der Region.

Bar

Fiaschetteria, Piazza del Popolo 6, Montalcino, Tel. 05 77 84 90 43. Im 1888 gegründeten Lokal mit schöner Jugendstileinrichtung kann man fast alle Weine der Region gläserweise probieren (Winter Di geschl.).

Der Kreuzgang der Abbazia di Monte Oliveto Maggiore ist ein Bilderbuch zum Leben Benedikts

8 Abbazia di Monte Oliveto Maggiore

TOP TIPP *Ein mächtiges Kloster mit Werken zartester Renaissance-Kunst.*

Tel. 05 77 71 85 67
www.monteolivetomaggiore.it
tgl. 9.15–12, 15.15–17, im Sommer bis 18 Uhr

Das Kloster von Monte Oliveto Maggiore liegt weitab von den üblichen Touristentouren in einer waldigen Traumlandschaft. Allein die Mönche, die schweigend, weil das ihre Regel gebietet, durch den großen **Kreuzgang** zur Messe gehen, zwingen die Besucher zu einem gewissen Maß von Ruhe und Andacht vor den herrlichen **Fresken** im Innenhof des Klosters, die von **Luca Signorelli** und später von Giovanni Antonio Bazzi, genannt **Sodoma**, gemalt wurden. Dieser Klosterhof zieht vor allem Pilgerreisende an, die die Bilder nicht nur als einen der größten Kunstschätze der Toskana betrachten, sondern in Ehrfurcht vor ihnen niederknien und beten.

Wer jetzt geneigt ist, den Ort eben wegen seiner Frömmigkeit zu meiden, beweist lediglich, dass unser vermeintlich aufgeklärtes Jahrhundert rückständigere Züge zeigt als die Epoche, in der die Fresken in Monte Oliveto Maggiore entstanden. Denn der Auftrag an Sodoma, ein Schüler Leonardos und Raffaels, ist ein Beweis dafür, dass die frommen Mönche von Monte Oliveto Maggiore erstens ausgezeichnete Kunstkenner und zweitens tolerante Menschen waren.

Das Genie Sodoma galt als »ziemlich verrückt«. Vasari wunderte sich in seinen ›Künstlerviten‹ darüber, dass Sodoma »im Hause *wunderliche Tiere* hielt, Affen, Zwerg-Eselchen, Meerkatzen, indische Turteltauben und ähnliche Bestien«. Aber da war noch etwas anderes: »Sodoma hatte immer Knaben bei sich, die er missbrauchte, weshalb er Sodoma genannt wurde.« (Vasari) Ob dies stimmt, ist nicht bewiesen. Dass Sodoma ein ausschweifendes Leben führte, gilt jedoch als sicher. Den Benediktiner-Mönchen in Monte Oliveto Maggiore war der Ruf Sodomas einerlei. Sie nannten ihn zwar ›Mattaccio‹ (Verrückter), bewunderten aber seine Arbeit. Dem schloss sich auch Papst Leo X. an, der Sodoma zum *Ritter* schlug.

Geschichte Der Rechtsgelehrte Bernardo Tolomei (1272–1348) beschloss mit

40 Jahren, gemeinsam mit zwei adligen Freunden dem weltlichen Leben zu entsagen: Die drei Sienesen zogen sich auf Tolomeis Besitzung auf einem Hügelrücken 30 km vor Siena zurück, unterwarfen sich den asketischen Regeln des Benediktiner-Ordens und nahmen weitere Anhänger auf. Tolomei nannte seine Kongregation nach der hl. Maria vom Ölberg **Olivetaner**. Am 26. März 1319 erhielten die Mönche die Approbation des Bischofs von Arezzo, Guido Tarlati. 1320 begannen sie mit dem Bau des Klosters. Tolomei und 80 Mitbrüder starben 1348 an der Pest.

Besichtigung Die imponierende **Klosteranlage** – errichtet in den Jahren 1387–1514 mit zinnenbewehrtem Turm – ist von einem dichten Zypressen- und Tannenwald umgeben, den die Mönche im 14. Jh. anlegten. Man betritt die **Abtei** durch ein Gewölbe: Außen empfängt eine Muttergottesdarstellung aus glasiertem Ton aus der Werkstatt Della Robbias den Ankömmling. Wer die Abtei verlässt, wird an der Innenseite des Tores vom hl. Benedikt (ebenfalls Della Robbia) gesegnet. Eine Kopfsteinpflasterstraße führt am Abteigebäude vorbei, das von einer einschiffigen **Kirche** flankiert wird, deren Inneres im 18. Jh. von Giovanni Antinori im Barockstil umgestaltet wurde. Sehenswert ist hier vor allem das *Chorgestühl* mit faszinierenden Stillleben-Intarsien von dem Olivetanerbruder Giovanni da Verona (1503–05). Nun betritt man das Kloster und erreicht, nach Vorhalle und **Durchgang** (mit zwei Fresken Sodomas, *Kreuztragung* und *Geißelung*), schließlich den **Großen Kreuzgang** mit dreistöckiger Loggia: die Hauptattraktion der Abtei.

Luca Signorelli und Mitglieder aus dessen Werkstatt (1497–98), vor allem aber Sodoma (1505–08), bemalten die Wände des Klosterhofes mit der *Vita des hl. Benedikt* (wie vom hl. Gregor überliefert) und schufen einen der schönsten **Freskenzyklen** der Renaissance. Einzigartig ist die erzählerische Kraft der Bildergeschichten, entzückend die Anmut der Gestalten, köstlich die plastische Landschaftsdarstellung, elegant die von Bramante inspirierte Hintergrundarchitektur, überraschend sind die oft bizarren *Details* – besonders in Sodomas Werken. Der Zyklus beginnt auf der Ostseite des Kreuzgangs. Die Bilder sind nummeriert: **1–19** und **30–35** stammen von Sodoma, **21–29** von Signorelli.

Ostseite

1. Benedikt auf weißem Pferd verlässt, begleitet von seiner Amme Cirilla, sein Elternhaus. Im Hintergrund die Stadt Norcia in Umbrien.
2. Benedikt verlässt die Schule in Rom, im Hintergrund Tiber und Engelsburg.
3. Benedikt setzt wundersamerweise einen zerbrochenen Holztrog wieder zusammen. Sodoma lenkt bei diesem Bild die Aufmerksamkeit auf sich selbst: Der Adlige im Hermelinmantel mit zwei Dachsen ist ein gewagtes Selbstporträt des Künstlers, der sich auf diese Weise über seinen Stand erhebt.
4. Der Mönch Romanus übergibt Benedikt vor der Stadt Subiaco das Eremitenhabit.
5. Romanus speist Benedikt, indem er einen Brotkorb herablässt: Links zerschmettert der Teufel das Glöckchen am Korb.
6. Zum Osterfest bringt ein Priester Speisen zu Benedikt. Der Mönch bricht sein Fasten. Das Problem, das Fenster des Kreuzgangs in das Gemälde miteinzubeziehen, löste Sodoma auf eigenwillige Weise: Im Tondo über dem Fenster schwebt Gott, der dem Priester seine Anweisung gibt.

Von Sodoma stammt die lebensnahe Szene ›Benedikt speist seine Mönche‹

7. Benedikt unterweist Bauern in der christlichen Lehre.
8. Benedikt wird von der Unkeuschheit (eine Venus mit Teufelshörnchen) heimgesucht und wälzt sich nackt im Dornenbusch, um der Versuchung zu widerstehen.
9. Benedikt geht auf die Bitten einiger Eremiten ein, ihr Abt zu werden.
10. Die Mönche – der strengen Zucht des neuen Abtes überdrüssig – wollen Benedikt vergiften; er bekreuzigt sich und zerbricht dabei den Becher.
11. Benedikt errichtet zwölf Klöster.

Südseite

12. Benedikt empfängt Maurus und Placidus. Links hinter Benedikt porträtierte Sodoma seinen Malerkollegen Signorelli.
13. Benedikt treibt einem Besessenen den Teufel aus. Die Teufelsfigur ist – wie die meisten anderen Dämonsdarstellungen in der Toskana – ausgekratzt.
14. Benedikt lässt eine Quelle entspringen.
15. Benedikt lässt die in einen Teich gefallene Klinge einer Sense an den Schaft zurückkehren.
16. Maurus schreitet auf dem Wasser, um Placidus zu retten.
17. Benedikt verwandelt den Inhalt eines Weinkruges in eine Schlange.
18. Florentius versucht, Benedikt zu vergiften.
19. Florentius lässt Freudenmädchen vor dem Kloster tanzen. Interessant ist der Kontrast zwischen den steifen Gewändern und Haltungen der Mönche und den tänzelnden, leicht geschürzten, lebensfrohen Mädchen.

Westseite

20. Einziges Bild von Sodomas Schwiegersohn Bartolomeo Neroni, gen. Il Riccio (1540): Benedikt schickt Maurus nach Frankreich und Placidus nach Sizilien.
21. Hier beginnt der (schlecht erhaltene) Signorelli-Zyklus. Gott bestraft den Priester Florentius.
22. Benedikt bekehrt die Einwohner von Monte Cassino.
23. Benedikt verjagt den Teufel, der den Klosterbau blockiert.
24. Benedikt erweckt einen vom Bau gestürzten Mönch zum Leben.
25. Benedikt sagt den Mönchen, wo und wann sie außerhalb des Klosters gegessen haben.
26. Benedikt tadelt einen Mönch, der das Fasten brach.
27. Benedikt deckt Gotenkönig Totilas Täuschung auf, der einen Diener als König verkleidet zu ihm schickt.
28. Benedikt empfängt Totila.

29. Benedikt sagt die Zerstörung von Monte Cassino voraus.

Nordseite

30. Benedikt speist seine Mönche.
31. Benedikt gibt träumenden Mönchen Anweisung zum Bau eines Klosters.
32. Benedikt erlöst exkommunizierte tote Nonnen, die keine Ruhe im Grab finden, durch Absolution.
33. Benedikt lässt einem toten Mönch, den die geweihte Erde nicht aufnehmen will, eine Hostie auflegen.
34. Benedikt vergibt einem Mönch, der fliehen wollte und dabei einen Drachen sah.
35. Benedikt befreit einen gefesselten Bauern durch seinen Blick.

Die weiteren Räume des Klosters, das u.a. über eine *Bibliothek* verfügt, sind nur den Mönchen zugänglich.

i Praktische Hinweise

Die Abtei liegt 36 km südöstlich von Siena. Man fährt bei Buonconvento von der Cassia ab in Richtung Monte Oliveto Maggiore.

Restaurant

La Torre, Tel. 05 77 70 70 22. Das Restaurant liegt vor dem Eingangstor von Monte Oliveto Maggiore. Nicht die Mönche des Klosters, sondern eine Familie betreibt dieses Café-Restaurant mit rustikaler Küche. Die Mönche verkaufen Kräuter, Liköre und Heilwässer aus eigener Produktion im Souvenirshop (Di geschl.).

9 Monteriggioni

Grenzfestung zwischen Siena und Florenz mit vollständig erhaltenem Mauerkranz.

Monteriggioni liegt an der Staatsstraße 2 zwischen Siena und Colle Val d'Elsa und ist die einzige Stadt der Toskana, deren Überleben noch heute von der **Stadtmauer** abhängt. Denn diese Mauer gehört zu einer der am häufigsten besuchten Sehenswürdigkeiten der Provinz Siena und bildet somit die ökonomische Grundlage der 6700 Einwohner, von denen allerdings nur ein kleiner Teil in der Altstadt lebt.

Schon *Dante* war von dem Anblick des Mauerrings begeistert. In der *Göttlichen Komödie*, Hölle XXXI. heißt es: »Denn wie

Links: *Seltenes Exemplar – der mittelalterliche Mauerring von Monteriggioni*
Unten: *Beschauliche Einkehr – Straßencafé in der Altstadt von Monteriggioni*

Die befestigten Wohntürme von San Gimignano dienten einst als Wehrburgen

über seiner Mauerrunde/Monteriggioni mit seinen Türmen krönt.« Die Stadt entstand im 13. Jh. auf Betreiben der Republik Siena. Sienesische Architekten errichteten die 570 Meter lange Mauer zwischen 1213 und 1219. Das Konzept war ein entscheidender Fortschritt in der toskanischen Festungsbauweise. Die **14 Türme**, von denen sieben stark restauriert wurden, erlaubten die komplette Kontrolle des umliegenden Territoriums.

i Praktische Hinweise

Information

Ufficio Informazione, Castello, Piazza Roma, Monteriggioni, Tel./Fax 05 77 30 48 34

Hotel

******Monteriggioni**, Via 1 Maggio 4, Monteriggioni, Tel. 05 77 30 50 09, Fax 05 77 30 50 11, www.hotelmonteriggioni.net. Gemütliches Zwölf-Zimmer-Hotel mit Swimmingpool und Garten (7. Jan.–28. Febr. geschl.).

Restaurant

Il Pozzo, Piazza Roma 20, Monteriggioni, Tel. 05 77 30 41 27, www.ilpozzo.net. Das Restaurant liegt innerhalb des Mauerrings mit schönem Ausblick (So abends und Mo, Jan./Febr. teilw. geschl.).

10 San Gimignano

Ihre hoch aufragenden Geschlechtertürme machten die Stadt weltberühmt.

San Gimignano liegt auf dem 324 m hohen Hügel, der das Elsa-Tal dominiert und ist eine der wenigen toskanischen Städte, die vom Tourismus erdrückt zu werden drohen. Die 7600 Einwohner müssen mehr als 8 Mio. Besucher pro Jahr ertragen.

Den Besucheransturm verdankt die Stadt ihrem Ruf als »Manhattan des Mittelalters«. Die Silhouette mit ihren hoch aufragenden Türmen gehört zu den meistfotografierten Motiven der Toskana. Dass allerdings ausgerechnet die noch erhaltenen mittelalterlichen Wohntürme, 15 an der Zahl, von denen es vor 650 Jahren 72 gab, der Stadt in der Moderne zu Ansehen und Wohlstand verhelfen würden, ist geradezu ein Aberwitz der Geschichte.

Geschichte San Gimignano wurde bereits im 14. Jh. von Florenz beherrscht und besaß seitdem nie wieder eine autonome Regierung. Damit war eine generelle Verarmung verbunden. Im 13. Jh., als die Stadt freie Republik war, die von Konsulen regiert wurde, hatte San Gimignano einen rasanten Aufschwung erlebt. Jede wohlhabendere Familie konnte sich einen Wohnturm bauen. In **Wehrtürmen** zu wohnen, war zu dieser Zeit keine übertriebene Vorsichtsmaßnahme: Erstens

mussten die Toskaner täglich mit Angriffen der Nachbarstädte rechnen, zweitens tobte wegen der Auseinandersetzung der guelfischen Familie Ardinghelli mit der ghibellinischen Familie Salvucci zwischen dem Ende des 13. bis Mitte des 14. Jh. ein **Bürgerkrieg** in San Gimignano. 1348, nachdem fast jeder zweite Einwohner der **Pest** zum Opfer gefallen war, übernahm **Florenz** die Macht in der Stadt: Seitdem wurde hier nicht mehr gebaut. Während mächtigere Städte wie Siena, Lucca oder Florenz die unzeitgemäßen Wohntürme abrissen, um komfortablere Paläste zu errichten und ihre Stadtmauern erweiterten, blieb in San Gimignano wegen Geldmangels alles beim Alten.

Besichtigung Der romanische Dom **Santa Maria Assunta**, auch ›La Collegiata‹ genannt (1148 geweiht, Prachttreppe von 1263), besitzt einen der wichtigsten Kunstschätze der Welt. Nachdem *Giuliano da Maiano* 1460 den Dom hatte erweitern lassen, blieb der Bau die folgenden Jahrhunderte im Wesentlichen unverändert. Das **Innere** ist mit Fresken geschmückt. An der Westwand neben dem Haupteingang ist ein *Jüngstes Gericht* von Taddeo di Bartolo (1393) zu sehen. Die starke Farbigkeit und die ausdrucksvolle Gestik der Figuren zeugen vom Einfluss der Sieneser Malerei. Im rechten Seitenschiff ist einer der am besten erhaltenen *Freskenzyklen* des Mittelalters zu sehen. Er stammt von Barna da Siena. Der Künstler begann Mitte des 14. Jh. mit dem Werk, nach seinem Tod beendeten seine Schüler den Zyklus. Die Fresken zeigen Szenen aus Leben und Passion Christi. Im 7. Joch des rechten Seitenschiffes ist eines der Meisterwerke der Renaissance zu sehen, die **Kapelle der hl. Fina**. Fina vollbrachte mehrere Wunderheilungen und starb bereits 15-jährig. Nach ihrer Heiligsprechung erhielt sie 1468 im Dom eine eigene Kapelle. Diese ist mit zwei *Fresken* (1470) des Michelangelo-Lehrers Domenico Ghirlandaio ausgeschmückt. Auf dem linken Fresko hat sich der Künstler selbst dargestellt (hinter dem Bischof). Das linke Seitenschiff ist mit Fresken von Bartolo di Fredi geschmückt. Fredi soll um das Jahr 1367 an dem Zyklus gearbeitet haben, der *Szenen des Alten Testaments* zeigt. Leider sind mehrere Bildfelder zerstört.

Neben dem Dom steht die **Loggia del Battistro** mit dem **Fresko** *Verkündigung* von Domenico Ghirlandaio (1476).

Der **Palazzo del Popolo** liegt an der Südseite des Domplatzes und beherbergt heute das **Museo Civico** (Tel. 0577990348, März–Okt. tgl. 9.30–19 Uhr, Nov.– Febr. 10–17.30 Uhr). Der Palazzo mit seinem schönen Hof wird überragt von der 54 m hohen **Torre Grossa**. Über eine Außentreppe erreicht man den Eingang des Museums mit dem **Dante-Saal**, in dem Dante Alighieri im Jahr 1300 der Republik San Gimignano die Notwendigkeit für eine guelfische Liga darlegte. An der Wand ist ein Fresko von Lippo Memmi (1317) zu sehen, das eine *Thronende Madonna* zeigt. Das Bild ist eine Kopie des Maestà-Freskos von Simone Martini im Ratssaal von Siena. In der **Galerie** sind Kunstwerke aus Mittelalter und Renaissance zu sehen. Beachtenswert sind beispielsweise ein Tafelbild von Pinturicchio, das die *Madonna mit Heiligen* zeigt (1512), sowie zwei Tondi von Filippino Lippi (1483). Interessant sind die Fresken von Memmo di Filippuccio aus dem frühen 14. Jh. in der **Camera del Podestà**, die an die Galerie angrenzt. Sie zeigen Szenen aus dem Alltagsleben.

Die Kirche **Sant' Agostino** (1280–98) an der gleichnamigen Piazza im Norden der Stadt birgt zwei Schätze: einen Marmor-Altar von Benedetto da Maiano (1494) und den Freskenzyklus von Benozzo Gozzoli von 1464 mit Szenen aus dem ›Leben des hl. Augustinus‹.

Weiter nordöstlich in der Via Folgore 11 zeigt das **Museo Archeologico – Spezieria di Santa Fina – Galleria d'Arte Moderna e Contemporanea** (Tel. 05 77 94 03 48, tgl. 11–17.30 Uhr) eine Sammlung etruskischer Kunst aus Gräbern der Region, Gläser und Keramik des 15.–17. Jh. sowie Wechselausstellungen zeitgenössischer Kunst.

i Praktische Hinweise

Information

Pro Loco, Piazza del Duomo 1, San Gimignano, Tel. 05 77 94 00 08, Fax 05 77 94 09 03, www.sangimignano.com

Stadtfest

Fiera di San Gimignano: Fest zu Ehren des Namenspatrones der Stadt am 31.1.

Einkaufen

Preisgünstig sind die Märkte, die jeden Donnerstag an der Piazza del Duomo, Piazza della Cisterna und Piazza delle Erbe (8–13 Uhr) stattfinden.

Hotels

*****Villa Belvedere**, Via Senese, Colle di Val d'Elsa, Tel. 05 77 92 09 66, Fax 05 77 92 41 28, www.villabelvedere.com. Landsitz aus dem 18. Jh. mit 15 alt eingerichteten Zimmern und typisch toskanischer Küche.

Casanova di Pescille, Loc. Pescille, Tel./Fax 05 77 94 19 02, www.casanovadipescille.com. Ausgebautes Landgut, 4,5 km unterhalb von San Gimignano. Garten mit Pool.

Restaurant

TOP TIPP **Arnolfo**, Via XX Settembre 50, Colle di Val d'Elsa (10 km südöstlich von San Gimignano), Tel. 05 77 92 05 49, www.arnolfocom. Eines der fünf besten, preisgekrönten Feinschmecker-Restaurants der Toskana bietet köstliche Spezialitäten zu nur leicht gehobenen Preisen (Di, Mi geschl.).

Szenen aus dem Leben des hl. Augustus verewigte Benozzo Gozzoli 1464 in der Kirche Sant'Agostino in San Gimignano

Von der einstigen Bedeutung des Zisterzienserklosters San Galgano zeugt eine gewaltige Ruine

11 San Galgano

TOP TIPP *Die meisterliche Baukunst der Zisterzienser zwingt den Besucher zu Andacht und Stille.*

Man erreicht San Galgano von Siena aus über die Staatsstraße 73 in Richtung Grosseto. Bei Madonnino biegt man rechts nach Massa Marittima ab. Das Kloster war einst das Zentrum des Zisterzienserordens in der Toskana. Die 1224 begonnene Kirche ist ein Musterbau zisterziensischer Sakralarchitektur, wie sie zu Beginn des 13. Jh. in ganz Europa verbreitet war. Außer der gewaltigen **Kirchenruine** ist der Ostflügel des **Klostergebäudes** erhalten sowie eine kleine **Kapelle** auf dem zugehörigen Friedhof aus dem 13. Jh.

Wer in Gedanken die Mönche unter Gesängen zur Messe ziehen sieht, wird die religiöse Inbrunst, aber auch die Rivalitäten unter den Ordensbrüdern erahnen, die hierhergekommen waren, um *Galgano Guidotti* zu ehren, den bekehrten Ritter und Zisterziensermönch, der im Dezember 1181 im Alter von 33 Jahren auf dem Monte Siepi starb und vier Jahre später heilig gesprochen wurde. Zu Füßen des Berges errichteten die Zisterzienser dem hl. Galgano die Abtei. Im Jahr 1550 war das einst mächtige Kloster schon so heruntergekommen, dass der Prior Girolamo Vitelli den Bleimantel vom Dach nehmen ließ, um ihn zu verkaufen. Wenig später stürzte die Decke ein. Im 17. Jh. lebte jahrzehntelang ein Einsiedlermönch ganz allein im Kloster.

Oberhalb der Klosterkirche steht das **Oratorio di San Galgano al Montesiepi**. Seine Gründung geht ebenfalls auf den hl. Galgano zurück, der hier sein Schwert als Zeichen für sein Gelöbnis der Gewaltlosigkeit in den Fels gerammt haben soll. *Ambrogio Lorenzetti* malte die Kapelle nach 1134 mit **Fresken** aus: *Maestà* (St. Galgano hatte hier eine Vision der thronenden Maria empfangen), *Das Leben des hl. Galgano* und *Verkündigung*. Mit letzterem hatte es eine besondere Bewandtnis: Lorenzetti hatte einen ungewöhnlichen Entwurf an die Wand gemalt; das Bild einer entsetzten Maria, die vor dem Engel wie vor einem Peitschenhieb zurückweicht und zu Boden sinkt. Den Auftraggebern missfiel der Entwurf. Lorenzetti musste ihn übermalen. Bei einer aufwendigen Restaurierung der Fresken wurde unter der Verkündigung der *Originalentwurf* entdeckt.

Grosseto und Provinz – herbe Schönheit der Maremma

Rund um den Monte Argentario an der **Küste** liegen die bezauberndsten Badeorte der Toskana, im Inland weiden Schafe und Rinder auf den weiten grünen **Weiden** der fruchtbaren ›Maremma‹. Hier kann man in Roselle, in Pitigliano, Sovana und Sorano auf den Spuren der Etrusker wandeln oder in Massa Marittima eine der besterhaltenen **mittelalterlichen Städte** bewundern oder bei Capalbio den herrlich bunten Tarock-Garten von Niki de Saint Phalle bestaunen.

Der Süden der Provinz Grosseto bildet seit Urzeiten eine Einheit. Die Städte Sovana, Sorano, Pitigliano, Vetulonia und Roselle gehörten zu einem losen Bund, der vor 2600 Jahren Teil des mächtigen **Etruskerreiches** war.

Als die **Römer** im 3. Jh. v. Chr. nach Norden in das Einflussgebiet Vulcis vorrückten, führten sie einen Krieg gegen die Etrusker, dieses rätselhafte, hochzivilisierte Volk, das im 8. Jh. v. Chr. Rom gegründet, sich mit den Bauern, die zwischen Forum und Palatin lebten, vermischt und ihnen Kultur und Technik beigebracht hatte. Als die Römer 400 Jahre später die Etrusker-Städte eroberten, waren diese bereits im Niedergang begriffen. Einige Orte, wie Roselle, wurden von den Siegern zerstört, in den meisten Etruskerstädten jedoch räumten die Besatzer ihren Untergebenen große Freiräume ein. So bauten mehr als 200 Jahre lang die Bewohner Sovanas unter römischer Besatzung noch Tempel für etruskische Götter und schrieben und sprachen ihre eigene Sprache.

In dieser Zeit entstand **bei Sovana** eines der interessantesten Baudenkmäler Italiens: Ein prächtiges etruskisches Grab, das wie kein zweiter Bau den Untergang einer Kultur zu symbolisieren scheint. Die wie ein Tempel mit Säulen und Ornamenten verzierte Fassade verwittert ungeschützt im Wald, von der farbenprächtigen Bemalung sind nur noch Spuren zu erkennen. Die Bewohner von Sovana gaben dem Grab den Namen **Tomba Ildebranda**, Hildebrandsgrab. Und dieser Name hängt mit einer anderen Niederlage zusammen, die die Provinz Grosseto traf. Sie nahm ihren Lauf in dem Haus mit der Nummer 29 in der Via del Duomo in Sovana, wo um 1020 **Hildebrand** (Ildebrando) geboren wurde. Einen Familiennamen trug der Sohn eines Schreiners, der später als Papst Gregor VII. Weltgeschichte schrieb, nicht.

Sovana war damals eine blühende Stadt, weil sie unter der Knute des Geschlechts der **Aldobrandeschi** stand, die um das Jahr 1000 ihren Stammsitz nach Sovana verlegt hatten und den Gewinn ihrer Beutezüge in Palastbauten investierten. Die Familie – kriegerisch, arrogant und Anhänger des deutschen Kaisers – erteilte dem künftigen Papst die wichtigste Lektion seines Lebens. Als Hildebrand auf dem Aventin in Rom die Weihen als Benediktiner-Mönch erhielt, wusste er, wie stark die toskanischen Gegner des Papstes waren. Während der Mönch in Rom zum Berater der Päpste Nikolaus II. und Alexander II. aufstieg, breiteten sich die Aldobrandeschi in seiner Heimat weiter aus und nahmen die uralten etruskischen Städte Pitigliano und Sorano ein. Als Hildebrand am 22. April 1073 ohne förmliches Wahlverfahren vom Kardinalskollegium zum **Papst Gregor VII.** ernannt wurde, ließ er keinen Zweifel daran, dass er die Kirche zu einem absoluten Herrschaftsanspruch führen und Familien wie den Aldobrandeschi Paroli bieten wolle. Er erfand die **Idee des Kirchenstaats**: Kaiser und Könige sollten nicht mehr Kardinäle und Bischöfe einsetzen und bezahlen dürfen. Damit begründete er den **Investiturstreit**, den Krieg gegen den deutschen König **Heinrich IV.** und dessen Verbündete, die Aldobrandeschi. Der Toskaner Hildebrand setzte radikal das *Zölibat* durch, Kirchenämter sollten nicht mehr vererbt werden. Rückendeckung bekam er von einer Frau: von Mathilde, *Markgräfin von Tuszien*. Die schöne Adlige, mindestens 20 Jahre jünger als der Papst, schloss sich bedingungslos seinen Plänen an, obwohl ihr Ehemann Gottfried auf der Seite von Heinrich IV. stand und beste Beziehungen zu den Aldobrandeschi unterhielt. Sie war auch beim Papst, als dieser Geschichte schrieb: Sie schaute an seiner Seite im Januar 1077 drei Tage lang in der **Burg von Canossa** auf den deutschen König, der demütig im Schnee kniete. Als Heinrich IV. schließlich Rom angriff, den Papst zur Flucht in die **Engelsburg** zwang und alles verloren war, hielt Mathilde mit Herz und Truppen weiterhin zu Gregor. Der Normanne Robert Guiscard befreite den Papst aus der Engelsburg und brachte ihn als Gefangenen nach **Salerno**, wo er am 25. Mai 1085 enttäuscht starb.

12 Grosseto und Roselle

Das ›Lucca der Maremma‹ am Nordufer des Ombrone und eine etruskische Stadt.

Die heutige Provinzhauptstadt Grosseto (70 000 Einw.) bestand nur aus einer Burg mit weniger als 100 Bewohnern, als Papst Innozenz II. 1138 den Bischofssitz von Roselle hierher verlegte. Zunächst unter der Kontrolle der Aldobrandeschi, unterwarf sich die Stadt 1336 **Siena** und wurde später von **Florenz** eingenommen. Die Medici bauten Grosseto zu einer bescheidenen Handelsstadt aus. Im Zweiten Weltkrieg wurde die Stadt bombardiert, erhalten blieben Teile der sechseckigen **Befestigungsanlage der Medici**, die die Altstadt umgibt und die man bereits im 19. Jh. in eine öffentliche Anlage einbezogen hatte.

Zentrum der historischen Altstadt ist die **Piazza Dante**, die gerahmt wird von dem im 19. Jh. entstandenen neugotischen *Palazzo della Provincia*, dem Rathaus und der mit rotbraunen und weißen Marmorstreifen inkrustierten Fassade des **Domes San Lorenzo**. Sie ist das Werk von Architekten des 19. Jh. Vom ursprünglichen Bau der Wende vom 13. zum 14. Jh., der erst Mitte des 15. Jh. vollendet wurde, sind nur der Ziegelstein-*Campanile* aus dem 13. Jh. und das schöne *Portal* an der Südseite erhalten, auf dessen Architrav der Dombaumeister Sozzo di Rustichino ›Christus und die Evangelisten‹ abbildete (1402). Im Inneren sind das *Taufbecken* (um 1470) und der *Altar* des linken Querhauses von Antonio Ghini mit der Madonnentafel von Matteo di Giovanni (1474) bemerkenswert.

Grossetos Hauptplatz: Die Piazza Dante dominiert der neugotische Palazzo della Provincia

Die gotische Kirche **San Francesco** an der Piazza dell'Independenza, im 13. Jh. von Benediktinern gegründet, später an die Franziskaner gefallen und zu Beginn des 20. Jh. umfassend restauriert, hütet einen Schatz: ein *Tafelkruzifix*, das dem jungen Duccio di Buoninsegna zugeschrieben wird (1282/83), außerdem eine Kreuzigungsgruppe des 15. Jh.

Lohnend ist ein Besuch in Grosseto vor allem wegen des **Museo Archeologico d'Arte della Maremma** (Tel. 05 64 48 87 50, www.gol.grosseto.it, Mai–Okt. Di–So 10–13, 17–20 Uhr, Nov.–Febr. Di–Fr 9–13, Sa/So 9–13, 16–18 Uhr, März/April Di–So 9.30–13, 16–18 Uhr) an der Piazza Baccarini 3, das über eine bemerkenswerte Sammlung von etruskischen Funden verfügt. Im **Eingang** sind Exponate aus dem Paläolithikum sowie Grabbeigaben und Töpferwaren der Villanova-Kulturen (10–8. Jh. v. Chr.) ausgestellt, im *Erdgeschoss* die verschiedenen Funde der Ausgrabungen bei Roselle zu sehen (Terrakotten, Gläser, Va-

Die Etrusker

Die **Herkunft** der Etrusker, von denen sich der Name ›Toskana‹ ableitet, war schon in der Antike umstritten. Drei Theorien werden bis heute diskutiert: autochthone, also **italische** Herkunft, Einwanderung als indogermanischer Stamm aus dem **Alpenbereich**, Einwanderung aus **Kleinasien** bzw. dem griechischen Mittelmeerraum. Dieser letzten Hypothese geben die meisten Forscher den Vorzug, wobei die Entwicklung zur **ersten Hochkultur** Italiens ab dem 8. Jh. v. Chr. sicher erst durch eine Vermischung asiatischer, ostgriechischer und italischer Einflüsse entstand.

Die Etrusker kontrollierten ab dem 7. Jh. v. Chr. als loser Bund aristokratisch regierter **Stadtstaaten** das Gebiet zwischen Arno und Tiber, bauten Erze und Mineralien ab, besaßen **Handelsflotten**, kannten Drainagetechniken. Ihre **Kunst** zeigt neben asiatischen und ägyptischen besonders Einflüsse der griechisch-mykenischen Kultur. Die wichtigsten **Zeugnisse** der etruskischen Kultur sind neben den Resten von **Stadtanlagen** besonders die in großer Zahl erhaltenen **Grabbauten**, deren reiche **Beigaben** wie Urnen, Waffen, Schmuck und Haushaltsgeräte, aber auch Wandmalereien Rückschlüsse auf die Alltagskultur des Volkes zulassen. Besonders entwickelt war die Metallbearbeitung, hier erreichten die **Goldschmiedekunst** und die **Bronzeplastik** eine hohe formale Reife und Eigenständigkeit. Die etruskische Götterwelt zeigt teilweise Anklänge an die griechische, brachte aber auch eigenständige Gottheiten hervor. Die etruskische **Sprache**, die nicht indogermanischen Ursprungs und in etwa 10 000 Inschriften überliefert ist, ist trotz umfangreicher Forschungen noch weitgehend unbekannt.

Als die Römer im 4. und 3. Jh. v. Chr. die Etruskerstädte eroberten, vermischten sich die Kulturen. Für eine Weile konnten sich die Etrusker noch ihre religiöse und kulturelle Unabhängigkeit bewahren.

Prächtig geschmückt ins Jenseits – Darstellung eines Verstorbenen auf einem etruskischen Sarkophagdeckel im Museo Archeologico von Chiusi [s. S. 47]

Römische Wagenräder haben auf der antiken Hauptstraße von Roselle ihre Spuren hinterlassen

sen, Statuetten, Bronzen). Im *ersten Stockwerk* befindet sich die topographische Sektion. Der *zweite Stock* beherbergt heute das **Museo d'Arte della Maremma**, dem das ehemalige Diözesanmuseum mit Teilen der einstigen Domausstattung eingegliedert ist. Es enthält hauptsächlich Werke der Sieneser Schule aus dem 13.–17. Jh., darunter die ›*Madonna delle Ciliegie*‹ (*Kirschenmadonna*), ein Meisterwerk von Stefano di Giovanni, gen. *Sassetta* (vor 1450).

Roselle, das antike *Russellae*, etwa 10 km nördlich von Grosseto strategisch günstig auf einem Höhenrücken östlich der Via Aurelia gelegen, war eine der mächtigsten Städte des **Etruskischen Bundes**, bevor die Römer die Stadt 294 v. Chr. vernichteten. Über den damals noch schiffbaren Fluss Ombrone war sie mit Chiusi verbunden, über die Handelsstraße an der Stelle der späteren Via Aurelia mit den Küstenstädten im Süden. Im frühen Mittelalter war die Stadt noch als **Bischofssitz** von Bedeutung, 935 wurde sie von den Sarazenen zerstört. Als 1138 auch der Bischof nach Grosseto umzog, war der endgültige Untergang der Stadt besiegelt.

Heute gehört die **Area Archeologica di Roselle** (Tel. 05 64 40 24 03, tgl. 8.30–19.45 Uhr) zu den größten archäologischen Grabungsstätten der Toskana. Hier lassen sich in abgeschiedener Stille Ruinen besichtigen, die Spuren der Eisenzeit, der Etruskerperiode, Reste römischer und frühchristlicher Bauten vereinigen. Die insgesamt 3 km lange, größtenteils aus polygonalen Blöcken errichtete und noch bis zu 5 m hohe kyklopische **Stadtmauer** der Etrusker aus dem 6. Jh. v. Chr. begrenzt noch heute das Grabungsgelände. Die Tore waren so eng gebaut, dass sich Eindringlinge nicht mit dem Schild schützen konnten.

Die wichtigste Entdeckung der Archäologen war die eines archaischen **Wohnhauses** aus dem 7. Jh. v. Chr., das Aufschlüsse über die Bauweise dieser Zeit erlaubt. Außen quadratisch und innen oval, wurden die Häuser aus an der Sonne getrockneten Tonziegeln errichtet und mit Holz und Zweigen gedeckt. Gut zu erkennen ist die antike **Hauptstraße**, die vom Osten hangaufwärts in die Stadt führt: Wagenräder gruben Kerben in die Pflastersteine. Um das gepflasterte **Römische Forum**, das nördlich an die etruskische Siedlung anschließt, lagen ›das Haus der Augustalen‹, in dem Reste von insgesamt 18 römischen Kaiserstatuen gefunden wurden, ein kleiner Tempel und das Gerichtsgebäude. Weiter nördlich wurde die **Basilika**, ein römischer Apsidensaal mit Wandnischen, ausgegraben, auf dem Nordhügel erkennt man Reste einer *Thermenanlage* und eines *Amphitheaters*.

i Praktische Hinweise

Information

APT, Viale Monterosa 206, Grosseto, Tel. 05 64 46 26 11, Fax 05 64 45 46 06, www.lamaremma.info

Imposant und wehrhaft wie eine Festung thront die Tuffsteinstadt Pitigliano auf hohen Felsen

13 Pitigliano, Sorano, Sovana

Schmuckstücke der südlichen Toskana in pittoresker Lage.

Über die Staatsstraße 74 von Albinia am Monte Argentario aus

Die drei interessantesten Städte im Süden der Provinz Grosseto sind sicherlich Pitigliano, Sovana und Sorano.

Das Städtchen **Pitigliano**, das heute 4500 Einwohner zählt, thront hoch oben auf einem 313 m hohen Tuffsteinfels und gehört allein wegen seiner spektakulären Lage und eines Aquädukts aus dem 15. Jh. zu den schönsten Orten der Toskana. Die Lage bot einen weiten Blick über das Land und war ideal, sodass Pitigliano auf eine Stadtmauer verzichten konnte. Schon **Etrusker** hatten auf dem Hügel gewohnt, aber der Ortsname geht der Legende nach auf Pitilius und Cilianus zurück, zwei **Römer**, die sich hier niederließen, nachdem sie die goldene Krone des Gottes aus dem Tempel des Jupiter Stator in Rom gestohlen hatten. Im **Mittelalter** stand Pitigliano unter der Kontrolle der Familie Aldobrandeschi, ab 1293 herrschte die römische Familie der Orsini.

Der zinnengekrönte **Palazzo Orsini** an der länglichen Piazza della Repubblica zwischen dem mittelalterlichen Stadtkern und den neuzeitlichen Residenzanlagen ist ein Meisterwerk der toskanischen Festungsbaukunst. *Giuliano da Sangallo* baute die einstige Burg aus dem 13. Jh. für die Patrizier-Familie in einen bequemen und sicheren *Renaissance-Palast* um, der später weitere Veränderungen erfuhr. Das Gebäude besitzt einen sehr schönen **Innenhof**, der im Jahr 1993 restauriert wurde. Die **Fassade** ist mit dem Wappen der Orsini, einem Bär mit dem Kopf eines Löwen, geschmückt.

Der ursprünglich mittelalterliche **Dom** an der Piazza Gregorio VII. wurde im 18. Jh. innen und außen im Barockstil umgebaut. Hochinteressant ist die **Straße** in Richtung Norden, die Pitigliano mit Sorano und Sovana verbindet: Etrusker schlugen sie als Keil in den Tuffsteinfelsen. An den Wänden sind immer wieder etruskische *Nekropolen* zu erkennen.

Nordöstlich von Pitigliano, 379 m hoch über dem Fluss Lente, liegt das mittelalterliche 2000-Einwohner-Dorf **Sorano**. Der Stadtteil am *Südhang* des Tuffsteinfelsens ist verlassen worden, die Erosion raubt Sorano den Boden: Viele der Häuser sind bereits abgerutscht. Der *Stadtkern* jedoch ist noch erhalten und Besucher bekommen einen ausgezeichneten Eindruck von einem typischen mittelalterlichen toskanischen Dorf. Die **Fortezza Orsini**, die das Stadtbild dominiert, entstand vermutlich im 14. Jh. unter der Herrschaft der Familie Orsini. Während der Restaurierung im Jahr 1968 kamen *Fresken* ans Tageslicht, die Blumenmotive und Szenen eines Festmahles zeigen. Besonders interessant ist ein Fresko, auf dem gregorianische Noten zu sehen sind, die sehr wahrscheinlich zu einem Lied aus Boccaccios ›Decamerone‹ gehören.

Rund um Sorano, vor allem aber auf dem malerischen Hügel gegenüber der Stadt, befinden sich *etruskische Grabanlagen*, die in den weichen Tuffstein eingeschnitten sind. Rechts der Straße nach Sovana liegt die verfallene Kirche *San Rocco*, in ihrer Nähe kann man schmucklose etruskische Kammergräber entdecken.

Ein Löwe sollte einst den von Giuliano da Sangallo umgebauten Palazzo Orsini in Pitigliano bewachen

Schlicht und erhaben: Der Dom von Sovana vereint romanische und gotische Architektur

Im abendlichen Lichterzauber entfaltet die Piazza Pretorio in Sovana ihren ganzen Charme

TOP TIPP Das Dorf **Sovana**, Geburtsort des späteren Papstes Gregor VII., mit seiner mittelalterlichen Piazzetta, den einstöckigen Häusern, die die Hauptstraße säumen, und den überdimensionalen Kirchen ist einer der *romantischsten Flecken* der Südtoskana. Schon im 7. Jh. v. Chr. erlebte er unter den Etruskern eine erste Blütezeit. Ab Mitte des 3. Jh. v. Chr. siedelten hier Römer, im frühen Mittelalter war der Ort als Bischofssitz von Bedeutung, bis er von den Langobarden erobert wurde. Später herrschten auch hier die Aldobrandeschi und die Orsini, 1410 eroberte Siena die Stadt. Die immer wieder auftretende Malaria sorgte schließlich für den Untergang des Ortes. Heute leben knapp 300 Menschen hier.

Die **Piazza Pretorio** bildet das Zentrum von Sovana. Rund um diesen Platz erheben sich der *Palazzo dell'Archivio* aus dem 13. Jh. mit seinem Glockenturm, der *Palazzo Bourbon del Monte* aus dem 15. Jh. sowie der *Palazzo Pretorio* (13. Jh.), der mit Wappen der Herrscher Sovanas verziert ist.

Schmuckstück des Platzes ist die kleine Kirche **Santa Maria**. Der dreischiffige Bau blieb beinahe unverändert erhalten, nur der Dachreiter mit Glocke stammt nicht aus dem 12. Jh., sondern wurde im 17. Jh. aufgesetzt, nachdem der Campanile eingestürzt war. Das Innere birgt am Hauptaltar einen besonderen Schatz: das einzige vorromanische *Ziborium* der Toskana (8.–9. Jh.). Ein Baldachin aus Travertin ruht auf vier Säulen korinthischer Ordnung, seine Vorderseiten sind mit geometrischen Ornamenten überzogen. Die beiden *Madonnen-Fresken* rechts neben dem Eingang stammen aus der Sieneser Schule des 16. Jh.

Der größte Bau Sovanas ist der **Dom** am Ende der Hauptstraße, der den Aposteln Petrus und Paulus geweiht und zwischen dem 10. und 14. Jh. entstanden ist. Der Seiteneingang im lombardischen Stil zeigt reichen Figurenschmuck, Menschen- und Tierabbildungen. Das Innere wird von teils schwarz-weiß gestreiften Pfeilern in drei Schiffe geteilt, die gotischen Fenster unter dem Kreuzgratgewölbe des Mittelschiffes lassen den Raum sehr licht wirken. Die *Kapitelle* der Säulen sind mit Reliefs im lombardischen Stil geschmückt, die unter anderem Szenen aus dem Alten Testament darstellen. Die *Krypta* stammt aus einem Vorgängerbau des 8. Jh.

Auch in der Umgebung von Sovana, leicht zu erreichen durch die von Etruskern bereits vor 2500 Jahren angelegten Stichstraßen durch Tuffsteinfelsen, findet man in reizvoller Lage zahlreiche *etruskische Gräber*, die zum **Parco Archeologico**

›**Città del Tufo**‹ (Tel. 05 64 61 40 74, www.arethusa.net, April–Okt. tgl. 10–19 Uhr) zusamengefasst sind. Auf keinen Fall sollte man sich die Besichtigung der spektakulärsten Anlage, der ›**Tomba Ildebranda**‹ (Hildebrandsgrab), rechts von der Straße nach San Martino sul Fiora, entgehen lassen. Sie wurde benannt nach dem Cluniazensermönch Hildebrand, dem späteren Papst Gregor VII. Der Weg ist gut ausgeschildert, festes Schuhwerk, eventuell auch eine Taschenlampe, erleichtern jedoch die Besteigung. Das Grab aus der 1. Hälfte des 3. Jh. v. Chr. ist aus dem Fels herausgearbeitet und erhebt sich als *Scheintempel* auf einem Podium, zu dem zwei Seitentreppen hinaufführen. Sechs Frontsäulen und je vier Säulen an den Seiten sind der T-förmigen Cella vorgelagert, die vorne eine (Schein-)Tür besitzt, sich als massiver Stein erweist. Die Säulen tragen *Kapitelle*, die mit Akanthusblättern und Köpfen verziert sind. Die unterirdische **Grabkammer** erreicht man durch einen langen Gang, der unter dem Podium beginnt. Die Anlage, die eine römische Tempelarchitektur vortäuscht, war ursprünglich stuckverkleidet und bemalt.

i Praktische Hinweise

Restaurant

Scilla, Via Rodolfo Siviero 1/3, Sovana, Tel. 05 64 61 65 31, www.scilla-sovana.it. Rustikales Gartenrestaurant mit gutem Essen und ausgezeichnetem Preis-Leistungs-Verhältnis (Di und Febr. geschl.).

14 Monte Argentario, Ansedonia, Capalbio, Isola del Giglio

Tummelplatz der Schickeria: Jachthäfen in bezaubernder Landschaft.

Etwa 30 km südlich von Grosseto erhebt sich der **Monte Argentario** mit den beiden Hafenstädtchen Porto Santo Stefano und Porto Ercole. Die Halbinsel ist über zwei schmale sandige *Landzungen* und einen Wall, auf dem der Ort Orbetello liegt, mit dem Festland verbunden. Die etwa 26 km² große *Lagune* vor der Halbinsel ist stark verschmutzt, an den Stränden zum offenen Meer jedoch ist die Wasserqualität besser.

Das 15 000 Einwohner zählende **Orbetello** war wahrscheinlich schon im 8. Jh. v. Chr. von Etruskern besiedelt und kam später in den Besitz der Familie Aldobrandeschi, dann der Orsini, bis es im 15. Jh. von Siena erobert wurde. Die deutlichsten Spuren hinterließ die Herrschaft der *Spanier*, die im 16. und 17. Jh. den Monte Argentario und die umliegenden Ortschaften kontrollierten. Aus dieser Zeit stammen die Verteidigungsanlagen und die **Festung Guzman**, in der das kleine *Museo Archeologico Comunale* (Tel. 05 64 86 11 11, Jan.–Juni, Okt.–Dez. Fr–So, Fei 10–13 Uhr, Juli/Aug. Fr–So, Fei 18–22 Uhr, Sept. Fr–So, Fei 16–20 Uhr) untergebracht ist. Der **Dom** wurde in der zweiten Hälfte des 14. Jh. errichtet und im 17. Jh. um zwei Seitenschiffe erweitert.

Die spektakulärste aller etruskischen Nekropolen: die tempelartige Tomba Ildebranda in Sovana

Von Orbetello aus erreicht man nach wenigen Minuten Autofahrt den alten Fischerort **Porto Santo Stefano** im Nordwesten der Halbinsel, seit einigen Jahren ein mondäner, vor allem von wohlhabenden Römern besuchter Urlaubsort mit Jachthafen (Exklusiver ist nur noch das winzige **Punta Ala** am Golf von Follonica weiter nördlich.). Von Porto Santo Stefano lässt sich der 635 m hohe **Monte Telegrafo**, die höchste Spitze des Berges Monte Argentario, erklimmen.

Auf der Südseite der Halbinsel liegt das kleinere **Porto Ercole** mit seiner reizenden, in den Hang gebauten **Altstadt**. In der kleinen Pfarrkirche wurde Caravaggio beigesetzt, der hier 1610 an Malaria starb. Von Porto Ercole aus verkehren **Fähren** zur Isola del Giglio und der Isola di Giannutri.

Ansedonia

Der kleine Badeort Ansedonia östlich der Halbinsel blickt auf eine lange Geschichte zurück: Hier lag *Cosa*, 273 v. Chr. gegründet und 300 Jahre lang römische Kolonie und Verteidigungsposten gegen die Etrusker, die jedoch im 1. Jh. n. Chr. wegen der Malaria weitgehend verlassen und im 5. Jh. von den Goten endgültig zerstört wurde. Im Mittelalter schließlich entstand auf den Resten des alten Kapitolstempels eine *Burg*, zu deren Füßen sich das Dorf Ansedonia entwickelte, das aber bereits 1330 von den Sienesen dem Erdboden gleichgemacht wurde.

Das neue Ansedonia verfügt deshalb über keine nennenswerten Kunstschätze,

Oben: *Mit farbenfrohen Tarot-Riesen schuf die Künstlerin Niki de Saint Phalle den grandiosen Giardino dei Tarocchi in Capalbio*

Unten: *Anmutig schmiegt sich der malerische Hafenort Porto Ercole in die grünen Hänge der Halbinsel Monte Argentario*

aber man kann hier die herrlich gelegenen archäologischen **Ausgrabungen** besichtigen. Auf einem Steilfelsen erkennt man die von Olivenbäumen bewachsenen Reste der einstigen **Akropolis**, umgeben von einer aus Polygonalblöcken errichteten, 1,5 km langen **Stadtmauer** mit drei Toren und 18 Türmen. Innerhalb der antiken Stadtanlage wurde eine 3 x 20 m große **Zisterne** ausgegraben. Der **Kapitolstempel** (2. Jh. v. Chr.) war nach römischem Vorbild der kapitolinischen Trias – Jupiter, Juno und Minerva – gewidmet. Auf seinen antiken Fundamenten wurde im Mittelalter eine **Burg** errichtet, von der ebenfalls nur Ruinen erhalten sind. Unterhalb des Felsens lag der antike Hafen *Portus Cosanus*. Im Meer sind noch Reste der Molen zu erkennen. Am Fuße des Vorgebirges erkennt man die *Tagliata etrusca,* einen rund 2 m breiten **Kanal** im Felsen, den die Römer zur Wasser-Regulierung zwischen Lagune und Hafen anlegten und der heute noch zur Drainage benutzt wird. Am Ende des Kanals befindet sich der Spacco della Regina, ein tiefer, künstlich erweiterter Felseneinschnitt, der früher bis zum Meer reichte und möglicherweise ein heidnisches Heiligtum war. Die Fundstücke und deren Interpretation werden präsentiert im **Museo Archeologico Nazionale di Cosa** (Tel. 05 64 88 14 21, tgl. 9–19 Uhr), das in einem römischen Haus auf dem Gelände eingerichtet wurde.

Capalbio

In Capalbio, etwa 15 km von Ansedonia, unweit der Via Aurelia, bringt der großartige **Il Giardino dei Tarocchi** (Tel. 05 64 89 51 22, www.nikidesaintphalle.com, April–Mitte Okt. tgl. 14.30–19.30 Uhr) seine Besucher mit lebensgroßen und zumeist begehbaren, farbenfrohen ›Tarotfiguren‹ von *Niki de Saint Phalle* zum Staunen. Mit der Eröffnung dieses Skulpturenparks 1997 ging für die im Mai 2002 verstorbene Künstlerin ein Lebenstraum in Erfüllung.

Isola del Giglio

Eine Stunde dauert die Fahrt mit der Fähre von Porto Santo Stefano zur Ferieninsel Isola del Giglio. Im Hafenort **Giglio Porto**, von hier fährt ein Linienbus über die Insel, und in **Giglio Campese**, dem eigentlichen Badeort, stehen Hotels zur Verfü-

gung. *Giglio Castello* lädt mit verwinkelten Gassen und schöner Aussicht zu Spaziergängen ein. Viele Urlauber kommen mit der eigenen Jacht und geben der begrünten Insel ein mondänes Flair.

15 Maremma

Das Land der toskanischen Viehzüchter, Badestrände, Naturparks und archäologischen Stätten.

Den Küstenstreifen zwischen Livorno im Norden und der Halbinsel des Monte Argentario im Süden bezeichnen die Italiener als ›Maremma‹. Noch um die Wende zum 20. Jh. war dieser Landstrich der am wenigsten besiedelte und ärmste der Toskana, bekannt für die *Butteri*, sog. Maremma-Cowboys, die riesige **Rinderherden** durch die sumpfigen Ebenen trieben. In der Antike war diese Region noch fruchtbares Land gewesen, weil Etrusker und Römer die verlandeten Buchten durch aufwendige Technik entwässerten. Doch mit dem Verfall der antiken Städte versumpfte die Region, die Malaria breitete sich aus und das Fieber entvölkerte den gesamten Landstrich. Noch vor hundert Jahren erstreckten sich die Sümpfe der Maremma über 65 000 ha. Heute sind sie trockengelegt, die **fruchtbaren Ebenen** liefern Gerste, Mais, Wein und Obst. Darüber hinaus werden – wie schon in der Antike – die reichen **Bodenschätze** der Region abgebaut: Eisenpyrit bei Gavorrano, Boccheggiano und Ravi, Mangan bei Arcidosso, Kaolin bei Roccastrada und Quecksilber (Monte Labbro, Selva). Piombino mit seinem Containerhafen, aber auch Follonica mit Stahlwerken und Eisenhütten sind heute Industriegebiete – von Kunst und Wein allein kann die Region nicht leben.

Rinder werden in der Maremma noch immer gezüchtet, die Qualität ihrer Steaks kann sich mit der argentinischer messen. Daneben haben sich zahlreiche ehemalige Fischerdörfer inzwischen zu florierenden **Badeorten** entwickelt.

Kein mondäner, aber ein hübscher *Badeort* ist das kleine **Talamone**, 15 km nördlich des Monte Argentario am südlichen Ende der Monti dell'Uccellina. Die Etrusker nannten diesen Hafen *Thlamo*,

die Römer gaben ihm den Namen *Telamon* nach einem Heroen. Im Jahr 225 v. Chr. war Talamone Schauplatz der Schlacht von Campo Regio, in der die Römer und ihre italischen Verbündeten die Gallier besiegten. Im Mittelalter gehörte Talamone zur Republik der Sienesen, die Ende des 15. Jh. die **Burg** ausbauten. 1526 wurde die Stadt trotzdem von der Genueser Familie Doria erobert, 1544 von Kahyr ad-Din geplündert, 1556 von den Spaniern eingenommen, von denen der *Turm* stammt. Danach erlebte Talamone nur noch ein geschichtlich bedeutendes Ereignis: **Garibaldis Landung** am 6. Mai 1860, der hier seine ›Tausend Männer‹ mit Lebensmitteln und Waffen versorgte. Der Badeort liegt an einer kleinen Landzunge und bietet ein herrliches **Panorama**: Auf der einen Seite sieht man den *Monte Argentario* und die Insel *Giglio*, zur anderen Seite hin den eigenen kleinen Hafen und die sanften Hügel der Maremmen. Die kleinen Badebuchten sind alle ziemlich felsig.

Zwischen Talamone und der etwa 30 km nördlich gelegenen Ombrone-Mündung erstreckt sich der **Parco Naturale Regionale della Maremma** mit Wäldern, Sumpfgebieten und Marschen. In diesem Naturparadies, das nur mit dem Bus befahren werden kann, leben noch viele Wildtiere in natürlicher Umgebung. Wandern ist dort in den Sommermonaten nur unter Führung erlaubt. Die Ruinen des imposanten romanischen Klosters **Abbazia di San Rabano** aus dem 11. Jh. (24 km nördlich von Talamone) kann man

Oben: *Eine Ferieninsel wie aus dem Bilderbuch – Isola del Giglio mit Hafen Giglio Porto*

Unten: *Die berühmten Maremma-Cowboys treiben heute ihre Rinderherden über die Weideflächen der einstigen Malaria-Sümpfe*

Fruchtbare Ebenen erstrecken sich heute über die einstigen Sümpfe der Maremma

nur besichtigen, wenn man eine der limitierten Sondergenehmigungen zum Durchqueren des Naturschutzgebietes eingeholt hat, die das **Centro Visite di Alberese** (Tel. 05 64 40 70 98) nur mittwochs und an Wochenenden erteilt.

Unterhalb von **Fonteblanda** (östlich des heutigen Talamone an der Via Aurelia) liegt **Talamonaccio**, der einstige Sitz der antiken Stadt Telamon. Archäologen haben hier die Reste eines *römischen Tempels* ausgegraben. Wenige Kilometer entfernt befinden sich die *Terme dell'Osa* mit 32 Grad heißem Schwefelwasser.

Von Talamone aus empfiehlt sich auch ein Ausflug nach **Magliano in Toscana** (ca. 15 km Richtung Nordosten) ins Hügelland der Maremma, ein ›Borgo‹, das sich seine mittelalterliche Struktur mit **Stadtmauer** und **Burg** der Aldobrandeschi erhalten hat und unweit der kleinen Kirche Sant'Annunziata kurz vor der Stadtmauer einen der berühmtesten **Olivenhaine** der Toskana besitzt mit dem tausendjährigen ›Ulivo della Strega‹. Der Legende nach wurden hier im frühen Mittelalter orgiastische Feste für die Waldgötter gefeiert. Südöstlich des Dorfes, etwa 2,5 km auf der Straße nach Marsiliana, grasen Schafe rund um die Ruinen der einstigen Klosterkirche von **San Bruzio a Magliano** aus dem 12. Jh. Sehenswert sind Kapitelle der Vierungspfeiler mit lombardisch beeinflussten Tier- und Blattornamenten.

i Praktische Hinweise

Hotel

*****Hotel Capo D'Uomo**, Via Cala di Forno 7, Talamone, Tel. 05 64 88 70 77, Fax 05 64 88 72 98, www.hotelcapo duomo. com. Hübscher kleiner Rundbau mit Garten und direktem Zugang zum Meer. Von den 24 sehr schlicht mediterran eingerichteten Zimmern haben die meisten einen Balkon mit herrlicher Aussicht. Frühstück im Garten (Mitte Okt.–vor Ostern geschl.).

Restaurant

Da Flavia, Piazza IV Novembre 1/12, Talamone, Tel. 05 64 88 70 91. Das Restaurant ist bekannt für seine erstklassigen frischen Fischgerichte zu bezahlbaren Preisen. Und im Sommer können die Gäste auch auf der Terrasse unter freiem Himmel speisen (Mi geschl.).

16 Vetulonia

Bedeutendes Etruskerzentrum in beschaulicher Bergidylle.

Für den heutigen Besucher ist es kein Problem, das ehemalige **Etruskerzentrum** zu finden. Man biegt etwa 13 km nördlich vom Stadtrand Grossetos von der Staatsstraße 1 (Via Aurelia) Richtung Westen ab und steuert zunächst das Dorf **Vetulonia** an, das knapp 1000 Einwohner zählt und jahrhundertelang eine ›Geisterstadt‹ besonderer Art war.

Geschichte In antiken Inschriften taucht der Name Vetulonia häufig auf. Die Stadt mit dem etruskischen Namen *Vetluna* oder *Vetalu* galt als eine der mächtigsten des etruskischen **Zwölf-Städte-Bundes**, beherrschte zeitweilig sogar das reiche Roselle und kontrollierte mit einem eigenen **Hafen** einen breiten Küstenstreifen. Doch sie verschwand aus unbekannten Gründen im Staub der Geschichte.

Erste archäologische Grabungen im frühen 19. Jh. konzentrierten sich zunächst erfolglos auf das Gebiet von Massa Marittima, erst gegen Ende des Jahrhunderts fand der Etruskologe *Isidoro Falchi* bei einem Spaziergang durch das Dorf Columna zufällig an Hausfundamenten, was seine Kollegen bei mühevollen Grabungsarbeiten vergeblich gesucht hatten: etruskische Mauerreste mit Inschriften aus Vetulonia, das in der Spätantike verlassen und Jahrhunderte später unter dem Namen **Columna** neu gegründet worden war. Falchi konnte die bedeutendsten etruskischen Grabbauten der frühen Periode freilegen.

Besichtigung Die wenigen Fundstücke, die nicht an die Archäologischen Museen in Florenz und Grosseto [s. S. 62] weitergegeben wurden, sind im kleinen **Museo Civico Isidoro Falchi** (Tel. 0564933685, Juni–Sept. tgl. 10–15 und 16–21, Okt.–Mai Di–So, Fei 10–15 und 16–19 Uhr) gesammelt, das an der etruskisch-römischen Straße liegt.

In die **etruskischen Nekropolen** selbst führt die ›Gräberstraße‹, die Via dei Sepolcri, nachdem man etwa 700 m auf der Straße von Vetulonia in Richtung Grilli (nach Norden) zurückgelegt hat. Das architektonisch interessanteste Beispiel des für Vetulonia spezifischen Typus der ›*Circoli*‹, **Steinkreisgräber** mit darüber aufgeschüttetem Erdhügel, ist der *Tumulo della Pietrera* (Hügel des Steinbruchs), dessen behauene Blöcke Bauern als Baumaterial nutzten. Aus der zweiten Hälfte des 7. Jh. v. Chr. stammend, mit einem Durchmesser von 70 m bei einer Höhe von 14 m, beherbergt diese Anlage mit langem Zugang (Dromos) ein Doppelgrab mit zwei übereinanderliegenden **Grabräumen**. Der obere ist nahezu quadratisch. Die Steine sind so aufeinandergeschichtet, dass sich ein 11 m hohes **Kuppeldach** bildet. Teile der Konstruktion wurden restauriert. Unter diesem Raum befindet sich ein kleinerer Raum, in dessen Mitte ein knapp 3 m hoher Stützpfeiler steht, der den oberen Raum trägt. Ähnlich ist die Anlage des nahe gelegenen *Tumulo del Diavolino* (7. Jh.) konstruiert mit einem Durchmesser von mehr als 80 m und einer Höhe von 15 m, der mit Olivenbäumen bewachsen ist. In die quadratische Grabkammer führt ein zunächst offener, dann überdachter Dromos. Seinen Namen bekam das Grab nach einer hier gefundenen Bronzestatue des Toten-Gottes Charon, die einem ›Teufelchen‹ ähnlich sieht. Die Statue befindet sich heute ebenso wie alle weiteren reichen Funde aus dem Grab des ›Steinbruchs‹ im Archäologischen Museum in Florenz.

17 Massa Marittima

Schmuckstück der Toskana mit mittelalterlichem Altstadtensemble und schön erhaltener Domplatzanlage.

Der Name des Städtchens Massa (= großes Landgut) verwirrt, denn sein Zusatz ›*Marittima*‹, der aus dem 14. Jh. stammt, weist eigentlich auf einen Ort am Meer hin. Doch Massa Marittima liegt 20 km landeinwärts auf einem Hügel mitten in der Maremma, was wiederum nichts anderes heißt als ›Küstengebiet‹ und die eigentümliche Namengebung erklärt. Massa Marittima ist ein wahres Juwel für Toskanareisende, weil es seine mittelalterliche Architektur ausgezeichnet bewahrt hat. Dafür ist die Lage der Stadt verantwortlich.

Geschichte Bereits für Etrusker und Römer aufgrund der Eisenerz- und Silbervorkommen in den umliegenden *Colline Metallifere* von Bedeutung, begann der eigentliche Aufschwung der Stadt zum wichtigsten Zentrum der Maremma im 9. Jh. mit der Verlegung des Bischofssitzes aus Populonia. Um das Jahr 1300 hatte sie 10 000 Einwohner, die Malaria reduzierte ihre Zahl im 16. Jh. auf 500. Erst im späten 19. Jh., als die Sümpfe trockengelegt wurden, belebte sich Massa Marittima wieder. Die alten Bauten wurden restauriert, neue waren kaum nötig. Massa Marittima hat heute die gleiche Einwohnerzahl wie vor 700 Jahren.

Besichtigung Herz der **Altstadt** ist die unregelmäßig geschnittene **Piazza Garibaldi**, die von ausgezeichnet erhaltenen mittelalterlichen Gebäuden gesäumt wird und zu den schönsten Plätzen der Toskana zählt. Die Treppenstufen, die hinauf zum Dom führen, bieten sich wie Sitzreihen eines antiken Theaters vor der Platzkulisse dar.

TOP TIPP

Der **Duomo San Cerbone** 1 aus dem 13. Jh. wird von romanischen und gotischen Stilelementen bestimmt, die sich an das Vorbild des Doms von Pisa anlehnen. Der untere Teil der **Fassade** (Giovanni Pisano) ist durch hohe Blendarkaden gegliedert, die von den Flanken aufgenommen werden, das mittlere Geschoss variiert diese Form durch fünf Bögen auf zierlichen, frei stehenden Säulen vor einer großen Fensterrose. Die Giebelgestaltung in Form abgestufter Arkaden ist besonders interessant: Die mittleren drei

Säulen ruhen auf Figuren (Pferd, Mensch, Greif). Der Aufsatz des wuchtigen *Glockenturms* wurde zu Beginn des 20. Jh. erneuert. Besondere Beachtung verdient der Türsturz des *Hauptportals* mit fünf Szenen aus der Vita des hl. Cerbone. Das dreischiffige **Innere** wirkte ursprünglich durch einen offenen Dachstuhl sehr viel lichter, das heutige Kreuzgratgewölbe wurde erst im 17. Jh. eingezogen. Beeindruckend ist der stilisierte Reliefzyklus unbekannter Herkunft (11.–12. Jh.) an der Westwand. Dargestellt sind u. a. die *Thronende Madonna*, *Christus in der Mandorla*, *die Zwölf Apostel* sowie der *Bethlehemitische Kindermord*. Prächtiger und realistischer gearbeitet sind die Reliefs mit Darstellungen aus der Lebensgeschichte des Johannes am **Taufbecken** im rechten Seitenschiff, das Giroldo da Como 1267 aus einem einzigen Travertinblock schuf. Hier wurde auch der hl. Bernhardin von Siena getauft, der im Jahr 1380 in Massa Marittima geboren worden war. Das *Tabernakel* mit Propheten und der Statue des Täufers stammt aus dem Jahr 1447.

In der **Krypta** hinter dem Altar befindet sich der *Sarkophag des hl. Cerbone* (493–575), der in Afrika geboren wurde und als Bischof von Populonia den Beinamen »Apostel der Maremma« erlangte. Sein dramatisch bewegtes Leben schildern die einst farbigen *Reliefs* (1324) des Goro di Gregorio aus Siena: Totila wirft den Heiligen einem Bären vor, der ihn nicht frisst, sondern befreit. Der Heilige liest die Messe, wird bei Papst Virgilius verleumdet und nach Rom geladen, wo die Gänse seine Unschuld bezeugen. Er melkt eine Hirschkuh, um den Durst päpstlicher Gesandter zu stillen, heilt Kranke und lässt den Papst das himmlische Gloria hören. Ein weiterer Kunstschatz befindet sich in der linken Chorkapelle: die **Altartafel** ›Madonna delle Grazie‹, die man vor allem wegen ihrer feinen Farbabstufungen und der komplizierten, dekorativen Stoffmuster der Werkstatt Duccios zuschreibt.

Dem Dom gegenüber am südwestlichen Ende des Platzes steht der **Palazzo Pretorio** 2 (1230) aus Travertin, dessen Fassade mit Wappen von Massa und

Die Piazza Garibaldi mit dem Dom San Cerbone ist das Herz der Stadt Massa Marittima

1 Duomo San Cerbone
2 Palazzo Pretorio (Museo Civico Archeologico, Pinacoteca)
3 Palazzo Comunale
4 Fortezza
5 Palazzo delle Armi (Museo d'Arte e Storia della Miniera)
6 Sant'Agostino

Massa Marittima in feierlichem Purpur – Falkner beim Stadtfest Balestro del Girifalco

Siena sowie der Podestà, die hier zwischen 1426 und 1633 ihren Sitz hatte, geschmückt ist. Er beherbergt das **Museo Civico Archeologico** (Tel. 05 66 90 22 89, April–Sept. Di–So 10–12.30, 15.30–19, Okt.–März Di–So 10–12.30, 15–17 Uhr) mit seiner kleinen Sammlung etruskischer und römischer Fundstücke, aber auch die **Pinacoteca** mit dem größten Schatz der Stadt: der farbenprächtigen ›*Maestà*‹ von *Ambrogio Lorenzetti*, ein großformatiges Altarbild, das der Sieneser 1335 vielleicht für das Kloster San Galgano schuf und das 1867 im Kloster Sant'Agostino gefunden wurde. Die Madonna, die das Kind liebkost, thront auf einem dreistufigen Podest über den sehr lebendig personifizierten Tugenden Glaube (mit Spiegel), Hoffnung (mit Turm) und Liebe (in durchsichtigem Gewand mit Amorpfeil und Herz), umgeben von einer dicht gedrängten Schar von Heiligen, Aposteln und Engeln, die sich am Horizont in einem Meer von Heiligenscheinen verliert.

Rechts neben dem Palazzo Pretorio steht der **Palazzo Comunale** 3, ein majestätischer Gebäudekomplex aus Travertinstein, der durch die Verbindung mehrerer Wohn- und Verteidigungstürme des 13. bis 14. Jh. entstand.

Durch die Via Moncini, die am nördlichen Ende des Platzes einmündet, und die Porta alle Silici gelangt man in die **Neustadt**, die im 14. und 15. Jh. auf einem rechteckigen Raster um die **Fortezza** 4 angelegt wurde, die ab 1335 von den Sieneser Besatzern ausgebaut wurde und seit dem 18. Jh. als Krankenhaus dient.

Einer der quadratischen Türme der alten Befestigung an der Piazza Matteotti, die *Torre del Candeliere*, die besichtigt werden kann, wurde durch einen großen Bogen mit ihr verbunden. Schräg gegenüber im **Palazzo delle Armi** 5 ist das hochinteressante Bergbaumuseum **Museo d'Arte e Storia della Miniera** (Tel. 05 66 90 22 89, April–Okt. 15–17.30 Uhr, sonst nach Vereinbarung) untergebracht, das Materialien und Arbeitstechniken des antiken Eisenerz- und Mineralienabbaus dokumentiert. Führungen werden vom **Museo della Miniera** (Tel. 05 66 90 22 89, April–Okt. Di–So zwischen 10 und 17.45, Nov.–März Di–So zwischen 10 und 16.30 Uhr) in einen insgesamt 700 m langen *Stollen* veranstaltet, der an der Via Corridoni beginnt. An der Piazza Ettore Socci liegt die einschiffige Kirche **Sant'Agostino** 6 (1299–1313) mit schlichter Travertin-Fassade und später angebauter polygonaler Apsis (Domenico di Agostino, 1348). Der Glockenturm stammt aus dem 17. Jh.

i Praktische Hinweise

Information

Ufficio Informazioni, Via Todini 3, Massa Marittima, Tel. 05 66 90 27 56, Fax 05 66 94 00 95

Stadtfest

Balestro del Girifalco: Historisches Armbrustturnier um den 20. Mai bzw. am darauffolgenden Wochenende sowie am 2. Sonntag im August.

Hotel

*****Duca del Mare**, Piazza Dante Alighieri 1/2, Massa Marittima, Tel. 05 66 90 22 84, Fax 05 66 90 19 05, www.ducadelmare.it. Schlichtes, kleines Hotel mit schönem Ausblick und Garten.

Azienda Agrituristica Pereti, Loc. Pereti, Roccatederighi, Tel./Fax 05 64 56 96 71, www.agriturismo-pereti.com. Vier geschmackvolle Zimmer, eine hervorragende Küche und ein Pool für erholsame Urlaubstage (Dez./Jan. geschl).

Restaurant

Taverna del Vecchio Borgo, Via Norma Parenti 12, Massa Marittima, Tel. 05 66 90 39 50. Das Restaurant hat noch echtes ›Tavernen-Flair‹. Man isst gut und deftig (Sonntagabend und Mo geschl.).

Livorno und Provinz – Blick auf das Mittelmeer

Livorno ist eine moderne, lebendige Hafen- und Industriestadt, unter deren Verwaltung auch der Fährhafen **Piombino**, die Urlaubsinsel **Elba** und die etruskische Ausgrabungsstätte von **Populonia** am malerischen Golf von Baratti stehen. Eine besondere Attraktion der Provinz ist der **Toskanische Archipel**, der mit den sieben Inseln Capraia, Elba, Giannutri, Giglio, Gorgona, Montecristo und Pianosa 1998 als Nationalpark unter Schutz gestellt wurde.

Im Jahr 1984 meldeten die italienischen Tageszeitungen einen der spektakulärsten Kunstfunde des 20. Jh. In einem Graben bei Livorno waren Skulpturen entdeckt worden, die aussahen wie Arbeiten **Amedeo Modiglianis**. Die 400 000 Einwohner der Provinz Livorno frohlockten. Endlich rückte in greifbare Nähe, dass die Provinzhauptstadt mit den Skulpturen ihres großen Sohnes (1884–1920) auch eine beachtenswerte Sammlung für moderne Kunst aufbauen könnte – eine verlockende Aussicht angesichts der Tatsache, dass Livorno fast keine nennenswerten Schätze früherer Epochen zu bieten hat. Kunstexperten des Kulturministeriums in Rom bestätigten schließlich die Echtheit der Skulpturen und die Stadtväter begannen, ein Modigliani-Museum zu planen. Doch leider war der Traum bald ausgeträumt. Eine Gruppe von Schülern gestand, die ›Kunstwerke‹ nach Zeichnungen Modiglianis gefälscht zu haben, Italiens Kunstexperten waren blamiert.

Die Provinzhauptstadt Livorno wird geprägt vom drittgrößten Containerhafen Italiens

Livorno fühlte sich wieder um einen Kunstschatz betrogen, nachdem schon Bombenangriffe im **Zweiten Weltkrieg** den architektonisch reizvollen Teil der Innenstadt in ein Trümmerfeld verwandelt hatten. Wer die Werke Modiglianis sehen will, muss weiterhin nach Paris fahren, wo der Maler und Bildhauer 35-jährig im Jahr 1920 starb.

18 Livorno

Die einstige Medici-Stadt lebt vom Meer, von Häfen, Werften und der Marine-Universität.

Die vom drittgrößten **Containerhafen** Italiens dominierte Stadt hat nach den Kriegszerstörungen nur noch wenig Sehenswertes zu bieten. Einst lebte Livorno in ständiger Rivalität mit Pisa, war häufig ein Spielball der mächtigen Republiken und wechselte immer wieder den Besitzer. So beispielsweise 1421, als Genua den Hafen für 100 000 Gold-Florine an Florenz verschacherte.

›Livorna‹, damals noch Teil des Hafens von Pisa, wird zwar bereits im Jahr 904 zum ersten Mal urkundlich erwähnt, entwickelte sich aber erst unter der Herrschaft der Medici zu einer eigenständigen Hafenstadt: *Giulio de' Medici*, der spätere Papst Clemens VII., vergab den Auftrag für den Ausbau der **Fortezza Vecchia** (Alte Burg) am Eingang zum Hafen an der Viale Caprera an *Antonio da Sangallo d. J.* (1483–1546). Der Baumeister fasste zwischen 1521 und 1534 die bereits existierenden Gebäudeteile in einem Komplex zusammen. Leider wurde die Fortezza im Zweiten Weltkrieg schwer beschädigt. Ende des 16. Jh. wurde der Hafen noch einmal erweitert und die Stadt von *Bernardo Buontalenti*, dem Hofarchitekten der Medici, auf einem fünfeckigen Raster neu angelegt. Am 28. März 1577 feierte *Ferdinando I.* ihre Neugründung. Das Denkmal zu seinen Ehren, das im Volksmund auch das **Denkmal der ›Vier Mohren‹** genannt wird, dominiert die **Piazza Giuseppe Micheli**. Die Statue *Ferdinandos I.* wurde von Giovanni Bandini in den letzten Jahren des 16. Jh. geschaffen. Es zeigt den Medici-Herzog in der Uniform eines Ritters des Ordens des hl. Stephan, der es sich zur Aufgabe gemacht hatte, die sarazenischen Piraten zu bekämpfen, die dann im 17. Jh. in Form der vier angeketteten bronzenen ›Mohren‹ von *Pietro Tacca* hinzugefügt wurden.

Frisch aus dem Mittelmeer: Der Fischmarkt von Livorno bietet eine reiche Auswahl

1590 wurde die **Fortezza Nuova** im Nordosten der Neustadt errichtet. Zentrum der ›neuen‹ Altstadt ist die **Piazza Grande** mit dem **Dom San Francesco** auf der Südseite, der zwischen 1594 und 1606 nach Plänen des Architekten *Alessandro Pieroni* gebaut, im Zweiten Weltkrieg zerstört und später restauriert wurde. Im Norden des Platzes liegt das Verwaltungszentrum **Largo Municipio** mit mehreren Gebäuden aus dem 17. und 18. Jh.

An der **Piazza dei Domenicani** erhebt sich der achteckige Zentralbau der Dominikaner-Kirche **Santa Caterina**. Bemerkenswert ist die erst im Jahr 1720 errichtete, 63 m hohe majestätische *Kuppel* von Giovanni della Fantasia. In der Apsis ist eine *Marienkrönung* von Giorgio Vasari zu sehen. In unmittelbarer Umgebung der Kirche Santa Caterina erstreckt sich das interessante Stadtviertel **Venezia nuova**. An den **Kanälen**, die diesen Teil der Stadt durchziehen, wurden im 17. Jh. nach dem Vorbild Venedigs Wohnhäuser errichtet.

Im Park der **Villa Fabbricotti** im Süden Livornos ist in einem kleinen Palazzo des 19. Jh. das **Museo Civico Giovanni Fattori**

Die majestätische Burg von Populonia wachte einst über den Golf von Baratti

(Tel. 05 86 80 80 01, Di–So 10–13, 16–19 Uhr) untergebracht. Es beherbergt neben Funden aus der Frühgeschichte und Antike auch eine kleine Sammlung moderner italienischer Malerei, vor allem Werke des Livornesen *Giovanni Fattori* (1825–1908), einem Vertreter der *›Macchiaioli‹*, einer toskanischen Künstlergruppe im Umkreis des Impressionismus.

i Praktische Hinweise

Information

APT, Piazza Cavour 6, Livorno, Tel. 05 86 20 46 11, Fax 05 86 89 61 73, www.costadeglietruschi.it

Uffici Informazione, Piazza del Municipio, Livorno, Tel. 05 86 20 46 11

Einkaufen

Der tägliche **Fischmarkt** an der alten Hafenmole zwischen Fortezza Vecchia und dem ›Mohren-Denkmal‹ ist in ganz Italien berühmt.

Restaurant

Gennarino, Via Santa Fortunata 11, Livorno, Tel. 05 86 88 80 93. ›Das‹ Fischrestaurant von Livorno in der alten ›Neustadt‹ gleich hinter der Piazza della Repubblica (Mi geschl.).

19 Piombino und Populonia

Durchgangshafen nach Elba mit Ausflugsmöglichkeit zu einem romantischen ›Borgo‹.

Nach **Piombino** fahren Touristen in der Regel nur, um von hier aus nach Elba überzusetzen, und sie haben Recht, denn die 40 000-Einwohner-Stadt, größtes Metall verarbeitendes Industriezentrum der Toskana, hat außer einer Hafenmole und Resten der Stadtbefestigung keine Sehenswürdigkeiten zu bieten.

Wer ein paar Stunden in Piombino verweilen muss, sollte die Zeit für einen Ausflug ins etwa 10 km nördlich gelegene **Populonia** nutzen. Dort leben heute nur noch 5000 Menschen in einem hübschen ›Borgo‹ rund um eine **Burg** des 14./15. Jh. mit herrlichem Blick über den *Golf von Baratti*. Aber wo immer man heute einen Spaten in die Erde sticht, stößt man auf **antike Überreste** einer glorreichen Vergangenheit.

Geschichte *Pupluna*, seit dem 9. Jh. v. Chr. besiedelt, war eine der größten etruskischen Städte des Zwölferbundes, das Zentrum der *Eisen-Verhüttung*. Die Etrusker und später die Römer bauten das Erz auf Elba ab, schifften es hier im Hafen *Portus Falesia* ein und schmolzen es in mit Holzkohle betriebenen Tonöfen ein. Aber auch Kupfer und Bronze aus den Colline Metallifere nordöstlich von Populonia wurden hier verarbeitet. Wohl ab dem 4. Jh. war Populonia Bischofssitz, aber die Stadt an der Küste konnte den Überfällen der Goten, Langobarden und Sarazenen nicht standhalten. 835 floh der Bischof nach Massa Marittima, Populonia sank herab auf die Stufe eines nur noch dünn besiedelten Dorfes.

Besichtigung Heute kann man einige Kilometer nördlich von Populonia rechts der Straße, die Richtung San Vincenzo am Golf von Baratti entlangführt, zwischen grasbewachsenen **etruskischen Nekropolen** spazierengehen, die bis zum Anfang des 20. Jh. von Schlackenbergen der antiken Metallverhüttung bedeckt waren. Der **Parco Archeologico di Baratti e Populonia** (05 65 22 64 45, www.parchivaldicornia.it, Juni, Sept. Di–So 10–19, Juli/Aug. tgl. 10–19 Uhr, sonst kürzer) bietet einen guten Überblick über die Funde der Region. Teil des Parks ist die interessante Totenstadt **San Cerbone**, die verschiedene Grabtypen der Etruskerzeit (8.–3. Jh. v. Chr.) auf relativ kleinem Areal aufzuweisen hat. Die Tuffstein-Kammergräber des

7. Jh. v. Chr. zeugen vom außergewöhnlichen Wohlstand der Aristokratie. Die Grabkammern mit falschem Gewölbe, in denen die steinernen Totenlager auf säulenartigen, gedrechselten Beinen standen, erreichte man über einen schmalen Gang (Dromos). Das größte erhaltene Beispiel ist die **Tomba dei Carri** (benannt nach den Resten zweier Leichenwagen, die hier gefunden wurden). Ab dem 6. Jh. v. Chr. wurden die Tumuli kleiner, häufig erscheint am Eingang ein Vorbau. Ende des Jahrhunderts taucht als neuer Typ das *Ädikula-Grab* auf, ein kleiner, tempelartiger Bau mit Satteldach aus schräg gestellten Steinplatten über rechteckigem Grundriss, wie etwa die **Tomba del Bronzetto di Offerente**. In der **Nekropole Buca delle Fate** südwestlich von Populonia findet man einen noch späteren Grabtypus: in den Fels gehauene Kammergräber, zu denen Steinstufen hinabführen.

20 km von Populonia entfernt im Landesinneren liegt auf einem Hügel die 12 000-Einwohner-Stadt **Campiglia Marittima** mit mittelalterlichem Stadtkern, einem *Palazzo Pretorio* und der *Pieve di San Giovanni*, beide aus dem 12. Jh.

Ein Schiffsfund im Golf von Baratti

Es war vielleicht einer der schönsten Funde der Geschichte der Archäologie: Nicht menschliche Skelette und vermoderte Grabbeigaben, sondern den Duft von Vanille entdeckten Archäologen im Wrack des Schiffes eines Arztes aus dem 2. Jh. v. Chr. im Golf von Baratti. Die Schiffsmannschaft hatte verzweifelt versucht, den etruskischen Hafen von Populonia anzulaufen. Das Schiff sank vor dem Hafen im Sturm und wurde erst **1989** entdeckt: einer der wichtigsten Funde der Unterwasserarchäologie. An Bord fanden sich sehr gut erhaltene **Medizinal-Behälter** eines phönizischen Arztes. In einem dieser Behälter steckte 2200 Jahre alte Vanille, die noch duftete. Die zahlreichen **chirurgischen Instrumente**, die an Bord des Schiffes gefunden wurden, erlaubten neue Aufschlüsse über die Medizin im 2. Jh. v. Chr. Das Archäologische Aufsichtsamt berät derzeit über das weitere Schicksal der Funde.

Praktische Hinweise

Information

Ufficio Informazioni, Via Ferrucio, Piombino, Tel. 05 65 22 56 39

Einkaufen

Die **Etruskische Weinstraße**, ein Rotwein-Gebiet, erstreckt sich zwischen dem 30 km westlich von Volterra gelegenen Montescudaio und Piombino. An mehreren Orten entlang der Küste kann man Weine direkt vom Erzeuger kaufen.

Restaurant

TOP TIPP **Gambero Rosso**, Piazza della Vittoria 13, San Vincenzo (etwa 15 km nördlich von Populonia), Tel. 05 65 70 10 21. Gilt als eines der zehn besten Restaurants Italiens, das Preisniveau ist entsprechend gehoben. Es ist unmöglich, Empfehlungen für bestimmte Gerichte auszusprechen: Lassen Sie sich von Koch Fulvio Pierangelini und seiner Frau Emanuela entführen in die vielfältige Welt italienischer Spitzenküche (Mo/Di geschl.).

Traumhafte Buchten und Strände auf Elba versprechen erholsame Badeferien

Thermalbad

An der Via Aurelia (SS 1) kann man in Caldana, kurz vor Venturina, die Fahrt für ein Bad im Thermal-Schwimmbecken der **Terme di Venturia** (Via Aurelia Nord 18, Tel. 05 65 85 10 66, www.termediventuria.it, Mo–Fr 7–12, 16–18, Sa 7–12 Uhr) unterbrechen.

20 Elba

Römischer Marmor, Stein der Geschichte und Eisen der Etrusker.

Der griechische Historiker Diodorus Siculus schrieb im 1. Jh. v. Chr.: »In der Nähe der Stadt Populonia befindet sich eine Insel, die *Aithalia* heißt, sie ist ungefähr 110 Stadien von der Küste entfernt und ihr Name wurde wegen des sie umgebenden Rauches (= Aithalos) gewählt. Auf der Insel kommt nämlich in großen Mengen das Gestein Siderit vor, das man

Einsame Badeplätzchen gibt es auf Elba selbst in der Hochsaison – Strand von Cavoli

zerschlägt, um das Eisenschmelzen vorzubereiten.« Jahrhundertelang hat der Rauchpilz aus den Eisenessen die Lage der Insel verraten, was dazu beitrug, dass sie in ihrer Geschichte ununterbrochen von Piraten geplündert wurde.

Elba heißt die Insel heute, die nicht mehr in erster Linie mit dem Eisen, sondern eher mit **Napoleon** in Verbindung gebracht wird. Mit einer Länge von 27 km und einer Breite von 18 km ist sie die drittgrößte italienische Insel nach Sizilien und Sardinien und bietet **147 km Küste** – genug, um auch in der Hochsaison ein abgelegenes Badeplätzchen zu finden. Die 28 000 Einwohner beherbergen im Sommer bis zu 500 000 Besucher.

Geschichte Heute scheint es nicht glaubhaft, dass ausgerechnet die wunderschöne Insel eine Art *Ruhrgebiet des Mittelmeers* war. Bis an den Golf von Neapel und Griechenland verkauften die etruskischen Hütten das Roheisen. Den Ruf, eine reiche Insel zu sein, musste Elba später teuer bezahlen, als sarazenische **Piraten** die Insel jahrhundertelang besetzten, bis es der Republik Pisa gelang, sie im 11. Jh. zu vertreiben. Später kaufte sich das Mailänder Haus **Visconti** auf Elba ein, bis die **Medici** die Insel ihrem toskanischen Großherzogtum einverleibten. Der berühmte sarazenische Pirat ›Barbarossa‹ Kahyr ad-Din eroberte Elba im 16. Jh. zurück, später geriet es unter spanische und dann französische Herrschaft. Noch heute sind zahlreiche Überreste vor allem der spanischen Periode zu sehen. In der Moderne bildete Elba den weltbekannten Ausnahmefall einer Diktatur auf Zeit. Die Insel war zwischen dem 3. Mai 1814 und dem 26. Februar 1815 unabhängiges Reich Napoleons.

Besichtigung Der belebte Ort **Portoferraio** trägt im Namen noch die antike Bedeutung der Insel (*Ferrum* = lat. Eisen) und besitzt den bedeutendsten Hafen Elbas. Zur Römerzeit hieß die Stadt im Norden der Insel *Fabricia*. Am Stadtbild sind noch heute die Zerstörungen der Sarazenen aus dem 12. Jh. zu erkennen.

Die **Chiesa della Misericordia** aus dem 16. Jh. in der Via Napoleone besitzt ein sehr schönes *Madonnenbild*, das Tino da Camaino (1285–1337) zugeschrieben wird (links neben dem Eingang). An jedem 5. Mai wird hier eine Totenmesse im Gedenken an Napoleon gelesen.

Die meistbesuchte Sehenswürdigkeit in Portoferraio ist das **Museo della Palazzina dei Mulini** (Tel. 05 65 91 58 46, Mo, Mi–Fr 9–19, Sa/So 9–13 Uhr). Die Villa Napoleons entstand in unmittelbarer Nähe des *Forte della Stella*, der Burg von Elba (16. Jh.) im Nordosten der Stadt, durch die Zusammenfügung von zwei bestehenden Gebäuden, von denen eines eine Windmühle war. In der Villa ist teils originales, zumeist aber späteres Mobiliar zu sehen, darunter *Arbeitszimmer* und *Bibliothek* mit mehr als 1100 Bänden, die Napoleon aus Fontainebleau kommen ließ. Reizvolle Ergänzung ist eine kleine *Ausstellung* von Karikaturen deutscher, französischer und italienischer Zeichner. Im 1. Stockwerk liegt das *Appartement der Paolina Borghese*, der Schwester Napoleons. Vom kleinen italienischen Garten hinter der Villa genießt man einen schönen Ausblick auf die Küste.

Bei **San Martino**, 6 km südöstlich von Portoferraio Richtung Marciana gelegen, befindet sich die Sommerresidenz Napoleons, **Villa San Martino** (Tel. 05 65 91 46 88, Mai–Sept. Di–Sa 9–19, So 9–13 Uhr, Okt.–April Di–So 9–13 Uhr). Napoleon hatte hier

Rustikal und gemütlich: Osteria an der Hauptstraße von Capoliveri

ein altes Lagergebäude in eine wenig anspruchsvolle Residenz mit neoklassizistischer Fassade umbauen lassen, die er allerdings nur einige Tage nutzte. Im Inneren kann man sein *Arbeitszimmer* und den schönen *ägyptischen Saal* besichtigen, der 1814 von Pietro Ravelli ausgemalt wurde. Beim Verlassen der Residenz gelangt man über eine Treppe zur **Villa Demidoff**, in der die *Foresiana-Pinakothek*

Berühmtes Exil: Napoleons Schlafzimmer im Museo della Palazzina dei Mulini in Portoferraio

untergebracht ist. 1851 hatte der Ehemann der Kaisernichte Matilde Bonaparte, der russische Prinz Anatoli Demidoff, den Sommersitz Napoleons aufgekauft und daneben eine eigene Villa errichten lassen, die er mit persönlichen Gegenständen des Franzosenkaisers ausstattete: neben zahlreichen Gemälden des 19. Jh. vor allem einer *Galatea-Skulptur*, die Antonio Canova (1757–1822) zugeschrieben wird.

An einer der landschaftlich schönsten Stellen der Insel, 5 km westlich von Portoferraio, liegt vor einem traumhaften Panorama der winzige Ort **Le Grotte**. Dort sind die Ruinen einer *römischen Villa* (1.–2. Jh. v. Chr.) zu sehen. Die Villa wurde erst 1960 entdeckt und ist vor allem wegen des *Schwimmbades*, eines der größten bekannten Becken der römischen Antike, interessant. Der Besucher erhält außerdem einen Einblick in das Warmwasser-System einer antiken Villa.

Der 3000-Einwohner-Ort **Porto Azzurro** im Ostteil von Elba gehört zu den reizvollsten der ganzen Insel. Er wird beherrscht von der *Fortezza di Portolongone*, die unter Philip III. von Spanien 1603 errichtet wurde. In unmittelbarer Nähe der Stadt liegen die verlassenen *Minen von Terra Nera*, bei denen sich ein typischer ›Grüner See‹ bildete, der durch den Einbruch von schwefelhaltigem Wasser entstand.

Rio Marina mit etwa 3000 Einwohnern ist noch heute das Zentrum der Eisenproduktion auf Elba. Im *Palazzo Comunale*, dem Rathaus, ist ein kleines *Museo dei Minerali Elbani* (Tel. 05 65 92 20 88, Mai–Okt. tgl. 9.30–12.30, 15.30–18.30 Uhr) untergebracht. Dort können Besucher sich über Ausflüge in die Minen informieren.

Einer der beliebtesten Badeorte der Insel ist das 2000-Einwohner-Dorf **Marciana Marina**. Er wird von einem sog. *Sarazenenturm* dominiert, der von den Pisanern im 12. Jh. errichtet wurde.

Das an der Nordküste nur wenige Kilometer landeinwärts gelegene **Marciana** mit seinen etwa 2500 Einwohnern ist Zentrum der Weinproduktion Elbas. Das Stadtbild prägt die 375 m hoch liegende *Burgruine*, in deren Nähe das heutige kommunale *Antiquarium* mit interessanten archäologischen Funden untergebracht ist.

Von Marciana aus lässt sich der **Monte Capanne** besteigen, mit 1018 m der höchste Berg der Insel. Eine Seilbahn (Tel. 05 65 90 10 20) verbindet Marciana mit einer Station auf 920 m Höhe. Von dort geht es per Muli bis zum Gipfel, der bei klarem Wetter einen Blick bis nach Korsika erlaubt.

Marina di Campo an der Südküste der Insel ist ein modernes Touristenzentrum mit schönem Sandstrand. Der sog. *Turm der Medici*, der den Ort dominiert, ist eine

Elba als Wanderparadies: Vom Monte Capanne genießt man grandiose Ausblicke

umgebaute pisanische Festungsanlage aus dem 11. Jh.

Sant'Ilario in Campo zählt nur rund 200 Einwohner und gehört zu den schönsten Orten der Insel. Er liegt im Landesinneren und besitzt noch eine intakte mittelalterliche Struktur mit engen Gassen und einer hübschen *Kirche*, deren Glockenturm auf den Fundamenten der pisanischen Mauern (11. Jh.) errichtet wurde.

Praktische Hinweise

Tägliche Autofährverbindungen

Piombino – Portoferraio (1 Std.)
Piombino – Porto Azzurro (1,20 Std.)
Piombino – Rio Marina (1 Std.)

Toremar, Schwarzwaldstr. 82, 60528 Frankfurt/Main, Tel. 069/666 84 91/3, Fax 069/666 84 77, www.toremar.it (Buchung in Piombino, Tel. 05 65 22 65 90)

Moby Lines, Wilhelmstraße 36-38, 65183 Wiesbaden, Tel. 06 11/140 20, Fax 06 11/140 22 44, www.mobylines.de (Buchung in Piombino, Tel. 05 65 22 12 12, Buchung in Portoferraio, Tel. 05 65 93 61)

Information

APT dell'Arcipelago Toscano, Calata Italia 26, Portoferraio, Tel. 05 65 91 46 71, Fax 05 65 91 46 72, www.aptelba.it

Hotel

******Hermitage**, in Biodola, 9 km von Portoferraio, Tel. 05 65 97 48 11, Fax 05 65 96 99 84, www.hotelhermitage.it. Die Bungalow-Anlage im Steineichenwald mit Privatstrand, mehreren Pools, *Golfplatz* (sechs Löcher) und neun *Tennisplätzen* ist ›die‹ Adresse auf Elba. Nur Halbpension (Mitte Okt.–Febr. geschl.).

Restaurant

Rendez-Vous, Piazza della Vittoria 1, Marciana Marina, Tel. 056 59 92 51. Gemütliches Restaurant an der alten Hafenmole mit reizvollem Meeresblick. Spezialität des Hauses ist die ›Patata di Marcello‹, eine mit Fischmousse gefüllte Backkartoffel (Mi, Nov., Jan./Febr. gesch.)

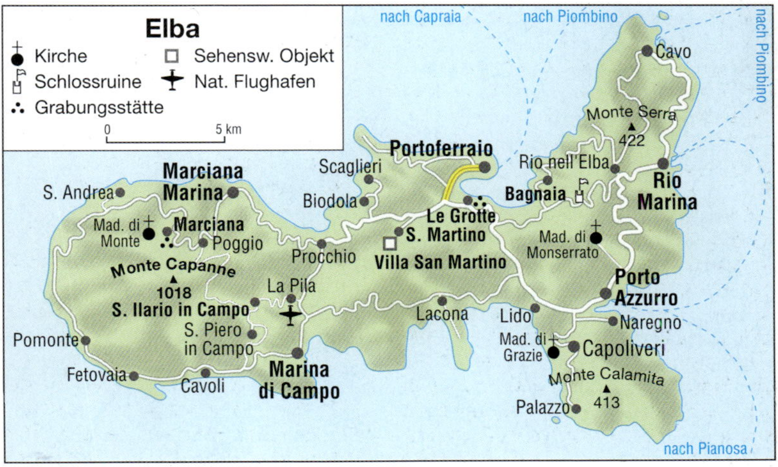

Pisa und Provinz – Vermächtnis der Seerepublik

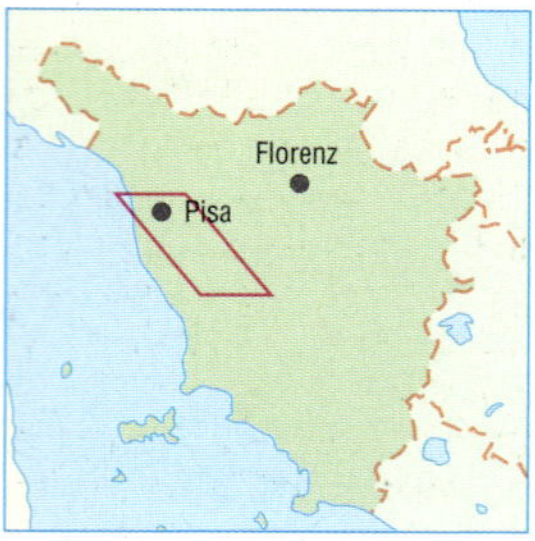

In Pisa, einer der größten touristischen Attraktionen der Toskana, erlebt der Besucher die Faszination der einst reichsten Seerepublik Italiens. Für die Stadt am Arno sollte man sich mehr Zeit nehmen, als das Bestaunen des **Schiefen Turms** kostet. So verfügt Pisa über eine der wichtigsten Kunstgalerien der Region. Zur **Provinz** gehört aber auch die mittelalterliche Alabasterstadt **Volterra**: Auf über 500 m Höhe ist sie der Gipfel einer atemberaubenden Landschaft.

21 Pisa

Plan Seite 88

Eine der wichtigsten Kunstmetropolen der Toskana, die mit dem ›Schiefen Turm‹ zudem eine der Ikonen des Tourismus besitzt.

Die dramatische Geschichte und Kunstgeschichte der Provinz Pisa sind seit Jahrhunderten begraben unter dem berühmtesten Turm der Welt, dem 14486 t schweren Campanile des Doms Santa Maria Assunta. Die meisten Besucher zeigen kaum Interesse für die einzigartigen Kunstschätze der Stadt, sie kommen allein, um den **Schiefen Turm** zu sehen. Dem über 50 m hohen Glockenturm gehört nicht einmal zu Unrecht das Hauptinteresse, denn neuere Forschungen haben ergeben, dass der Turm auf der *Piazza dei Miracoli* (Platz der Wunder) tatsächlich so etwas wie ein **Wunder der Physik** darstellt: Der Campanile, der zwischenzeitlich um 5,21 m aus dem Lot geraten war, belastet den Untergrund mit 12 kg pro cm^2 und hätte nach Berechnungen der Universität Pisa schon vor Jahrhunderten eingestürzt sein müssen. Dennoch hielt er auf wundersame Weise sein Gleichgewicht, doch 1991 musste er für Besteigungen geschlossen werden. Ein internationales Ingenieur-Team sicherte das Bauwerk und seit Dezember 2001 darf es wieder erklommen werden.

Pisa hat jedoch noch andere Wunder zu bieten. Das erste ist *Cimabues* mittelalterliches **Mosaik** in der Apsis des Doms; das zweite ›versteckte Wunder‹ ist das **Wandbild** ›Trionfo della Morte‹ (Triumph des Todes) aus dem 14. Jh. im **Campo-**

Ein Traum aus Stein: Piazza dei Miracoli in Pisa mit Baptisterium (im Vordergrund), Dom Santa Maria Assunta und Campanile ▷

santo. Bis vor wenigen Jahren galt es als die düsterste Darstellung des unerbittlichen Zorns Gottes. Pisa jedenfalls erlebte in dieser Zeit seine Blüte, der Reichtum der Seerepublik war legendär: Im 15. Jh. erzählte Geschichtsschreiber *Fillippo Villani* vom »Dogen von Pisa, mit Namen Agnello« (1364 gewählt), der »mit einem goldenen Zepter auszureiten pflegte und sich dann zu Hause am Fenster zeigte, wie man Reliquien zu zeigen pflegt, auf Teppich und Kissen mit Goldstoff gelehnt, kniend musste man ihn bedienen wie einen Papst oder Kaiser«. *Petrarca* fand den Dogen »geputzt wie Altäre an Festtagen«. Der Florentiner *Machiavelli* hielt die Eroberung Pisas, »Stadt des Leders und der Pelze«, für lebenswichtig. In der Entschlossenheit der Florentiner, Pisa zu unterwerfen, lag Neid – nicht nur auf die Reichtümer: Die Bewohner Pisas hatten im 12./13. Jh. weit mehr **Weltoffenheit** und **kulturelles Interesse** gezeigt als die Florentiner, die sich bis dahin ausschließlich dem Handel gewidmet hatten.

Geschichte Pisa war im 5. Jh. v. Chr. eine blühende *Etruskersiedlung* am Meer. Kaiser Augustus ließ den Hafen *Portus Pisanus* anlegen. Heute ist jedoch bis auf römische Sarkophage, Schiffe und die Ruinen der Thermen nur noch wenig zu sehen. Die ›archäologische Zone‹, schon im Mittelalter ›Altstadt‹ genannt, erstreckt sich zwischen Dom, Arena Garibaldi und San Zeno.

Als **Hafenstadt** blieb Pisa unter den Goten, Langobarden, Karolingern und im Kampf gegen die Sarazenen von Bedeutung. Im 11. Jh. begann der Aufstieg zur *Seerepublik*. Pisas Truppen eroberten Reggio Calabria, vertrieben mithilfe Genuas die Sarazenen aus Sardinien und verjagten dann die Genuesen von der In-

sel. Karthago, Lipari und Korsika wurden von Pisaner Seeleuten besetzt. 1063 eroberte Pisa Palermo, mit dem sarazenischen Gold wurde der **Dombau** finanziert. 1099 nahm es am ersten Kreuzzug teil und gründete **Kolonien** im Orient. Zwischen 1135 und 1137 eroberten die Pisaner die Balearen und stellten sich dann als einzige größere Stadt der Toskana auf die Seite der ghibellinischen, kaiserlichen Truppen im Kampf gegen die päpstlichen Guelfen. Von Kaiser Friedrich I. Barbarossa erlangte Pisa 1162 die Konzession über einen Küstenlandstrich, der sich von Portovenere bis nach Civitavecchia erstreckte, sowie die Anerkennung feudaler **Rechte** und Privilegien in Neapel und Salerno, Kalabrien und Sizilien. 1165 erhielt Pisa Sardinien als Lehen. Um diese Zeit wurde in Pisa der Mathematiker *Leonardo Fibonacci* geboren, der mit seinem Buch ›Liber abaci‹ im Jahre 1202 das **arabische Zahlensystem** in Europa einführte.

Die wichtigsten **Feinde** neben Amalfi waren Lucca, mit dem Pisa wegen der Verteilung von Transitrechten stritt, Genua, das Anrechte auf Korsika und Sardinien erhob, sowie Florenz, das versuchte, über den Arno das Meer zu erreichen. 1250 starb Friedrich II. Die guelfischen Städte Florenz und Lucca verbanden sich gegen Pisa. Innere Streitigkeiten kamen hinzu und führten zur größten Niederlage der Pisaner Geschichte: Am 6. 8. 1294 verlor Pisa in der **Schlacht bei Meloria** gegen Genua fast die gesamte Flotte und damit seine reichen Kolonien. Gherardo d'Appiano verkaufte 1399 die Stadt an den Mailänder Gian Galeazzo Visconti. 1405 kam es zu einer Rebellion gegen die ›Visconti-Regierung‹, 1406 wurde Pisa, inzwischen auch demographisch dezimiert, von den Florentinern eingenommen. Erst unter der Herrschaft **Lorenzo de' Medicis** in der 2. Hälfte des 15. Jh. blühte die Stadt wieder auf. Der am Frieden interessierte Lorenzo kaufte sich ein Haus in Pisa und wohnte längere Zeit dort. Ab 1472 baute er die vom Verfall bedrohte **Universität** neu auf.

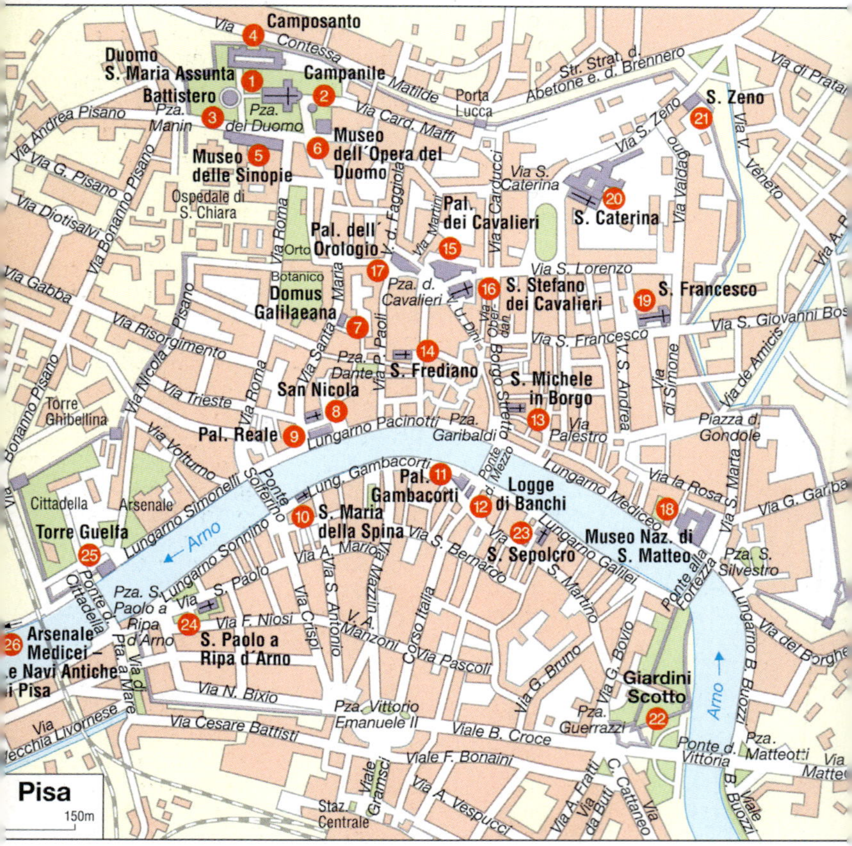

Die Großherzöge der Toskana, vor allem Cosimo I. und Ferdinando I., bauten Pisa im großen Stil wieder auf. 1737, als der letzte Medici starb, übernahmen die Lothringer auch die Herrschaft über Pisa.

Die Stadt wurde im **Zweiten Weltkrieg** bombardiert, dabei der Camposanto, zahlreiche Kirchen und Paläste schwer beschädigt. Heute lebt Pisa von Metall verarbeitender und chemisch-pharmazeutischer Industrie, aber auch von der Universität: Jeder dritte der rund 100 000 Einwohner ist Student.

Rund um die Piazza dei Miracoli

Die **Piazza del Duomo**, bekannt als ›Platz der Wunder‹, mit den vier monumentalen Einzelbauwerken **Dom**, **Baptisterium**, **Campanile** und **Camposanto**, die auf einer gepflegten grünen Rasenfläche stehen, wirkt vor allem deshalb so ungewöhnlich, weil sie in ihrer ursprünglichen weitläufigen Form erhalten blieb, während die Domplätze in Siena oder Florenz von späteren Gebäuden eng umstellt wurden. Auffällig ist die homogene Wirkung der vier Bauwerke, obwohl zwischen dem Baubeginn des Domes (1063) und des Camposanto (1278) mehr als 200 Jahre vergingen. Sie ist zum einen dem einheitlichen **Baumaterial** (weißer Carrara-Marmor) zu verdanken, zum anderen dem System der **Fassadengestaltung**: Eine einheitliche Erdgeschossgliederung durch Rundarkaden auf Lisenen oder Halbsäulen fasst alle vier Gebäude formal zusammen.

Etwa zeitgleich mit dem Baptisterium in Florenz entstand hier in Pisa der TOP TIPP **Duomo Santa Maria Assunta** 1 (Tel. 05 03 87 22 10, www.opapisa.it, April–Sept. Mo–Sa 10–20 Uhr, So 13–20 Uhr, Okt. Mo–Sa 10–19, So 13–19 Uhr, Nov.–Febr. Mo–Sa 10–13 und 14–17 Uhr, So 13–17 Uhr, März Mo–Sa 10–18 Uhr, So 13–18 Uhr), der den Maßstab setzte für die später begonnenen großen Dombauten in Florenz und Siena. Jahrhundertelang galt er als der monumentalste Bau der Christenheit. Wie die Pisaner sich diesen Luxus leisten konnten, erklärt die *Inschrift* an der Fassade, die sich auf den Sieg der Pisaner Flotte gegen die Sarazenen vor Palermo bezieht: »… sechs große mit Schätzen reich beladene Schiffe fielen in ihre Hände, mit dem Erlös ist dieser Bau errichtet worden.«

Baumeister *Buscheto di Giovanni Giudice* wählte im Jahr 1063 das Gräberfeld auf jungem Schwemmboden vor der alten Stadtmauer als Baufläche, das sich jedoch als wenig tragfähig erwies: Nicht nur der Campanile, auch der Dom sank im Osten leicht ein. 1118 weihte Papst Gelasius II. den **Bau**, dessen Langhaus in der 2. Hälfte des 12. Jh. um drei Joche erweitert wurde. Aus langobardischen, islamischen und antiken Stileinflüssen entwickelt, war die kreuzförmige Anlage in Italien ohne Beispiel: fünfschiffiges basilikales Langhaus und dreischiffiges Querhaus, dessen drei Kreuzarme in Apsiden enden, über der Vierung ein oktogonaler Tambour.

Die herrliche **Fassade**, Ende des 12. Jh. von *Rainaldo* geschaffen, wurde zum Inbegriff der toskanischen Romanik: Über einer glatten *Portalzone* aus festen Steinquadern mit siebenfachen *Blendarkaden*, deren Bogenfelder mit den typischen Rauten- und Kreisformen dekoriert sind, erhebt sich eine Folge von vier *Loggiengeschossen* (im zweiten Geschoss abgestuft), die den Blick auf die dahinterlie-

Galileo Galilei

wurde 1564 in Pisa geboren. Er stammte aus einer adligen, aber verarmten Familie. Sein Vater zwang ihn, zuerst ein medizinisches Examen abzulegen, bevor ihm gestattet wurde, Vorlesungen über **Mathematik** zu hören.

Galilei soll vom Schiefen Turm aus die **Gesetze der Schwerkraft** studiert haben. Mit 28 Jahren wurde er Professor an der Universität von Padua, wo er bis 1610 lehrte.

Hier entwickelte er ein **Teleskop**, mit dessen Hilfe er die Struktur des Mondes und die vier Satelliten Jupiters entdeckte. Danach zog sich Galilei nach Arcetri bei Florenz zurück, wo er den ›Dialog über die maximalen Systeme‹ schrieb, in dem er, den Theorien des Kopernikus folgend, methodisch begründete, warum die Erde eine **Kugel** ist, die um die Sonne kreist.

Das Buch erregte den Zorn des Vatikans. Der Wissenschaftler musste sich am 12. April 1633 in Rom vor dem Sant'Ufficio präsentieren und wurde gezwungen, sein Werk zu widerrufen. Galilei starb 1642 in der **Verbannung** in Arcetri. Erst 1993, 360 Jahre nach dem Prozess, hob Papst Johannes Paul II. bei seinem Besuch in Pisa offiziell den Kirchenbann über Galilei auf.

gende, dekorativ mit farbigem Marmor gestaltete Wand freigeben und den monumentalen Bau geradezu grazil wirken lassen – ein Eindruck, den die den *Giebel* des Mittelschiffs bekrönende Madonna, flankiert von Evangelisten aus der Werkstatt *Giovanni Pisanos*, noch verstärkt.

Die drei **Bronze-Portale** im Erdgeschoss, die im 17. Jh. die durch einen Dombrand im 16. Jh. zerstörten Originale ersetzen, werden von sechs Säulen mit Kompositkapitellen flankiert, die mittleren beiden Säulen sind mit Ornamenten reich verziert. Links des südlichen Portals haben die Pisaner dem Baumeister Buscheto ein Grabmal gesetzt. Die **Kuppel** mit der gotischen Zwerchgalerie wurde erst 1380 aufgesetzt.

Am südlichen Seitenschiff ist auf der dem ›Schiefen Turm‹ zugewandten Seite ein Original-Portal des *Bonanno* erhalten geblieben: Die nach dem Schutzpatron Pisas benannte **Porta di San Ranieri** stammt aus dem Jahr 1186 und wurde 1993 restauriert. Ihre *Relieftafeln* zeigen Szenen aus dem Leben Christi und Mariens, nach dem Vorbild byzantinischer Elfenbeinarbeiten.

Trotz weitgehender Zerstörung der Ausstattung beim Brand Ende des 16. Jh. ist das **Innere** des Domes in seiner Gliederung erhalten geblieben. Die prächtige, vergoldete *Kassettendecke* stammt aus der Restaurierungsphase im 17. Jh. Die auffälligste Dekoration des Domes ist das bereits erwähnte überdimensionale **Apsismosaik** in starker Anlehnung an byzantinische Vorbilder: Golden leuchtend thront Christus als Weltenherrscher über dem Altar, flankiert von Maria und Johannes. Der Florentiner *Cimabue*, Lehrmeister Giottos, fertigte 1302 den ›Evangelisten Johannes‹, der deutlich feingliedriger ausgeführt ist als etwa die Muttergottes.

Eines der prächtigsten Ausstattungsstücke ist sicherlich die reich mit *Reliefs* und *Statuen* verzierte **Kanzel**, die Giovanni Pisano 1302–11 schuf (um 1400 demontiert und erst im 20. Jh. leicht verändert rekonstruiert). Sie ist die letzte und reifste Arbeit innerhalb vergleichbarer Kanzeln, die Giovanni und sein Vater Nicola Pisano in Siena, Pistoia und Pisa schufen. Acht äußere Säulen, von denen vier als menschliche Figuren heidnischer und christlicher Provenienz dargestellt sind – Christus, Erzengel Michael, Ecclesia und Herkules –, ›tragen‹ im litteralen wie im allegorischen Sinne gemeinsam mit einer aus drei Figuren bestehenden Säule – Personifikationen der christlichen Tugenden Glaube, Liebe, Hoffnung –, die ihrerseits auf einem *Sockel* mit Personifikationen der weltlichen Künste ›stehen‹, das erstmals rund gestaltete *Kanzelbecken*, welches das Neue Testament symbolisiert. Die reich skulptierten *Relieffelder* seiner Brüstung

TOP TIPP

Ein Meisterwerk der Bildhauerkunst: Kanzel von Giovanni Pisano im Dom Santa Maria Assunta

zeigen dessen Schlüsselszenen ›Geburt Johannes d.T.‹, ›Verkündigung‹, ›Christi Geburt‹, ›Anbetung der Könige‹, ›Bethlehemitischer Kindermord‹, ›Darstellung im Tempel‹, ›Verrat des Judas‹ und ›Kreuzigung‹. Das Ganze ist unterfangen von einer Art Zwischenkonstruktion aus volutenartig mit Figuren versehenen Bogensegmenten, die in den Zwickeln Prophetendarstellungen zeigen.

Aufmerksamkeit verdient auch das **Grabmal** *von Kaiser Heinrich VII.* im rechten Seitenschiff links der Apsis von Tino di Camaino (Anfang 14. Jh.), ein weiteres Meisterwerk gotischer Plastik (Teile davon im Dommuseum). Das bronzene **Altar-Kruzifix** wird Giambologna zugeschrieben, der auch die herrlichen *Leuchterengel* auf der Balustrade des Presbyteriums schuf. In der Mitte des Hauptschiffes hängt ein **Bronzeleuchter**, dem die Pisaner den Namen ›Lampe des Galilei‹ gaben, weil der Gelehrte davon die Gesetze zur Pendelschwingung abgeleitet haben soll. Er wurde im Jahre 1586 von *Vincenzo Possenti* nach einem Entwurf von Lorenzi geschaffen.

Der **Campanile** 2 (Tel. 05 03 87 22 10, www.opapisa.it, April–Sept. tgl. 8.30–20.30 Uhr, Okt. tgl. 9–19 Uhr, Nov.–Febr. tgl. 9.30–17 Uhr, März tgl. 9–18 Uhr), ein für Italien typischer frei stehender Glockenturm – wenn auch auf rundem statt auf quadratischem Grundriss –, von *Bonanno Pisano* 1173 gemeinsam mit dem Baumeister Guglielmo di Innsbruck in formaler Anlehnung an den Dom begonnen, wurde schon bald zum ›**Schiefen Turm**‹: Als sein drittes Geschoss mit umlaufender Loggia abgeschlossen war, stellte sich heraus, dass der Boden die Belastung nicht trug und sich das Bauwerk neigte. 100 Jahre später versuchte *Giovanni di Simone*, der den Bau ab 1275 leitete, der Schieflage entgegenzuwirken, indem er die nächsten Stockwerke entgegen der Neigung mauern ließ. 1284 durch den Tod Giovannis unterbrochen, wurden die Arbeiten erst nach 1350 von *Tomaso Pisano* beendet. Die Mauern des 56 m hohen, 6-geschossigen Turmes verjüngen sich von unten 4,09 m auf oben 2,48 m Dicke, auf der sich neigenden Seite ist der Turm um etwa 2 m abgesackt. Im Jahr 1989 stellte sich heraus, dass der Campanile immer schneller absank, daher ließ ihn das Kulturministerium am 7. Januar 1991 schließen. Später wurden Stahlgerüste um den Baukörper geschlungen, gleichzeitig legte man in der Nähe betongefasste 800 t schwere Bleigewichte auf den Boden, um den Untergrund zu komprimieren. Ab dem Jahr 1996 richteten 103 m lange Stahlseile den Turm allmählich wieder auf, seine Neigung wurde um 44 cm reduziert und damit in eine Position gebracht, wie er sie vor etwa 400 Jahren innehatte. Seit Dezember 2001 schließlich ist der Campanile wieder öffentlich zugänglich.

Das im 12./13. Jh. entstandene Battistero in Pisa ist die größte Taufkirche der Christenheit

Der Architekt *Diotisalvi* begann im Jahr 1152 mit dem Bau des **Battistero** 3 (Tel. 05 03 96 22 10, www.opapisa.it, April–Sept. tgl. 8–20 Uhr, Okt. tgl. 9–19 Uhr, Nov.–Febr. tgl. 10–17 Uhr), der größten Taufkirche der Christenheit. Ende des 12. Jh. wurden die Arbeiten unterbrochen und erst im 13. Jh. unter Leitung von *Nicola* (1260) und *Giovanni Pisano* (1277–84) wieder aufgenommen. Während die Arkadengliederung des untersten Geschosses noch formal auf den Dom Bezug nimmt, wurde in dieser Periode das zweite Geschoss mit ›modernen‹ gotischen Blendarkaden aufgesetzt (Halbfiguren von Propheten und Aposteln in den Wimpergen von Giovan-

Erhabenes Raumerlebnis: Von der auf Säulen und Pfeilern ruhenden Empore genießt man einen schönen Überblick über das Battistero, das achteckige Taufbecken und die berühmte Kanzel

ni Pisano, heute Kopien). Die **Segmentkuppel** entstand erst um 1360, ein ›Meister Zibellinus‹ aus Bologna verdeckte ab 1365 den Ansatz mit einem Marmortambour. Die über 3 m hohe Bronzestatue Johannes d. T. wurde Anfang des 15. Jh. auf die Spitze montiert.

Das **Hauptportal** wird von zwei reliefverzierten antikisierenden *Säulen* des 13. Jh. flankiert. Auf dem Architrav ist die Lebensgeschichte Johannes d. T. dargestellt. Im **Inneren** stützt ein Kreuz aus acht Säulen, die mit vier Pfeilern abwechseln, einen Umlauf unter Emporen. Das herrliche achteckige **Taufbecken** schuf Guido Bigarelli da Como 1246. Die *Johannes-Statue* von Italo Griselli wurde 1929 hinzugefügt. Weltberühmt ist die

TOP TIPP

Kanzel von Nicola Pisano (1255–60), ikonographisches Vorbild und Pendant der von seinem Sohn geschaffenen Domkanzel und Markstein der italienischen Bildhauerei. Das sechseckige Kanzelbecken wird von sieben Säulen getragen (Symbolzahl der Tugenden und der Künste), drei von ihnen stehen auf Löwen (Symbole der Stärke), die mittlere auf allegorischen Figuren (Wilder Mann, Greif). In den Zwickeln der gotischen Dreipassbögen erkennt man Propheten. Sie ›tragen‹ zusammen mit sechs Figuren (fünf Tugend-Allegorien und Johannes d. T.), die auf den ebenfalls sechseckigen Kämpferplatten stehen, im wörtlichen und allegorischen Sinne das ›Lehrgebäude‹, das auf den Reliefplatten der *Kanzelbrüstung* entfaltet wird: fünf Szenen aus dem Leben Christi (›Verkündigung‹, ›Geburt Christi‹, ›Anbetung der Hl. Drei Könige‹, ›Kreuzigung‹, ›Jüngstes Gericht‹). Ein Adler trägt das Lesepult.

Der Monumentalfriedhof **Camposanto** 4 (Tel. 05 03 87 22 10, www.opapisa.it, April–Sept. tgl. 8–20 Uhr, Okt. tgl. 9–19 Uhr, Nov.–Febr. tgl. 10–17 Uhr, März tgl. 9–18 Uhr) steht auf Erde, die die Kreuzfahrer von ihrer Reise ins Heilige Land mitbrachten. Als letztes Gebäude des Domplatzes nach Plänen von *Giovanni di Simone* 1278 begonnen, wurde er erst Ende des 15. Jh. fertig gestellt. Hier fand der Adel Pisas seine letzte Ruhestätte. Viele vornehme Bürger wurden in antiken Sarkophagen bestattet, sodass der Friedhof stets gleichzeitig ein ›Antiken-Museum‹ war. Im 14. und 15. Jh. wurden die Wände unter Beteiligung namhafter Künstler wie *Taddeo Gaddi* mit **Fresken** ausgemalt, von denen die meisten jedoch durch einen Bombenangriff am 27. 7. 1944 zerstört wurden, darunter Gozzolis 23 Episoden aus dem Alten Testament (1468–84). Dennoch ist das Gebäude noch immer eine bedeutende *Galerie der Malerei des 14. Jh.* und *Sammlung* antiker griechischer, etruskischer und römischer Werke.

Das Gebäude hat die Form eines großen, lang gestreckten **Kreuzganges** mit Rundbogenarkaden zum *Innenhof*, die in der 2. Hälfte des 14. Jh. mit reichem gotischen Maßwerk gefüllt wurden. Zypressen wachsen hier auf grünem Rasen. Eine Mauer, die außen mit Blendarkaden verziert wurde, umschließt den Friedhof.

Eines der bedeutendsten Monumentalwerke des 14. Jh. ist das Fresko ›**Trionfo della Morte**‹ eines unbekannten Meisters. Verschiedene Szenen illustrieren das *Vanitas-Thema*, indem sie die Macht des Todes, dargestellt als ein geflügeltes Weib mit Sense, über die Lebenden zeigen: Links im Vordergrund trifft eine Gruppe vornehmer Reiter auf drei offene Särge, in denen verwesende Könige liegen, darüber ein Fest sorgloser junger Leute im Wald, dem eine Eremitenszene gegenübergestellt ist. Das Ganze gipfelt im **Jüngsten Gericht**, wo Arm und Reich, Volk und Adel, Laien und Klerus plötzlich gleich sind und der ewigen Verdammnis oder der himmlischen Gerechtigkeit teilhaftig werden.

Nach dem Zweiten Weltkrieg wurden die verbliebenen Fresken mit einer relativ einfachen, ›a strappo‹ genannten Technik von den Wänden abgenommen, um sie zu restaurieren und wieder auszustellen. Dazu wird eine mit Leim imprägnierte Leinwand darübergelegt und nach dem Austrocknen mitsamt der Putzschicht abgerissen. Diese wird anschließend auf eine mit Baumwollgaze bedeckte Eternitplatte übertragen. Zuletzt löst man das Fresko wieder von der Leinwand ab. Bei diesen Arbeiten entdeckten die Restauratoren unter der Putzschicht die sog. **Sinopien** der Fresken: Vorzeichnungen in Rötelkreide (ursprünglich aus Sinope in der Türkei). Nach ihrer Ausführung wurden sie zunächst mit einer Putzschicht überdeckt, in die der Künstler dann das endgültige Fresko malte. Auch die Sinopien wurden aus konservatorischen Gründen von den Wänden gelöst und sind im **Museo delle Sinopie** 5 (Tel. 05 03 87 22 10, www.opapisa.it, April–Sept. tgl. 8–20 Uhr, Okt. tgl. 9–19 Uhr, Nov.–Febr. tgl. 10–17 Uhr, März tgl. 9–18 Uhr) gegenüber vom Dom zu sehen.

An der Piazza Arcivescovado im Südosten des Domplatzes ist in einem ehemaligen *Kapuziner-Kloster* das **Museo dell'Opera del Duomo** 6 (Tel. 05 03 87 22 10, www.opapisa.it, April–Sept. tgl. 8–20 Uhr, Okt. tgl. 9–19 Uhr, Nov.–Febr. tgl. 10–17 Uhr, März tgl. 9–18 Uhr) untergebracht. Ausgestellt sind dort neben originaler *Bauplastik* von Dom und Baptisterium, die dort durch Kopien ersetzt wurden, u. a. *Skulpturen* von Giovanni Pisano aus beiden Kir-

Memento mori – Das Fresko ›Trionfo della Morte‹ (Ausschnitt) im Camposanto schildert u. a. die dramatische Begegnung einer vornehmen Jagdgesellschaft mit den Gräbern dreier Toter

Gerettet vor den Hochwasserfluten des Arno: ▷ Santa Maria della Spina

chen (**Saal 4** und **5**), Arbeiten von Tino di Camaino, darunter die *Statuen vom Heinrichsgrabmal* im Dom (**Saal 6**), *Bischofsgrabmäler* aus der Werkstatt von Nino Pisano (Mitte 14. Jh., **Saal 7**), außerdem der *Domschatz* (**Saal 9**), die *barocke Holzverkleidung* des Hochaltars (Giovanni Battista Rinaldi, 1627–63) und *Intarsien des Chorgestühls* aus dem Dom (**Saal 11** und **13**), eine umfassende *Sammlung* wertvoller Chor- und Messgewänder (**Säle 15–19**).

Im Herzen der Altstadt

Wir verlassen die Piazza dei Miracoli über die Prachtstraße Via Santa Maria, die schon im Mittelalter zum Arno führte. In der **Domus Galilaeana** 7 (Nr. 26), dem Haus Galileis, soll der Wissenschaftler einst gewohnt haben. (Sein Geburtshaus lag wahrscheinlich im populären Stadtviertel Sant'Andrea fuori Porta.) 1941 wurde in diesem Palazzo ein **Institut** gegründet, in dem Schriften von Galilei und seinen Schülern aufbewahrt werden. Das Haus gehört wie viele der schönen alten Paläste an der Via Santa Maria zur Universität und ist Studienzentrum für die **Geschichte der Naturwissenschaften**.

Am südlichen Ende der Via Santa Maria, an der Piazza Francesco Carrara, steht der zweite ›Schiefe Turm‹ von Pisa. Auch die Fundamente des *Campanile* der Kirche **San Nicola** 8 versanken bereits Mitte des 13. Jh. im weichen Sanduntergrund von Pisa. Der Turm vom Anfang des 13. Jh. ist im Erdgeschoss kreisrund, im Obergeschoss sechseckig. Über einem schlichten, nur mit Lisenen gegliederten Untergeschoss und einer Arkadengliederung darüber (Anlehnung an den ›Schiefen Turm‹ auf dem Domplatz) öffnet sich ein Loggiengeschoss unter der Glockenkammer. Im *Inneren* des Turms lässt sich eine der berühmtesten *Wendeltreppen* Italiens besteigen, die Giorgio Vasari zufolge Bramante zur sog. *Reitertreppe* am Belvederehof im Vatikan inspirierte. Die Kirche selbst entstand vor 1150.

Am Arnoufer *(Lungarno)* drängten sich im Mittelalter die prächtigen Wohnhäuser reicher Patrizier. Eines der wenigen erhaltenen Beispiele ist der im Laufe der Zeit mehrmals umgestaltete **Palazzo Reale** 9, den sich der toskanische Großherzog Cosimo I. de' Medici vom Florentiner Bildhauer-Architekten *Baccio Bandinelli* erbauen ließ. Er beherbergt heute das *Museo Nazionale di Palazzo Reale* (Tel. 050 92 65 11, Mo–Sa 9–14 Uhr) u. a. mit Medici-Porträts und historischem Rüstzeug für das Gioco del Ponte.

Der kleine Bau von **Santa Maria della Spina** 10, direkt am südlichen Arno-Ufer in der Straße Lungarno Gambacorti gelegen, wurde 1323 als Oratorium Santa Maria del Pontenuovo (›Neue Brücke‹) errichtet. Seine Reliquie, einen Dorn (*Spina*), der aus der Dornenkrone Christi stammen soll, musste er an Santa Chiara abgeben (heute in der Kapelle des Hospitals der Kirche an der Via Roma). Da der Arno mit seinen Hochwassern die Kirche mehrmals zu zerstören drohte, wurde sie 1871 Stein für Stein abgetragen und auf erhöhtem Standort originalgetreu wieder aufgebaut. In der schönen *Fassade* dieses kleinen Schmuckstücks gotischer Kirchenarchitektur verbinden sich lokale Traditionen (Rundbögen im Erdgeschoss, Marmorinkrustationen) mit solchen der Gotik (Abschluss durch gotische Baldachine und Tabernakel-Ziergiebel). Die

Skulpturen stammen von Nino und Giovanni Pisano (über dem Chor), den Werkstätten von Giovanni und Andrea Pisano sowie von Baldassare di Balduccio (Madonna und Engel). Im **Inneren** lässt sich noch der Tabernakel von Stagio Stagi aus dem Jahr 1534 bewundern, in dem einst der Dorn aufbewahrt wurde.

Weiter flussaufwärts erhebt sich über das südliche Arno-Ufer der spätmittelalterliche **Palazzo Gambacorti** 11 (1370–80), der heute das *Rathaus* der Stadt Pisa beherbergt. Sein Besitzer, der Signore Pietro Gambacorti, wurde vermutlich 1393 hier ermordet.

Die benachbarten **Logge di Banchi** 12 wurden 1603–05 nach einem Entwurf des Florentiners Bernardo Buontalenti von Cosimo Pugliani als offene Halle für den *Tuchmarkt* errichtet. Im erst zu Beginn des 18. Jh. aufgesetzten Obergeschoss ist heute das *Staatsarchiv* untergebracht.

Auf der gegenüber liegenden Seite des **Ponte di Mezzo**, der ältesten Arno-Brücke – sie wurde im Zweiten Weltkrieg zerstört und später wieder aufgebaut –, beginnt der von Arkaden gesäumte **Borgo Stretto,** die schönste *Flaniermeile* durch die Altstadt von Pisa. Sie führt vorbei an **San Michele in Borgo** 13, der Hauptkirche der Altstadt, die um 990 über einem römischen Marstempel entstand. Die *Fassade* mit drei Portalen in einer nüchternen unteren Zone, darüber Loggien mit Dreipassen und plastischer Verzierung, schuf Baumeister *Guglielmo* zu Beginn des 14. Jh. als ein Beispiel für den Übergang von der Romanik zur Gotik. Das dreischiffige Innere ohne Apsis war vollständig mit *Fresken* ausgemalt, von denen nach der Bombardierung 1944 nur wenige Spuren übrig blieben.

Ein Abstecher führt zur Kirche **San Frediano** 14, die schon 1061 in einem Dokument erwähnt wird und eine der ältesten Kirchen Pisas ist (im 16. und 17. Jh. umgebaut, das *Innere* im 17. Jh. barockisiert).

Weltliches Zentrum der Stadt Pisa war schon im Mittelalter die **Piazza dei Cavalieri** (›Platz der Ritter‹), die Mitte des 16. Jh. unter florentinischer Besatzung im Auftrag der Medici von *Giorgio Vasari* umgestaltet wurde. Dabei wurde auch der ursprüngliche Sitz der Stadtregierung

(›Palazzo degli Anziani‹) aus dem 13. Jh. umgebaut und erhielt die zu Beginn des 20. Jh. wieder hergestellten *Sgraffito-Dekorationen* von Vasari. Als **Palazzo dei Cavalieri** 15 wurde er Sitz des Ritterordens des hl. Stephan, der von Cosimo I. im Jahr 1561 zum Kampf gegen nordafrikanische Seeräuber gegründet wurde. Er beherbergt heute die 1810 von Napoleon gegründete *Elite-Universität*, Scuola normale superiore. Auch die doppelläufige *Treppe* stammt aus dem 19. Jh., das *Standbild Cosimos I.* schuf Pietro Francavilla 1596.

Neben dem Palast erhebt sich die Kirche **Santo Stefano dei Cavalieri** 16, 1565–69 ebenfalls nach Plänen Vasaris als Kirche für den gleichnamigen Orden errichtet und 1594–1606 von *Giovanni de' Medici* mit einer Fassade versehen, die Seitenflügel wurden später angefügt. Das Innere erinnert an ein Völkerkunde-Museum und ist mit zahlreichen Beutestücken geschmückt, die die Ordensritter den Sarazenen in blutigen Schlachten abnehmen konnten, daneben sind *Holzfiguren* vom Bug der Galeeren des Ordens zu sehen. Die Kirche besitzt außerdem eine der klangvollsten *Orgeln* der Toskana.

Der **Palazzo dell'Orologio** 17 am nordwestlichen Ende des Platzes wurde ebenfalls von Vasari für den Stephans-Orden umgebaut. Er verband zwei bestehende Gebäude, ohne die Straße zwischen ihnen zu versperren. Im ›Torre della Fame‹ (Hungerturm) verhungerte 1288 *Ugolino della Gherardesca* mit Kindern und Enkeln. Der Graf, Flottenführer der Schlacht bei Meloria, wurde der Tyrannei über seine Heimatstadt Pisa bezichtigt. Dante schildert seine Qual in der ›Göttlichen Komödie‹ (›Inferno‹, XXXIII, 5–17). Heinrich Wilhelm von Gerstenberg verewigte ihn in dem Sturm-und-Drang-Drama ›Ugolino‹.

An der westlichen Stadtmauer

Während Touristen den Domplatz zu jeder Jahreszeit überströmen, ist das **Museo Nazionale di San Matteo** 18 (Tel. 050 54 18 65, Di–Sa 9–19, So/Fei 9–13 Uhr) selbst im Hochsommer oft menschenleer. Dabei gehört das Museum im ehemaligen *Benediktiner-Kloster* San Matteo mit schönem *Kreuzgang* aus dem 15. Jh. zu den wichtigsten Museen der Toskana. Dieser Kreuzgang, um den sich Ausstellungsräume des Museums gruppieren, bildet ein stilvolles Ambiente für die zahlreichen Exponate meist sakraler Kunst. Die Sammlung des Museums umfasst in der Hauptsache Meisterwerke toskanischer – speziell Pisaner – Malerei und Bildhauerei des 12.–15. Jh., Keramiken, Gobelins und Handschriften. Nirgendwo sonst findet man eine ähnlich umfangreiche Zusammenstellung lebensgroßer *Holzfiguren* und *Kruzifixe*.

Die **Skulpturen** von *Giovanni Pisano* im ›Saal der tanzenden Figuren‹ beeindrucken durch ihre Grazie und die schwingende Bewegung, die der Künstler durch das Spiel mit Licht und Schatten erzielt. Die *Jungfrau Maria* im Zentrum des ›Saales der Holzfiguren‹ schuf *Andrea Pisano* um 1330: eine anmutige Gestalt in schlichtem Gewand ohne Heiligenschein. Das edle, fragende Gesicht und die elegante Handbewegung sind Ausdruck für Keuschheit und Edelmut. Ganz irdisch wirkt dagegen die stillende *Madonna del Latte* (Obergeschoss), die beste Skulptur von Andreas' Sohn *Nino Pisano*. Ein kräftiger Knabe saugt mit geschlossenen Augen an der Brust seiner Mutter, die ihn mit festem Griff im Arm hält und zärtlich betrachtet. Unvergleichlich glatt und samtig wirkt die Oberfläche des weißen Marmors, den Nino für die Kirche Santa Maria della Spina bearbeitete. An antike Kaiserbüsten erinnert *Donatellos* Bronzeporträt des *hl. Rossore* (1427), das aus der Kirche Santo Stefano dei Cavalieri stammt.

Unter den **Gemälden** ist zunächst das Tafelbild der *Thronenden Madonna* (1280–90) des unbekannten Meisters von San Martino beachtenswert. Die Madonna mit Kind und die sie umgebenden Geschichten des Marienlebens auf goldenem Grund sind ein Hauptwerk pisanischer Malerei des 13. Jh., das Werk wird als direktes Vorbild Duccios, Cimabues und Giottos gewertet. Simone Martinis Altarbild *Madonna mit Kind und Heiligen*, das er 1311 für die Kirche Santa Caterina malte, besticht durch die festliche Farbgebung und die abwechslungsreichen, schon recht realistischen Porträts. Ein anderes Porträt gehört zu den Höhepunkten des Museumsbesuches: Der *Apostel Paulus* von Masaccio (1426) war Teil eines zersägten Polyptychons, das der Künstler für die Pisaner Kirche del Carmine malte. Masaccio hat sich deutlich von den Vorgaben der Gotik entfernt: Sein kraftvoll-dynamischer Apostel scheint aus dem Goldhintergrund herauszutreten.

Das weiter nördlich gelegene Kloster **San Francesco** 19 wurde noch zu Lebzeiten

Sgraffito-Dekorationen zieren den Palazzo dei Cavalieri, der als Sitz eines Ritterordens entstand

des hl. Franz von Assisi Anfang des 13. Jh. gegründet, die *Ordenskirche* jedoch erst in der zweiten Jahrhunderthälfte von *Giovanni di Simone* fertig gestellt (die schlichte Fassade wurde 1603 vorgesetzt). Die zweite Kapelle rechts birgt ein *Polyptychon* mit Kreuzigung und Heiligen von Spinello Aretino (um 1390). Im Kapitelsaal am Kreuzgang aus dem 15. Jh. sind restaurierte Fresken eines *Passions- und Auferstehungs-Zyklus* von Niccolò di Pietro Gerini (1392) zu sehen.

Die Dominikanerkirche **Santa Caterina** 20 in der Via Caterina (Bauzeit 1251–1327) ist der hl. Katharina geweiht, die in Pisa ihre Stigmata empfangen haben soll. Die spät vollendete *Fassade* (1327) zeigt deutlich den Übergang von der Romanik zur Gotik: Über drei romanischen Blendarkaden erheben sich zwei zierlichere Loggiengeschosse (das obere mit eingefügter Fensterrose) mit Dreipassen statt Rundbögen. Im einschiffigen *Inneren* sind das monumentale Grabmal des Erzbischofs Simone Saltarelli linker Hand (um 1350) und eine Verkündigungsgruppe an den Pilastern beidseitig des Hauptaltars von Nino Pisano beachtenswert. Das berühmte Altar-Polyptychon von Simone Martini befindet sich mit weiterer Ausstattung der Kirche im Museum San Matteo [s. S. 96].

Die romanische Abtei **San Zeno** 21 wurde im 10. Jh. über einem heidnischen Tempel errichtet, der spätere Papst Eugen III. war Anfang des 12. Jh. Abt des Benediktinerklosters. Restaurateure versuchten in den 1970er-Jahren, der basilikalen Anlage ihr frühromanisches Aussehen zurückzugeben. Auch hier zeigt die *Fassade* das für die pisanische Romanik typische Dekorationssystem aus eingetieften Kreisen und Rhomben.

Südlich des Arno

Zum Spazierengehen laden die im 19. Jh. innerhalb der **Neuen Zitadelle** angelegten **Giardini Scotto** 22 ein, eine *Parkanlage* mit Pfauengehege. Die Festungsanlage selbst mit ihren überdachten Wehrgängen wurde Ende des 15. Jh. von Giuliano da Sangallo entworfenen.

Über die Via Martino gelangt man zu dem außergewöhnlichen achteckigen Zentralbau der Kirche **San Sepolcro** (Heiliges Grab) 23. Sie ist ein Werk des Dombaumeisters *Diotisalvi* (um 1150), das in seiner Form auf die Grabeskirche Christi (Name!) in Jerusalem Bezug nimmt.

Bereits zu Beginn des 9. Jh. als Ordenskirche der Vallombrosaner, einer Benediktinerkongregation, gegründet, wurde **San Paolo a Ripa d'Arno** 24 im 11. und 12. Jh. in starker Anlehnung an die Domfassade errichtet. Eine Bombe zerstörte 1943 das Innere weitgehend, erhalten blieben jedoch die schönen *Glasmalereien* des 14. Jh. in der Apsis (Christus und Apostel).

Am ›Ponte della Citadella‹ liegt die **alte Zitadelle** mit der **Torre Guelfa** ㉕, einem der massiven Wehrtürme der mittelalterlichen *Stadtmauer*, der in den 1950er-Jahren rekonstruiert wurde.

Ganz in der Nähe befinden sich die von den Medici Mitte des 16. Jh. neu gestalteten Lagerhallen der Pisaner Werft. In den **Arsenali Medicei – Le Navi Antiche di Pisa** ㉖ (Tel. 05 55 12 19 19, www.navipisa.it, nur nach Voranmeldung im Rahmen einer Führung zu besichtigen) werden die 1998 bei Bauarbeiten an der Bahnstrecke entdeckten römischen Schiffe ausgestellt. Die Schiffe sollen nach ihrer Restaurierung ein eigenes Museum erhalten, das *Museum der Antiken Schiffe*, dessen Eröffnung für 2009 geplant ist.

i Praktische Hinweise

Information

APT, Via Silvio Pellico, Pisa, Tel. 050 92 97 77, Fax 050 92 97 64, www.pisa.turismo.toscana.it

Feste

TOP TIPP **Regata di San Ranieri** am Abend des 17. Juni. *San Ranieri* ist der Schutzpatron der Stadt. Zu seinen Ehren wird eine Bootsregatta auf dem Arno zwischen den vier Stadtvierteln Pisas ausgetragen. Am Abend vorher ist der Lungarno mit Ölfackeln beleuchtet.

Gioco del Ponte am letzten Sonntag im Juni: Bei den Wettkämpfen auf dem Ponte di Mezzo versuchen die Gegner sich gegenseitig von der Brücke zu schieben.

Einkaufen

An jedem zweiten Wochenende im Monat (außer im August) findet in den **Logge di Banchi** am Ponte di Mezzo ein Antiquitäten- und Trödelmarkt statt.

Hotel

*****Royal Victoria**, Lungarno Pacinotti 12, Pisa, Tel. 050 94 01 11, Fax 050 94 01 80, www.royalvictoriahotel.it. Zu Beginn des 20. Jh. war dieses Hotel eines der berühmtesten Luxushotels der Toskana, in dem gekrönte Häupter abstiegen. Heute hat es eher Pensionscharakter mit wenig Komfort, aber dennoch viel Charme.

Restaurants

La Pergoletta, Via delle Belle Torri, Pisa, Tel. 050 54 24 58, www.ristorantelapergoletta.com. Gehobene regionale Küche und eine große Weinauswahl in Arno-Nähe (Mo geschl.).

Osteria dei Cavalieri, Via San Frediano 16, Pisa, Tel 0 50 58 08 58, www.osteriacavalieri.pisa.it. Beliebte Trattoria mit gutem Preis-Leistungs-Verhältnis (Sa mittags und So geschl.).

Café

Antico Caffè dell'Ussero, Lungarno Pacinotti 27, Pisa, Tel. 0 50 58 11 00. Ältestes Café der Stadt mit allerlei köstlichen Süßigkeiten (Sa geschl.).

Muskeln und Ausdauer sind gefragt beim traditionellen Brückenfest ›Gioco del Ponte‹ in Pisa

Die romanische Basilika San Piero a Grado geht auf eine Gründung des 6. Jh. zurück

22 San Piero a Grado, San Rossore, Calci, Certosa di Pisa

Das reiche Umland: Klöster und Gärten.

Im Südwesten Pisas liegt am rechten Arnoufer **San Piero a Grado**, eine romanische Basilika aus dem 11. Jh. Sie wurde bereits im 6. Jh. an der Stelle gegründet, an der Petrus, von Jerusalem kommend, in Italien an Land gegangen sein soll. Der *Außenbau* aus Tuffstein und Marmor weist die typischen Gestaltungselemente der Pisaner Romanik auf: Lisenengliederung und eingelassene Rhomben und Kreise. Die Säulen im *Inneren* der dreischiffigen Anlage mit doppeltem **Chor** (der zusätzliche Chor im Westen nimmt Rücksicht auf einen Petrusaltar) besitzen antike Kapitelle. Der gut erhaltene **Freskenzyklus** an den Wänden des Hauptschiffes wurde im 14. Jh. von *Deodato Orlandi* geschaffen. Zu sehen sind mehrere Papstporträts, darüber Szenen aus dem Leben der Apostel Petrus und Paulus, darüber erkennt man das von Engeln bewachte himmlische Jerusalem.

San Rossore

4 km westlich von Pisa beginnt die ›Tenuta di San Rossore‹, ein herrlicher Pinien-Park, der heute zum Naturschutzgebiet **Parco Naturale Migliarino-San Rossore-Massaciuccoli** (Führungen mit Voranmeldung, Tel. 050 53 01 01, www.parcosanrossore.org) gehört. Der **Gutshof** (geöffnet an Feiertagen, Sommer 8.30–19.30, Winter bis 17.30 Uhr) mit Pferderennbahn war einst im Besitz der Medici, dann der Lorena und der Savoia.

Calci

Wenn man Pisa auf der Straße nach Mezzana Richtung Osten verlässt, kommt man nach etwa 10 km in den 4500-Einwohner-Ort, der seit der Antike für seine *Kalksteinbrüche* bekannt ist. In der Dorfmitte erhebt sich die **Pieve di Calci**. Die Pfarrkirche mit unvollendetem *Glockenturm* und eleganter Fassade (schon im 9. Jh. erwähnt) entstand zwischen dem 12./13. Jh. nach dem Vorbild der Pisaner Romanik. Im Inneren ist das skulptierte romanische *Taufbecken* von besonderem Interesse, das im 12. Jh. von einem unbekannten Künstler unter dem Einfluss antiker Sarkophagplastik geschaffen wurde.

Certosa di Pisa

Südöstlich von Calci liegt die **Kartause von Pisa** (Tel. 050 93 84 30, Di–Sa 8.30–18.30, So 8.30–12.30 Uhr, letzter Einlass 1 Std. vor Schließung), die nach Pavia zweitgrößte Kartause Italiens. Das Kloster, das aussieht wie ein riesiges Schloss, wurde 1366 gegründet, im 17. Jh. jedoch im *barocken Stil* umgebaut. Heute sind die von den Kartäusermönchen verlassenen Konventsgebäude in *Staatsbesitz*. Kirche und Refektorium des Komplexes wurden im 17./18. Jh. reich mit **Fresken** dekoriert. Bemerkenswert sind die *Sala del Granduca* im Gästehaus, die dem Großherzog der Toskana bei Besuchen vorbehalten blieb, und die Fresken in der Kuppel der Kirche, die Stefano Cassini im 17. Jh. malte.

23 Volterra

Plan Seite 102

TOP TIPP

Archaische Stadt hoch im toskanischen Hügelland mit Sehenswürdigkeiten von der Etruskerzeit bis ins Spätmittelalter.

Als der Schriftsteller D. H. Lawrence 1927 nach Volterra kam, war er überwältigt von der **Aussicht**. Noch heute ist der Blick von dem 555 m hoch gelegenen Ort der spektakulärste, den die Toskana zu bieten hat. Nicht einmal die sanften Hügel rund um Pienza lassen sich mit der Landschaft um Volterra vergleichen, die wie von göttlicher Hand aus den Tonbergen geformt zu sein scheint.

Die pittoresken **Balze**, Felsabbrüche, die das Stadtareal im Nordwesten begrenzen, sind das Produkt jahrhundertelanger *Erosionen*, der bereits Teile der etruskischen Nekropolen und mittelalterliche Mauern zum Opfer fielen.

Geschichte Der Hügel von Volterra zwischen dem *Valdera* und dem *Val di Cecina* war schon in der Eisenzeit besiedelt. Die Etrusker nannten ihre blühende Stadt *Velathri*, die Römer gaben ihr den Status eines Municipiums, der ihr später durch Parteinahme für Marius von Sulla wieder entzogen wurde. Auch unter den Langobarden und den Franken blieb sie besiedelt. Seit dem 5. Jh. war Volterra Bischofssitz, im 12./13. Jh. Erbbesitz der Familie **Pannocchieschi**, die ihre Macht bis 1239 halten konnte. Im Zusammenhang mit den Auseinandersetzungen zwischen Ghibellinen und Guelfen gelangte es 1361 unter den Einfluss von Florenz und blieb trotz mehrerer Revolten auch in den folgenden Jahrhunderten nur dem Namen nach **freie Kommune**. Unter Lorenzo de' Medici wurde die Stadt 1472 von *Federico da Montefeltro* belagert und geplündert und 1530 endgültig dem Großherzogtum Toskana eingegliedert. Heute hat Volterra etwa 13 000 Einwohner. Das **mittelalterliche Stadtbild** mit **antiken Ruinen** und Resten der mediceischen **Festungsanlage** blieb erhalten. Die Einwohner leben heute von Landwirtschaft, Tourismus

◁ *Mittelalterliches Stadtbild: Blick auf die Dächer der Alabaster-Stadt Volterra*

und der Verarbeitung des Alabasters, der rund um Volterra in zahlreichen Brüchen abgebaut wird.

TOP TIPP **_Besichtigung_** Das **Museo Etrusco Guarnacci** ❶ (Tel. 058 88 63 47, Mitte März–Okt. tgl. 9–19 Uhr, Nov.–Mitte März tgl. 9–14 Uhr), untergebracht im ehemaligen Palast des Monsignore Mario Guarnacci an der Via Don Minzoni 15, wurde von Kardinal Franceschini im Jahr 1735 gegründet und besitzt heute eine der umfassendsten Sammlungen etruskischer Kunst in Italien. Kernstück sind mehr als 600 **Graburnen** (*Cisten*) aus Tuffstein, Terrakotta und Alabaster, nach Motivgruppen geordnet und bis ins 1. Jh. n. Chr. reichend. Die verschiedenen Motive (ornamental, Jagddarstellungen, Fahrt auf dem Pferdewagen als Allegorie für die Fahrt ins Jenseits, Leichenbegängnisse, aber auch Darstellungen aus der griechischen Mythologie) wurden in großen Stückzahlen produziert. Daneben sind jedoch auch individuell gefertigte Stücke, **Votivfiguren** und wunderschöner **Goldschmuck**, ausgestellt. Unter den **Bronzestelen**, deren auffällige Überlängungen an Giacometti-Skulpturen erinnern, ragt eine wohl von *Gabriele d'Annunzio* als *Ombra della Sera* (Abendschatten) bezeichnete heraus.

In der **römischen Abteilung** des Museums sind Haushaltsgeschirr (auch aus Griechenland importierte attische Keramik), Statuen und Mosaiken zu sehen, die hauptsächlich bei den Ausgrabungen im römischen Theater gefunden wurden.

Nicht versäumen sollte man eine Besichtigung des **Palazzo Viti** ❷ (Via dei Sarte 41, Tel. 058 88 40 47, www.palazzoviti.it, April–

Rund 600 skulptierte Graburnen sind die Glanzstücke des Museo Etrusco Guarnacci

Okt. tgl. 10–13, 14.30–18.30 Uhr, sonst nach Vereinbarung). Der Mitte des 19. Jh. entstandene Privatpalast des Alabasterhändlers Giuseppe Viti ist reich freskiert, mit prunkvollem Mobiliar des 17.–19. Jh. und Meisterstücken der Alabasterkunst ausgestattet. Namhafte Regisseure wie Lucchino Visconti wählten die Innenräume als Drehort für ihre Filme.

In dem schönen Renaissancegebäude des **Palazzo Minucci** (Via dei Sarti 1), das nach dem Entwurf von Antonio da Sangallo d. Ä. etwa zu Beginn des 16. Jh. nach florentinischem Vorbild gebaut wurde, befindet sich heute die **Pinacoteca e Museo Civico** 3 (Tel. 058 88 75 80, Mitte März–Okt. tgl. 9–19 Uhr, Nov.–Mitte März tgl. 8.30– 13.30 Uhr). Zweifellos ein Höhepunkt der Pinakothek ist die **Kreuzabnahme**, das Hauptwerk des Manieristen Rosso Fiorentino (1521), geschaffen für San Francesco: In einer überaus bewegten Szene, in der starke Farbkontraste vorherrschen, wird unter großer Anstrengung der Leichnam Christi vom Kreuz genommen. Johannes wendet sich verzweifelt vom Kreuz ab, Maria kann sich nicht allein auf den Beinen halten, ein Junge, der eine der Leitern hält, schaut mitleidig auf Maria Magdalena im flammendroten Kleid, die sich vor Maria zu Boden wirft. Weitere Hauptwerke des Museums sind Luca Signorellis *Annunciazione* (Verkündigung, 1501, entstanden für den Dom) und seine *Madonna* (1491) sowie das Tafelbild *Christus in der Glorie* des Michelangelo-Lehrers Domenico Ghirlandaio für die Benediktiner-Abtei San Giusto (1492, man beachte die Giraffe in der Karawane im Hintergrund).

TOP TIPP

Ebenfalls im Palazzo Minucci beheimatet ist das **Ecomuseo dell'Alabastro** (Mitte März–Okt. tgl. 10–17 Uhr, Nov.–Mitte März Sa, So, Fei 9–13 Uhr), das mit seiner umfangreichen Sammlung die Kunstfertigkeit und Geschichte der Alabasterverarbeitung seit den Etruskern vor Augen führt.

Der **Duomo Santa Maria Assunta** 4 an der Piazza San Giovanni wurde im frühen 12. Jh. errichtet, im 13. Jh. im Stil der Pisaner Romanik umgebaut. Der viereckige **Campanile** ersetzte 1493 einen eingestürzten Vorgänger. Im Inneren fällt zunächst die prächtige *Kassettendecke* von

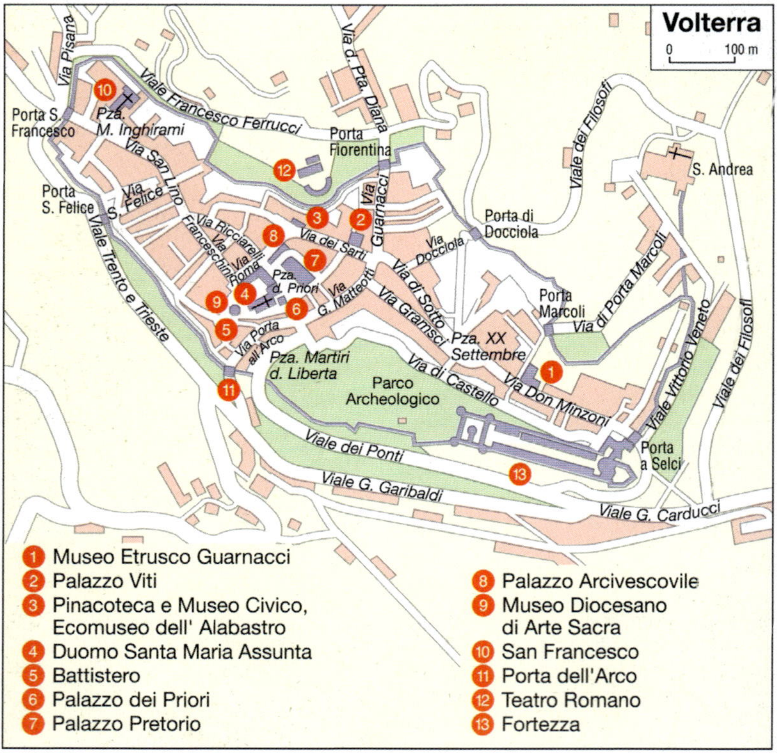

Schon Lucchino Visconti fand Gefallen an dem exquisit ausgestatteten Palazzo Viti in Volterra

Francesco Capriano (nach 1580) ins Auge. Aus der mittelalterlichen Ausstattung stammt noch die farbige Holzskulpturengruppe einer *Kreuzabnahme* (13. Jh.) in der zweiten Querschiffkapelle rechts neben dem Chor. Diese Arbeit war durch Holzwürmer so stark beschädigt, dass die Figuren zum Teil nur noch aus ihren Lackschichten bestanden. 1974 wurde sie restauriert. Die **Kanzel** im linken Seitenschiff wurde im 17. Jh. aus Reliefs zusammengesetzt, die im 12./13. Jh. in der Werkstatt des Guglielmo Pisano entstanden waren (›Opferung Isaaks‹, ›Verkündigung‹, ›Heimsuchung‹, ›Letztes Abendmahl‹).

Das oktogonale **Battistero** 5, das dem Dom gegenübersteht, stammt vom Ende des 13. Jh. (Kuppel 16. Jh.). Die mit farbigen Marmorstreifen inkrustierte Front zum Dom hin besitzt ein romanisches *Portal*, dessen Architrav mit Köpfen Christi, Mariens und der Apostel geschmückt ist. Das schöne, mit Reliefs versehene *Taufbecken* im **Inneren** schuf Andrea Sansovino 1502.

Die in ungewöhnlich harmonischer Geschlossenheit erhaltene **Piazza dei Priori** hinter dem Dom (13. Jh.) war seit dem 9. Jh. Marktplatz und später politisches Zentrum des mittelalterlichen Volterra. Der 1208–54 entstandene zinnengekrönte **Palazzo dei Priori** 6 (Mitte März–Okt. tgl. 10.30–17.30 Uhr, Nov.–Mitte März So/Fei 10–17 Uhr) an der Westseite ist das älteste Rathaus der Toskana. Mit seinem festungsartigen Äußeren – die mit wenigen Fenstern geschmückte Fassade wird von Zinnen und einem Turm bekrönt – war er Vorbild für andere toskanische Rathäuser.

Eines der spektakulärsten Bilder der italienischen Malerei: Fiorentinos ›Kreuzabnahme‹ (1521) in der Pinacoteca e Museo Civico

Einer der besterhaltenen mittelalterlichen Plätze Italiens: Volterras Piazza dei Priori

Sehenswert ist der mit Fresken des 13.–18. Jh. ausgemalte Ratssaal.

Im **Palazzo Pretorio** 7, einem Konglomerat verschiedener Gebäude, mit dem **Turm** der *Podestà* an der Ostseite, regierte bis ins 16. Jh. der Capitano del Popolo, später hatte die Florentiner Verwaltung dort ihren Sitz.

Der **Palazzo Arcivescovile** 8 an der Nordseite des Platzes war einst ein Getreidespeicher, bevor er ab 1472 zur bischöflichen Residenz umgebaut wurde.

Das **Museo Diocesano di Arte Sacra** 9 (Tel. 058 88 62 90, Mitte März–Okt. tgl. 9–13, 15–18 Uhr, Nov.–Mitte März tgl. 9–13 Uhr) in der Via Roma 13 enthält sakrale Kunstwerke aus dem Bistum Volterra (13.–17.Jh.); darunter ein Altargemälde von Rosso Fiorentino, das die *Thronende Madonna mit den beiden Johannes* zeigt (1521); eine Terrakotta-Büste von Andrea della Robbia; eine Silber-Büste des hl. Octavian von Antonio del Pollaiuolo (16. Jh.) und ein vergoldetes Bronzekruzifix von Giambologna (ebenfalls 16. Jh.).

Die Kirche **San Francesco** 10 (errichtet im 14. Jh., umgebaut im 17. Jh.) an der Piazza Marcello Inghirami besitzt einen wertvollen *Freskenzyklus*: Die 1315 angefügte Cappella della Croce di Giorno wurde von Cenni di Francesco 1410 vollständig mit der *Legende vom hl. Kreuz* (vgl. San Francesco in Arezzo, S. 159) und Szenen der Kindheit Christi ausgemalt. Die Fresken sind inspiriert von Agnolo Gaddi, dem Lehrer Cennis, der für die Apsis von Santa Croce in Florenz den gleichen Motivzyklus schuf.

Die **Porta dell'Arco** 11 im Süden ist eines der sehr seltenen erhaltenen Stadttore etruskischer Zeit. Es entstand zwischen dem 4. und 3. Jh. v. Chr., die Wölbung des Bogens wurde wohl im 1. Jh. v. Chr. unter der römischen Besatzung erneuert. Am Tor sieht man noch Reste der insgesamt 6 km langen Kyklopen-Mauern, die von den Etruskern aufgerichtet und im 15. Jh. teilerneuert wurden.

Vor der **Porta Fiorentina** erstrecken sich die Ruinen des antiken **Teatro Romano** 12. Es entstand im 1. Jh. n. Chr., Teile der Tribünen und der Bühne sind noch erhalten. Daneben liegen die Ruinen der **Thermen**. Deutlich lassen sich noch die Baderäume (Abkühlraum = *Tepidarium*, Warmwasserbad = *Caldarium* und Kaltwasserbad = *Frigidarium*) unterscheiden.

Die Burg von Volterra, die **Fortezza** 13, liegt am Viale dei Ponti und wird seit langem als Gefängnis genutzt. Die Burganlage gehört zu den schönsten der Toskana. Lorenzo de' Medici ließ sie nach 1472 um den *Torre Vecchio* aus dem 14. Jh. anlegen.

i Praktische Hinweise

Information

Ufficio Turistico, Piazza dei Priori 20, Volterra, Tel./Fax 058 88 72 57, www.volterratur.it

Feste

Volterra A. D. 1398: An zwei Wochenenden im August wird das Mittelalter wieder lebendig. Dann erleben Besucher, wie Volterra im 14. Jh. aussah.

Festival internazionale Gruppi Corali: Das Chorfestival findet an einem Samstag im September statt.

Einkaufen

Volterra ist bekannt für die Produktion und Bearbeitung von *Alabaster:* Mehrere Geschäfte in der Altstadt bieten Alabasterprodukte an.

Hotels

*****Villa Nencini**, Borgo Santo Stefano 55, Volterra, Tel. 058 88 63 86, Fax 058 88 06 01, www.villanencini.it. 14-Zimmer-Villa vor den Toren Volterras mit herrlichem Ausblick, Garten und Pool.

*****Villa Rioddi**, Strada Provinciale Monte Volterrano (2 km vom Zentrum Volterras), Rioddi, Tel. 058 88 80 53, Fax 058 88 80 74, www.hotelvillarioddi.it. Schöner Blick von der zum Hotel (Zimmer und Apartments) umgebauten Villa aus dem 15. Jh. über Volterras Hügel.

Edles Kunsthandwerk: Alabaster-Skulpturen aller Art gibt es in Volterra in vielen Läden

Restaurant

Osteria dei Poeti, Via Matteotti 55, Volterra, Tel. 058 88 60 29. Restaurant hinter dem Dom. Auf der Speisekarte findet sich alles, was sich in der Region jagen und sammeln lässt (Do geschl.).

Tragödie oder Komödie – im Teatro Romano von Volterra war für Unterhaltung gesorgt

Massa, Carrara und Provinz – Mekka der Bildhauer

In den Zwillingsstädten **Massa** und **Carrara**, zwischen Mittelmeer und Apuanischen Alpen gelegen, dreht sich das Leben seit über 2000 Jahren um den **Marmor**. Die Kirchen und Kathedralen, Prunkbauten und Paläste der Toskana hätten ein anderes Gesicht ohne die gigantischen Steinbrüche, die teils noch heute in Betrieb sind und unbedingt einen Besuch lohnen. Ein Ausflug in die ›Geisterstadt‹ **Luni** rundet die Besichtigung der Provinz ab.

24 Massa

Provinzhauptstadt mit hübscher Altstadt.

Die 65 000-Einwohner-Stadt Massa wird von den **Apuanischen Alpen** geprägt. Diesen Namen verwendete Boccaccio zum ersten Mal, um die *Gebirgskette* zu beschreiben, die sich von den Apenninen im Nordosten bis kurz vor Lucca zieht. Sie ist 60 km lang, bis 1945 m hoch und erstreckt sich über 1000 km^2 zu Füßen der Apennin-Kette entlang des Frigido. Das Zentrum der Stadt liegt etwa 6 km vom Seebad **Marina di Massa** entfernt.

Geschichte Massa wird 882 n. Chr. erstmals urkundlich erwähnt. Im 10. Jh. gehörte die Siedlung den Bischöfen von Luni, im 11. Jh. war sie Feudalbesitz der Grafen Obertenghi, die die erste Burg bauten (**Massa Vecchia**). Lange als Zankapfel zwischen Pisa und Lucca umkämpft, wurde Massa schließlich von den Visconti aus Mailand und von den Florentinern eingenommen, bis es 1442 gemeinsam mit Carrara unter die Signoria der Grafen Malaspina di Fosdinovo fiel. Ihnen folgten 1553 die Cybo Malaspina, deren berühmtester Herrscher Alberico I. d. Gr. 1568 den Titel Prinz von Massa und Carrara erhielt. 1796 marschierten die **Franzosen** ein, 1806 wurde Massa dem Fürstentum von Lucca unter Napoleons Schwester Elisa Baciocchi-Bonaparte angegliedert. 1859 erfolgte der Anschluss an das Königreich von Sardinien, später ans italienische Reich.

Besichtigung Die mittelalterliche Stadt liegt auf einem Hügel, dessen Spitze von dem alten **Castello Malaspina** (Tel. 058 54 47 74, Mai–Sept. tgl. 9.30–12.30, 16–19.30 Uhr, Okt.–April Sa 9–12, 15–18 Uhr) dominiert wird. Man kann von hier aus auf das moderne Massa und das Meer blicken. Zur Burg gehört auch der Renaissance-Palast der Malaspina. In der schlichten Kirche **San Rocco** am Ausgang der Anlage beten die Gläubigen vor einem *Holzkruzifix*, das dem jungen Michelangelo zugeschrieben wird.

Das **neue** Massa des 16. und 17. Jh. wurde auf der Ebene am Fluss Frigido von Alberico I. Cybo angelegt. Der dreistöckige **Palazzo Cybo Malaspina**, heute Sitz des Gerichtes, beherrscht die weiträumige Piazza degli Aranci. Alessandro Bergamini schuf 1701 die rot-weiße, üppig verzierte *Fassade*, Gian Francesco Bergamini hatte 1665 den *Innenhof* mit Loggia gestaltet. Der Platz wird noch heute von Orangenbäumen gesäumt, die ihm den Namen gaben. In seiner Mitte sprudelt ein **Brunnen** mit Obelisk aus dem 19. Jh.

Der Dom **Santi Pietro e Francesco** in der Via Dante stammt aus dem 14. Jh. und wurde mehrmals umgebaut. Die Fassade mit ihren beiden vorgebauten Loggien entstand 1936 aus Carrara-Marmor, das Innere ist barock. In der letzten Kapelle rechts, der ›Cappella del Santissimo Sacramento‹, kann man noch Reste eines *Madonnen-Freskos* von Pinturicchio erkennen, das *Madonnen-Triptychon* entstand in der Nachfolge Fra Filippo Lippis (beides Ende 15. Jh.). In der **Krypta** befinden sich die Grabmäler der Familie Cybo Malaspina.

Die imposanten Marmorbrüche von Colonnata bei Carrara werden seit der Antike genutzt

i Praktische Hinweise

Information

APT, Lungomare Vespucci 24, Marina di Massa, Tel. 05 85 24 00 63, Fax 05 85 86 90 16, www.aptmassacarrara.it

Einkaufen

Jeweils am ersten Samstag des Monats findet in der Via Bastione ein **Antiquitätenmarkt** statt.

Restaurant

La Ruota, im Dorf Bergiola Maggiore, 5 km nördlich von Massa, Tel. 058 54 20 30. Ein herrlicher Blick auf Stadt und Strand bietet sich von diesem gemütlichen Restaurant aus (Mo in der Nebensaison geschl.).

Thermalbad

5 km nordöstlich von Massa befindet sich der Thermalkurort **San Carlo Terme** (Tel. 05 85 47 70 34). Hier entspringt die *Fonte Aurelia*, mineralreiches Trinkwasser für Magen- und Nierenbeschwerden. Saison ist von Mai bis September.

25 Carrara

Rohstofflieferant für Genies: Die wohl berühmteste Marmorstadt der Welt mit sehenswertem Dom.

Schon die Römer ließen bei Carrara von Sklaven Marmor aus den Bergen herausbrechen. Seit etwa 70 v. Chr. handelten sie mit dem wertvollen Kalkstein. Kunstwerke wie die Trajans-Säule in Rom und der Apoll von Belvedere im Vatikanischen Museum wurden aus Carrara-Marmor geschlagen.

Zum ersten Mal urkundlich erwähnt wurde die Stadt im Jahre 963, als der deutsche Kaiser Otto I. sie den Bischöfen von Luni vermachte. Später wurde Carrara von den Pisanern eingenommen, die die Marmorbrüche, die zwischenzeitlich stillgelegen hatten, wieder aktivierten. Nach 1322 wurde Carrara von Lucca, Genua und Mailand erobert, bis es 1442 gemeinsam mit Massa von den Marchesi Malaspina di Fosdinovo eingenommen wurde, denen 1553 die Cybo Malaspina folgten. Von nun an verlief die Geschichte parallel zu derjenigen ihrer Schwesterstadt. Heute ist Carrara mit seinen 70 000 Einwohnern eine vorwiegend von Handel und Industrie geprägte Stadt.

Das wichtigste Bauwerk Carraras ist der **Dom** mit zweifarbiger *Marmorfassade* aus dem 11.–14. Jh., die sich im Untergeschoss am romanisch-pisanischen Stil orientiert, im Obergeschoss mit Zwerchgalerie und zentraler Fensterrose zu frühgotischen Formen übergeht. Wunderschön ist das *Hauptportal* aus dem 11./12. Jh.: Auf dem Türsturz und in der Lünettenrahmung erkennt man Tiere und Blattornamente nach lombardischer Art, ein zweiter Architrav darüber ist mit Blattwerk-Relief verziert. Das schlichtere *Seitenportal* (12. Jh.) besticht durch eine Lünettenrahmung mit plastischen Akanthus-Verzierungen. Auch die *Säulenkapitelle* im dreischiffigen Inneren zeigen bemerkenswerte Tier- und Jagddarstellungen. Von der reichen Ausstattung sind besonders sehenswert: Das *Grabmal des hl. Ceccardo* (Bischof von Luni) aus dem 15. Jh. und eine *Verkündigungsgruppe* aus dem 14. Jh. im rechten Seitenschiff. Die kostbare *Kanzel* aus vielfarbigem Marmor ist ein Werk von Domenico del Sarto und Maestro Nicodemi (16. Jh.).

Das angrenzende **Battistero** ist mit einem hektagonalen *Taufbecken* ausgestattet (1527), das aus einem einzigen Marmorblock geschlagen wurde.

Rechts vom Dom gelangt man auf einen Platz mit einem außergewöhnlichen **Brunnen**: Baccio Bandinelli stellte den Admiral Andrea Doria in der Gestalt des Meeresgottes Neptun dar (16. Jh., unvollendet).

Die *Piazza Alberica*, auf die man durch die Via Ghibellina gelangt, wird von Barockpalästen eingerahmt. In der Via Roma 1 befindet sich der im 16. Jh. über eine

Das ›weiße Gold‹ der Bildhauer

Pietrasanta, 18. April 1518

»Die Boote, die ich in Pisa mietete, sind nicht angekommen. Ich glaube, dass ich wohl angeführt worden bin, und so geht es mir in allen Dingen. Oh, tausendmal verflucht der Tag und die Stunde, an dem ich von Carrara wegging! Dies ist die Ursache meines Untergangs; aber bald werde ich dorthin zurückkehren.«

Michelangelo Buonarroti in einem Brief an seinen Bruder in Florenz

Wer die geschäftige Industrie- und Handelsstadt Carrara heute betrachtet, wird sich fragen, warum Michelangelo Buonarroti, dem doch die Salons des Papstes in Rom und der Herrscher von Florenz offen standen, sich ausgerechnet nach Carrara sehnte.

Die Antwort liegt am Horizont. Bei klarem Himmel sieht man noch heute, was der Bildhauer Michelangelo 1518 von Carrara aus gesehen haben musste: Was dort oben in den Apuanischen Alpen wie Schnee in der Sonne glitzert, ist Marmor. Es ist mehr als nur ein Stein, es ist das Elixir, das einzig mögliche Material der Bildhauer der Renaissance, um ihre Meisterschaft auszudrücken: für Michelangelos ›David‹ in Florenz ebenso wie für Nicola Pisanos Kanzeln oder die ›Ilaria‹ in Lucca. Wenn es in der Kunstgeschichte der Toskana einen Ort gibt, der allen anderen Städten der Region seinen ›Stempel‹ aufdrückte, einen Platz, den alle Baumeister und Bildhauer verehrten, dann ist es das Gebiet von Massa und Carrara mit seinen Marmorbrüchen, die schon in der Antike bekannt waren. Michelangelo liebte die Marmorbrüche, in denen er hart geschuftet hat, um Blöcke aus »reinstem Statuario« zu suchen, aus denen er seine Kunstwerke schaffen wollte. Wie schwierig diese Aufgabe war, lässt sich aus einem Brief ablesen, den er am 2. Mai 1517 schrieb. »Ich habe viele Marmorblöcke in Auftrag gegeben und da und dort Geld gezahlt und an verschiedenen Stellen zu brechen begonnen. Doch an manchem Ort, wo ich Geld ausgegeben habe, sind die Marmorblöcke nicht nach meinem Sinn ausgefallen, denn es ist eine trügerische Sache mit ihnen und am meisten mit diesen großen Blöcken, wie ich sie brauche, und weil ich will, dass sie so schön sind, wie ich sie gern habe. Bei einem Block, den ich schon hatte behauen lassen, bin ich in der Richtung auf den Berg hin auf Fehler gestoßen, die man nicht voraussehen konnte, sodass mir zwei Säulen, die ich daraus machen wollte, nicht geraten und ich die Hälfte des Geldes hinausgeworfen habe.«

Carrara-Marmor

Mehr als **300 Marmorbrüche** sind derzeit rund um Carrara bis zu einer Höhe von 1000 m in Betrieb, etwa 1000 wurden bereits stillgelegt. Michelangelo ließ den Marmor noch in Handarbeit brechen und auf eingeseiften Holzschienen transportieren. Heute werden eine Million Tonnen Marmor pro Jahr mit elektrischen **Spiraldrahtsägen** aus dem Berg herausgeschnitten und mit Lastwagen nach Carrara gebracht. Die erste Bearbeitung erhält der Marmor in den sog. **Opifici**. Die hoch spezialisierten Handwerker aus Carrara bearbeiten inzwischen auch Marmor, der aus Südamerika importiert wird. Steinmetzen können ihr Handwerk in der ›**Scuola del Marmo**‹ in Carrara lernen. In der ›Accademia di Belle Arti‹ werden Bildhauer ausgebildet.

Die edelste der Marmorsorten ist der ›**Statuario**‹, der besonders reine, weiße Marmor mit der feinen Blässe aus dem Monte Altissimo, dem höchsten Berg der Apuanischen Alpen. Die häufigsten anderen Marmorsorten sind der weiße ›Bianco Chiaro Ordinario‹, der cremefarbene ›Bianco Porcellano‹ und ›Il Bardiglio‹, der hellgraublaue Marmor. ›Il Paonazzo‹ ist gelb mit schwarzen oder violetten Flecken, ›Il Fior di Pesco‹ pfirsichfarben, ›Il Cipollino Apuano‹ grünlich, ›La Breccia Medicea‹ orangefarben.

mittelalterliche Burg gebaute **Palazzo Cybo Malaspina** (Besichtigung mit Führung, Tel. 058 57 16 58), heute Sitz der *Accademia di Belle Arti* mit Pinakothek, Gipsothek und Bildhauerschule. Im Hof ist ein *römischer Altar* aus dem Marmorbruch Fantiscritti ausgestellt. Berühmte Besucher wie Giambologna (1598) und Canova (1800) ritzten ihre Namen in den Stein.

Die größten **Marmorbrüche** sind die seit der Antike genutzten *Cave di Colonnata* auf 532 m Höhe, rund 8,5 km von Carrara entfernt. Man erreicht das Dorf **Colonnata**, indem man Carrara im Osten auf der Via Codena verlässt und dann über Bedizzano am Canale di Colonnata entlangfährt. Der weitere Weg ist ausgeschildert. Marmorbergleute sind noch tätig rund um die *Cave di Fantiscritti* auf 450 m Höhe etwa 4 km vor Carrara. Über die Via Colonnata, die am Fluss Carrione entlangführt, gelangt man zu diesem berühmten Marmorbruch. Der Weg ist ausgeschildert.

Fährt man auf der Via Aurelia Richtung Norden, so zweigt links in der Ortschaft Piazza Grande eine Straße nach **Luni** ab. Die 177 v. Chr. gegründete römische Kolonie war vom 5. Jh. bis 1204 Bischofssitz, danach wurde die Kurie nach Sarzana verlegt und die Stadt verfiel. Heute kann man hier die Ruinen des *römischen Amphitheaters*, das 6000 Zuschauern Platz bot, sowie Reste des Forums und zweier Tempel besichtigen. Im *Museo Archeologico* (Di–So 9–19 Uhr) wird das Fundmaterial von den Ausgrabungen gezeigt.

i Praktische Hinweise

Information

Ufficio Informazioni, Viale XX. Settembre, Carrara, Loc. Stadio, Tel./Fax 05 85 84 41 36, www.aptmassacarrara.it

Restaurant

Ninan, Via Lorenzo Bartolini 3. Carrara, Tel. 058 57 47 41. Exzellentes Fischrestaurant mit gutem Preis-Leistungs-Verhältnis. Spezialitäten des Hauses sind: *Scampi in padella*, Scampi aus der Pfanne, und *Gnocchi ripieni di frutti di mare*, mit Meeresfrüchten gefüllte Kartoffelklößchen.

Lucca und Provinz – Kleinod der Renaissance

Lucca ist mit ihrem prächtigen Dom San Martino, schönen Stadttürmen und großartigen Museen die wohl reizvollste Provinzhauptstadt der Toskana. Neben der Besichtigung der zahlreichen Kunstschätze in der ummauerten Stadt sind Ausflüge in die **Patriziervillen** der Umgebung und nach Torre del Lago zum ›Puccini‹-Haus am Massaciúccoli-See empfehlenswert, aber auch Wanderungen in die fruchtbare **Garfagnana** oder Badeausflüge zu den beliebten feinen **Sandstränden** der Versilia.

26 Lucca

Plan Seite 112/113

Verträumtes Kleinod hinter Mauern.

Es liegt an der **Mauer**; es liegt daran, dass man die Stadt betritt, nachdem man eines der **Tore** durchschritt wie seit Jahrhunderten alle Besucher, dass man meint, Lucca erschließe sich wie ein offenes Buch. Die Mauer scheint die Moderne auszusperren. Dem Besucher präsentiert sich eine **mittelalterliche Stadt**, die sich

in ein **Renaissance-Kleinod** umzugestalten wusste. Eine Reise zurück in die Zeit ist in Lucca leicht. Die Stadt ist genau so, wie man sich eine toskanische Stadt eigentlich immer vorstellte, jedoch erscheint sie zunächst eher unspektakulär, gemessen an dem nur 25 km entfernten Pisa mit dem ›Platz der Wunder‹.

Gleichwohl hat auch Lucca seine Wunder. Einem von ihnen begegnet man im Dom der Stadt. Er birgt den bedeutendsten Kirchenschatz der Stadt, das Holzkreuz **Volto Santo**, das im Mittelalter die Darstellungen des Gekreuzigten in ganz Europa beeinflusste.

Der **Legende** nach soll im 8. Jh. eine hölzerne Christusstatue in einem unbemannten Boot an den Strand von Luni und von dort in einem führerlosen Ochsenkarren nach Lucca gelangt sein, wo sie schon bald als ›Heiliges Antlitz‹ verehrt und – auf lucchesischen Münzen geprägt – auch im Ausland bekannt wurde. Die Gläubigen waren davon überzeugt, dass die Statue vom hl. Nikodemus, dem Mann, der Christus mit Joseph von Arimathia ins Grab niederlegte, aus einer Libanonzeder gefertigt worden sei. Für das Meisterwerk der Schnitzkunst, das wohl aus dem 11. Jh. stammt, ließ sich die Stadt 1484 ein *achteckiges Tempelchen* im Dom errichten.

Der Christus des Volto Santo mit den Mandelaugen trägt eine beinahe bodenlange Tunika (›Columbium‹). Aufgrund des langärmeligen Gewandes und des schmalen, zarten Gesichtes wurde die Figur in vielen Regionen als Abbild eines jungen Mädchens gedeutet. Der Bart soll der Jungfrau – einer weiteren Legende zufolge – gewachsen sein, als sie sich standhaft weigerte, einer unliebsamen Verehelichung zuzustimmen – dafür musste sie am Kreuz büßen. Ende des 19. Jh. wusste in Nordeuropa niemand mehr, wo das Original der überall verehrten gekreuzigten Jungfrau aufbewahrt wurde, und Lucca gelangte nicht – wie andere Städte – als Hort einer wunder-

Von der Aussichtsplattform des Torre Guinigi liegt einem ganz Lucca zu Füßen

tätigen Reliquie zu Ruhm – es blieb ein geruhsames Pflaster. Auch heute noch genießt die Stadt mit ihren ruhigen Gassen und einladenden Straßencafés eher den Ruf eines Ortes, der zum Ausruhen und zum Genuss toskanischer Lebensart einlädt, als den einer historischen Stätte. Dabei ist in Lucca jener 13. September 1325 unvergessen, als nach einem glänzenden Sieg über die Florentiner Truppen der Luccheser Feldherr Castruccio Castracane die Chance hatte, die große Rivalin Florenz zu unterwerfen.

Geschichte ›Luk‹ ist ein keltisch-ligurisches Wort und heißt **Sumpfland**. Lucca war eine ligurische Siedlung, die im 5. Jh. v. Chr. von den **Etruskern** erobert und später römische Kolonie wurde. Im Jahr 89 v. Chr. bekam Lucca von Rom das Municipialrecht, konnte sich also selbst verwalten. Die runde Form der heutigen Piazza del Mercato weist noch auf diese Zeit hin: Hier stand einst ein römisches Amphitheater. Auch unter der Herrschaft der **Goten** blieb Lucca ein wichtiges Handelszentrum, die **Langobarden** wählten die Stadt zur Hauptstadt Tuscias. Genau wie Pisa nahm Lucca am ersten Kreuzzug teil und erklärte sich 1119 zur Freien Stadt. Unter dem Söldnerführer Castruccio Castracane galten ihre Truppen als die stärksten der Toskana. Doch nach dem Tod Castracanes wurde Lucca von **Parma** erobert, später von **Pisa**. Erst 1369 erkämpften die Bürger ihre Freiheit zurück und erklärten ihre Stadt zur Republik. Von 1400 bis 1430 regierte Paolo Guinigi. Seine junge Braut Ilaria ist im Dom verewigt.

Lucca verteidigte seine Unabhängigkeit bis 1799, als die **Österreicher** einfielen. Napoleon machte 1805 aus dem hübschen Städtchen ein **Fürstentum** für seine Schwester Elisa Baciocchi. 1817 fiel Lucca unter die Herrschaft der Bourbonen von Parma. 1847 vereinigte sich die Stadt mit dem Großherzogtum Toskana und wurde 1860 Mitglied des Königreiches Italien. 1858 wurde *Giacomo Puccini* in Lucca geboren. Heute hat die Stadt 90 000

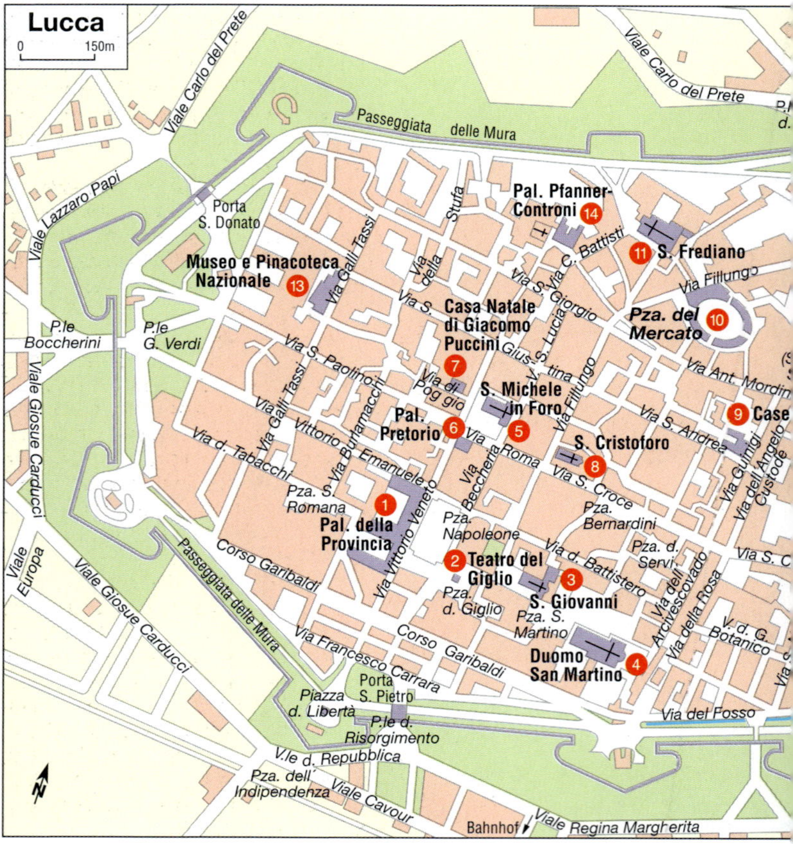

Einwohner und ist für die edle Stoffproduktion – *Seide* – bekannt. Die Provinz ist der größte *Olivenöl*-Produzent der Toskana.

Südliche Altstadt

Zum Schutz gegen Feinde wurde im 16. Jh. die von den Römern gebaute **Stadtmauer** verstärkt: In hundert Jahren Bauzeit entstand die 4,2 km lange Mauer, die noch heute den Stadtkern umgibt. Das Bollwerk mit 126 Kanonen wurde allerdings nie gebraucht. Die Stadtmauer erwies sich auch als nützlich zum Schutz gegen Überschwemmungen des Flusses Serchio. 1812 etwa stieg das Wasser so hoch, dass Lucca beinahe untergegangen wäre. Doch dank des ›Deiches‹ blieb die Innenstadt trocken. Ende des 19. Jh. wurde die Mauer bepflanzt: Heute führt eine romantische **Allee** rund um die Stadt.

Die Besichtigung beginnt in der Regel an der *Piazza Napoleone*, die bereits Teil der Fußgängerzone ist. Kein schlechter Auftakt, denn Lucca erkundet man am besten zu Fuß. Im Westen dieses Platzes

erhebt sich der mächtige **Palazzo della Provincia** ① (1578–1820). An dieser Stelle hatte bereits Castruccio Castracane ab 1322 seine *Fortezza Augusta* errichten lassen, die später von Luccheser Patriziern als Steinbruch verwendet wurde. An gleicher Stelle entstand nach 1400 der Palast des Paolo Guinigi, der 1576 bei einer Explosion des Pulvermagazins zerstört wurde. In dem heutigen Bau, der von *Bartolomeo Ammanati* begonnen wurde, residierte ab 1805 Napoleons Schwester Elisa Baciocchi.

Im Südosten schließt sich die *Piazza del Giglio* mit dem **Teatro del Giglio** ② an. Von hier aus erreicht man über die Via del Duomo zunächst die Chiesa **San Giovanni** ③ mit einem herrlichen romanischen Portal aus dem 12. Jh. – innen wurde die Kirche im 17. Jh. umgebaut –, dann folgt der Domplatz, *Piazza San Martino*.

Der **Duomo San Martino** ④ soll im 6. Jh. vom hl. Frediano gegründet worden sein. Unter den Franken wurde der Dom dem hl. Martin geweiht. Auf Wunsch des damaligen Bischofs Anselmo da Baggio, der später als Papst Alexander II. in die Geschichte einging, wurde die Kirche im 11. und 12. Jh. romanisch umgebaut, ab 1372 an den Seitenwänden (Scheinemporen, Wandaufriss) gotisch erneuert. Mathilde von Canossa war 1070 Ehrengast der Einweihungszeremonie.

Der sechsgeschossige **Campanile** mit den Arkaden, die sich nach oben hin erweitern, stammt aus dem frühen 13. Jh. und wurde im Umland häufig kopiert. An den Glockenturm schließt sich der **Bischofspalast** an.

Der älteste noch erhaltene Teil des Domes ist die vierzonige **Fassade** (1204). Unten in der Vorhalle entsprechen wuchtige Arkaden den drei Portalen, über die sich drei Loggiengeschosse mit elegant ornamentierten Säulchen erheben. Die Fassade stammt vermutlich von dem Baumeister *Guidetto da Como*, der sich an der Bauweise der Pisaner Domschule orientierte. Wer die Fassade genauer betrachtet, bemerkt, dass die rechte Arkade schmäler ist als die beiden anderen. Die Fassade sieht aus, als habe der angrenzende 69 m hohe Glockenturm einen Teil von ihr ›verschluckt‹. Außerdem ist sie unfertig: Eigentlich war noch eine vierte Säulenreihe (wie in der Kirche San Michele) geplant. Beachtenswert sind die beiden Blendsäulen: Die rechte ist mit Blattwerk geschmückt, die linke zeigt den ›Stammbaum Christi‹.

Elegante Loggiengeschosse mit ornamentierten Säulen zieren die Fassade des Doms San Martino

Die mächtige **Vorhalle** wurde 1233–57 von Guido Bigarelli aus Como und anderen lombardischen Künstlern sowie 1260–70 von Nicola Pisano mit **Reliefs** ausgestattet, die zu den Hauptwerken der romanischen Bildhauerei gehören. Das rechte Portal schildert im Tympanon die *Enthauptung des hl. Regulus*, im Türsturz die *Disputation des hl. Martin mit den Arianern*. Das Tympanon des mittleren Portals füllt ein *Christus in der Mandorla*, im Türsturz erkennt man *Maria und Apostel*. Von Nicola Pisano stammen im linken Portal sowohl die *Kreuzabnahme* im Tympanon als auch die Szenen *Verkündigung*, *Christi Geburt* und *Anbetung der Könige* im Türsturz. Zwischen den Portalen sieht man vier Szenen aus dem Leben des hl. Martin sowie eine Darstellung der zwölf Monate.

Das gotische **Innere** des Doms zeigt eine dreischiffige Anlage mit einem doppelschiffigen Querhaus und zweizonigem Wandaufbau im Langhaus: Rundbogige Arkaden ruhen auf Pfeilern mit vorgelegten Pilastern, darüber erkennt man Scheinemporen. Gleich am Eingang rechts erhebt sich eine *Reitergruppe*, die ursprünglich an der Außenfassade stand. Die vollplastische Skulptur von vermutlich pisanischen Künstlern des 13. Jh. stellt den hl. Martin zu Pferde dar, kurz bevor er seinen Mantel mit dem Armen teilt. In der Entwicklung der Freiplastik ist die Reitergruppe eines der wichtigsten Denkmäler.

Im linken Querschiff, nahe am Seitenausgang, befindet sich eines der ersten Grabmäler der Frührenaissance, das

TOP TIPP

berühmte **Grabmal der Ilaria del Caretto** von 1408, der zweiten Frau des lucchesischen Adligen Paolo Guinigi. Ilaria starb im Jahr 1405 erst 19-jährig im Kindbett. Der Bildhauer *Jacopo della Quercia* arbeitete mit feinstem Carrara-Marmor. Das Porträt ist ungewöhnlich realistisch: Ilaria, in der Mode ihrer Zeit gekleidet, scheint zu schlafen, ihr weiblicher Körper zeichnet sich deutlich unter dem Gewand ab, ein kleiner Hund – laut Vasari ein Zeichen ehelicher Treue – wacht zu ihren Füßen. Auf der Schauseite spielen Putten mit einer Blumengirlande.

In der Mitte des linken Seitenschiffs ist der achteckige **Tempietto del Volto Santo** von Matteo Civitali (1484) zu sehen, in dem das berühmte *Holzkruzifix* aus dem 11. Jh. aufbewahrt wird. Civitali schuf auch die beiden *Weihwasserbecken* am Eingang des Domes sowie die **Kanzel** vor der Sakristei. Der Fußboden des Mittelschiffes enthält die Marmorintarsia *Das Urteil Salomons* aus dem 15. Jh. Aus der weiteren reichen Ausstattung des Domes seien darüber hinaus noch die schöne *Madonna mit Heiligen* von Domenico Ghirlandaio in der **Sakristei** (2. Hälfte 15. Jh.) sowie *Das letzte Abendmahl* (1590/91) des venezianischen Malers Jacopo Robusti, genannt Tintoretto, am dritten Altar rechts erwähnt.

Im Zentrum der Altstadt

Ebenso eindrucksvoll wie am Dom wirkt die Fassadengestaltung von **San Michele in Foro** 5 auf dem gleichnamigen Marktplatz: Die Kirche ist eines der besterhaltenen und prächtigsten romanischen Monumente der Toskana und wurde im 14. und 15. Jh. als Versammlungsort des Bürgerrates genutzt. An Stelle des antiken Forumstempels war im 8. Jh. eine erste Kirche gegründet worden. Der Neubau entstand zwischen 1027 und 1200. Die von einem kolossalen Erzengel gekrönte marmorinkrustierte **Fassade** mit ihrer vierstöckigen Loggia in lucchesisch-pisanischem Stil auf eleganten, unterschiedlich verzierten Säulchen wird wie die Fassade des Domes *Guidetto da Como* zugeschrieben. Aber im Vergleich zur Domfassade ist die Dekoration reicher und verspielter. Die Strahlenkranzmadonna am rechten Eckpfeiler fügte Matteo Civitali im späten 15. Jh. hinzu.

Das dreischiffige *Innere* der Kirche präsentiert sich heute wieder schlicht, die barocken Zutaten wurden (bis auf die Seitenaltäre) wieder entfernt. Die erst 1512 eingezogenen Gewölbe blieben jedoch erhalten. Ursprünglich war die Basilika noch höher und flach gedeckt. Der auffälligste Ausstattungsschatz ist das hölzerne, flach modellierte *Triumphkreuz* eines einheimischen Künstlers (um 1230) am Hauptaltar. Wunderschön ist auch die Altartafel in brillanten Farben von *Filippino Lippi* an der Wand des rechten Querhauses: *Die Heiligen Rochus, Sebastian, Hieronymus und Helena* (um 1480).

Der Platz vor der Kirche San Michele wird von restaurierten *Kaufmannshäusern* des 12. und 13. Jh. eingerahmt. Auf der Südseite erhebt sich der **Palazzo Pretorio** 6, der im 15. und 16. Jh. als Sitz der Ratsversammlung von der Luccheser Künstlerfamilie *Civitali* errichtet wurde.

An dem kleinen Platz *Corte San Lorenzo* 9, an der Via di Poggio, die im Westen von der Piazza San Michele abzweigt, liegt die **Casa Natale di Giacomo Puccini** 7 (Tel. 05 83 46 92 25, www.casanatalepuccini.it, derzeit geschlossen, die Wiedereröffnung ist für 2008 geplant) aus dem 15. Jh. Puccinis Geburtshaus wurde in ein kleines Museum mit Erinnerungsstücken des Meisters, darunter sein Klavier, umgewandelt.

Ein Höhepunkt der Bildhauerkunst: Grabmal der Ilaria del Caretto im Duomo San Martino

Das hölzerne Kruzifix ›Volto Santo‹ im Dom ist der bedeutendste Kirchenschatz der Stadt

Im Osten der Piazza San Michele in Foro führt die Via Roma auf die **Via Fillungo**, die wichtigste *Einkaufsstraße* der Stadt mit wunderschönen alten Ladenfassaden.

Wenn man nach links abbiegt, sieht man rechts die Kirche **San Cristoforo** 8, erbaut von der Zunft der Tuchhändler (an der Fassade erkennt man Maßeinheiten), etwas weiter links (Hausnr. 43) den ausgebauten Wohnturm des 13. Jh., die **Casa Barletti-Baroni**. Gegenüber steht der Uhrenturm aus dem 13. Jh., **Torre delle Ore**, von dem aus den Bürgern Luccas bis 1457 die Stunde geschlagen wurde. 130 Türme zählte Lucca im Mittelalter.

Den schönsten noch erhaltenen Turm erreicht man, wenn man rechts in die Via S. Andrea einbiegt und bis zur *Via Guinigi* geht: An dieser Ecke befinden sich die **Case Guinigi** 9, mehrere *Palazzi* und *Torri* der vornehmen Familie Guinigi, die im 14./15. Jh. das Stadtviertel beherrschte. Auf dem **Torre Guinigi** (Tel. 05 83 31 68 46, Juni–Sept. tgl. 9–20 Uhr, Okt. tgl. 10–18 Uhr, Nov.–Mai tgl. 9–17 Uhr) wachsen seit dem 15. Jh. Steineichen. 230 Stufen führen zur obersten Aussichtsterrasse und zum schönsten Blick auf die Stadt.

Nördliche Altstadt

Von der Via Guinigi aus geht man nur noch hundert Meter links bis zur romantischen **Piazza del Mercato** 10: An dieser Stelle lag das *Römische Amphitheater* aus dem 2. Jh. n. Chr., dessen Struktur der Architekt *Lorenzo Nottolini* 1830 freilegte. Er ließ jene Häuser an der Piazza, die auf den Fundamenten des römischen Amphitheaters erbaut wurden, stehen, die anderen, die im Inneren des Platzes errichtet waren, riss er ab und ahmte so die ovale Form des Theaters nach. Reste der römischen Anlage lassen sich noch erkennen.

TOP TIPP

Die Kirche **San Frediano** 11 nahe dem Amphitheater entstand zwischen 1105 und 1147 (Umbauten bis ins 15. Jh.). Die schlichte Fassade, die sich vom pisa-

nischen Stil distanziert, wurde 1230 mit einem **Mosaik** im byzantinischen Stil verziert (im 19. Jh. stark restauriert), das die *Himmelfahrt Christi* darstellt: ein Fassadenelement, das ansonsten in der Toskana nur an San Miniato al Monte in Florenz zu finden ist. Das dreischiffige Innere mit hohem offenem Dachstuhl wirkt überaus monumental und durch die großen offenen Seitenkapellen beinahe fünfschiffig. Sehr schön sind die antiken und antikisierenden *Komposit-Kapitelle*. Das romanische *Taufbecken* in der ersten Seitenschiffkapelle rechts, an dem verschiedene Künstler des 12. Jh. arbeiteten, gehört zu den schönsten seiner Art. Was die Reliefs im Einzelnen darstellen, ist nicht überliefert, viele Kunsthistoriker zweifeln heute an der Interpretation, dass es sich um das Leben Moses handele. Die vierte Kapelle des linken Seitenschiffs, die **Cappella Trenta** (benannt nach dem Stifter Lorenzo Trenta), birgt ein 1422 signiertes, gotisches *Madonnen-Retabel* von Jacopo della Quercia. Unter dem Altartisch steht ein römischer *Sarkophag*, der die Gebeine des 720 in Lucca verstorbenen Rompilgers Richard enthält: angelsächsischer

Links: *Vom Amphitheater zum Marktplatz – die Piazza del Mercato von Lucca*
Unten: *Das prächtige Mosaik der ›Himmelfahrt Christi‹ ist reizvoller Blickfang der Fassade von San Frediano*

Blumige Aussichten – der reich mit Skulpturen und romantischem Beiwerk gestaltete Garten des Palazzo Pfanner-Controni zeugt vom Lebensstil seiner früheren Bewohner

König und Vater der drei Heiligen Willibald, Winnibald und Walburga. Die zweite Kapelle des linken Seitenschiffs ist die des heiligen Augustinus. Hier sind Fresken von Amico Aspertini (1508/09) zu sehen, die den Transport des *Volto Santo* von Luni nach Lucca zeigen.

Ein einzigartiges Erlebnis verspricht der Besuch des **Museo Nazionale di Villa Guinigi** ⓬ (Tel. 05 83 49 60 33, Di–Sa 9–19 Uhr, So 9–13 Uhr) in der Via della Quarquonia. In der herrlichen Villa mit Front- und Gartenloggia, ab 1418–20 als (damals vor den Mauern gelegener) Sommerpalast für Paolo Guinigi errichtet, wurde ein ausgezeichnetes Museum eingerichtet. In der Nordloggia befinden sich Säulen der Fassade von San Michele in Foro, den Garten schmücken verschiedenste Skulpturen, im Erdgeschoss sind römische Fragmente, etruskische Grabfunde und Plastiken des 12.–16. Jh. zu sehen, im Obergeschoss ist eine *Pinakothek* mit Gemälden des 12.–19. Jh. zu besichtigen.

Die bedeutendere Gemäldesammlung befindet sich im **Museo e Pinacoteca Nazionale** ⓭ (Tel. 058 35 55 70, Di–Sa 8.30–18.30 Uhr, So 8.30–13.30 Uhr) des restaurierten *Palazzo Mansi* (16.–18. Jh.) in der Via Galli Tassi 43 im Westen der Stadt. Der außen schlichte Palast wurde innen im 18. Jh. überaus prunkvoll ausgestattet: Der *Ballsaal* und das *Brautgemach* im Rokokostil gehören zu den schönsten ihrer Art in der Toskana. In der Pinakothek sind neben römischen und prähistorischen Fundstücken Bilder von Palma Il Giovane, Guido Reni, Domenico Beccafumi, Pontormo, Justus Sustermans, Andrea del Sarto u. a. ausgestellt. Das Ölbild *Petrus vor dem Dogen* von Paolo Veronese ist leider so stark nachgedunkelt, dass sich kaum etwas erkennen lässt. Interessant sind auch das *Selbstporträt* von Federico Zuccari und ein Bild, das die Befreiung eines Sklaven durch den hl. Markus zeigt: Es handelt sich um die Kopie eines berühmten Werkes von Tintoretto.

Einen interessanten Besuch verspricht der **Palazzo Pfanner-Controni** ⓮ in der Via San Sebastiano (nahe der Piazza Sant' Agostino): ein prächtiger Bau aus dem 17. Jh. mit Prunktreppe auf Pilastern und Säulen sowie einem verwunschenen Garten mit einem achteckigen Wasserbecken und einer kleinen Zitronenplantage. Das erste Stockwerk ist als **Museum** (Mai–Sept. tgl. 10–18 Uhr) hergerichtet. Es sind u. a. mittelalterliche Fresken, verschiedene Salons und auch die alte Palastküche zu besichtigen.

Auf der Piazza vor dem Palazzo Pfanner steht die kleine Klosterkirche **Sant' Agostino** (14. Jh.), an deren Stelle sich einst das *griechische Theater* von Lucca befand. Zwei Arkaden des antiken Theaters sind heute im Untergeschoss des Turmes zu erkennen.

i Praktische Hinweise

Information

APT, Piazza Santa Maria 35, Lucca Tel. 05 83 91 99 31, Fax 05 83 46 99 64, www.luccaturismo.it

Stadtfest

Santa Croce am 13. September

Einkaufen

An jedem dritten Sonntag im Monat findet auf der Piazza San Martino ein **Antiquitätenmarkt** statt. Lucca ist zudem seit dem späten Mittelalter bekannt für seine **Textilien-Produktion**. In der Stadt findet man edle Stoffe für Möbelbezüge.

Luisa Raffaelli, Via Corte Gianni 10, Lucca. Handgewebte Stoffe in Rohseide, hergestellt nach derselben Technik wie vor 500 Jahren, in 86 Farbkombinationen.

Juwelier Carli, Via Fillungo 95, Lucca. Ältester Juwelier der Stadt, bekannt für seine antiken Schmuckstücke.

La Bottega di Mamma Ro, Piazza Anfiteatro 5, Lucca, Tel. 05 83 49 26 07, www.mammaro.com. Originelle Keramik.

Hotels

TOP TIPP ****Alla Corte degli Angeli, Via degli Angeli 23, Lucca, Tel. 05 83 46 92 04, Fax 05 83 99 19 89, www.allacortedegliangeli.com. Kleines Hotelparadies im Herzen der Altstadt: Sechs sehr charmante, als individuelle stilvolle Kompositionen gestaltete Zimmer, eine Suite.

****Villa La Principessa**, Massa Pisana, Tel. 05 83 37 00 37, Fax 05 83 37 91 36, www.hotelprincipessa. com. Etwa 4 km vor Lucca an der Staatsstraße 12 in Richtung Pisa liegt das wohl feudalste Hotel der Umgebung. Die Villa aus dem 19. Jh. war Residenz der Napoleon-Schwester Fürstin Elisa Baciocchi. Heute lockt in dem umgebenden Park ein schöner Swimmingpool. Gehobene Preisklasse.

***Villa Casanova**, Balbano, Nozzano, Tel. 05 83 54 84 29, Fax 05 83 36 89 55. Wenn man von Lucca in Richtung Viareggio (Staatsstraße 439) fährt und nach etwa 4 km gleich hinter der kleinen

Originales und Originelles findet sich auf dem beliebten Antiquitätenmarkt von Lucca

Brücke links abbiegt, erreicht man nach etwa 10 km diese Villa aus dem 18. Jh. mit schöner Aussicht, Tennisplatz und Schwimmbad. Die großen Zimmer sind mit Antiquitäten eingerichtet. Lucchesische Spezialitäten werden im Restaurant serviert. Einfache, relativ preisgünstige Unterkunft (Nov.–Febr. geschl.).

La Romea, Vicolo delle Ventaglie 2, Lucca, Tel. 05 83 46 41 75, Fax 05 83 47 12 80, www.laromea.com. Fünf wunderschöne Zimmer im ersten Stock eines antiken Palazzo (Bed & Breakfast).

Restaurants

Buca di Sant'Antonio, Via della Cervia 3, Lucca, Tel. 058 35 58 81, www.bucadisantantonio.com. Hier stehen rustikale Spezialitäten wie *Minestra di farro e fagioli* (Zweikorn-Bohnensuppe) oder *Capretto Garfagnano* (Zicklein der Garfagna am Spieß) auf der Speisekarte. Weintipp: Weißwein *Greco delle Colline Lucchese* (So/Mo und eine Woche im Juli geschl.).

Rechts: *Ruhe vor dem Ansturm badebegeisterter Urlauber – nur in der Vorsaison bleiben die bunten Liegestühle und Sonnenschirme am Strand von Viareggio noch ungenutzt*
Unten: *Eine Saison für sich erlebt Viareggio zum Karneval, der wegen seiner üppigen und großen Wagen weithin berühmt ist*

TOP TIPP **Villa Bongi**, Via di Cocombola 640, Montuolo/Lucca, Tel. 05 83 51 04 79, www.villabongi.it. Man fährt von Lucca etwa 2 km in Richtung Viareggio (Straße 439) und biegt am Wegweiser vor der kleinen Brücke nach links ab. Die einsam gelegene Villa aus dem 17. Jh. mit ihrem herrlichen Garten und einer wunderbaren Aussicht ist an sich schon einen Ausflug wert. Außerdem kann man hier angenehm und gut speisen. Die Rechnung wiederum ist angemessen: Bruno Ercolis Lokal ist nicht teurer als jede sonstige Trattoria (Mo geschl.).

Café

Antico Caffè di Simo, Via Fillungo 58, Lucca, Tel. 05 83 49 62 34. In diesem traditionsreichen Café trank schon Giacomo Puccini gerne seinen Cappuccino (Mo geschl.).

27 La Versilia

Die Copacabana der Toskana: Karneval und Sommerfrische.

Die Ebene zwischen den Apuanischen Alpen und der fast 40 km langen Sandstrandküste zwischen Carrara und der Mündung des Flusses Serchio wird La Versilia genannt. Die Versilia ist die Badeanstalt der Toskana, die einzelnen Badeorte wie *Torre del Lago, Viareggio, Lido di Camaiore, Focette, Marina di Pietrasanta* oder das besonders elegante *Forte dei Marmi* gehen fließend ineinander über. Die Region wurde erst Ende des 18. Jh. bebaut, ist heute dicht besiedelt und im Sommer von Touristen überfüllt.

Viareggio

Das wichtigste Zentrum der Versilia ist eine moderne Stadt am Meer mit 60 000 Einwohnern. Der Ort wurde im Mittelalter als **Hafen von Lucca** gegründet. Aber weil in diesem sumpfigen Küstenstreifen die Malaria wütete, wurde die Ebene erst spät besiedelt. Außer einigen Mauerresten von Wachtürmen aus dem 13. bis 17. Jh. (der berühmteste ist die *Torre Matilda* aus dem Jahr 1544) gibt es in Viareggio keine Sehenswürdigkeiten aus dem Mittelalter oder der Renaissance. Erst im 18. Jh. gelang es, die Sümpfe trockenzulegen. Heute ist Viareggio mit seinen schachbrettartig angelegten Straßen, den **Strandbädern**, Jachtwerften und Diskotheken Treffpunkt der Versilia. Im Stadtzentrum breitet sich ein **Pinienhain** aus: die bis zu 500 m breite und über 2 km lange *Pineta di Ponente*. An der Promenade stehen **Jugendstilvillen**. Der Strand ist wegen seines feinen weißen Sandes im Sommer überfüllt. Auch im Februar erlebt die Stadt einen Ansturm von Tou-

Strandvergnügen ohne Ende, aber selten einsam, verspricht die Küste der Versilia

Erholung vom Kunstgenuss

Sandstrände und Felsbuchten bestimmen das Bild der rund 580 km langen toskanischen Küste am **Ligurischen** und **Tyrrhenischen** Meer mit seinen **Inseln**, dem Arcipelago Toscano. Von diesen sind allerdings nur **Elba** und **Giglio** als Urlaubsziele bedeutsam. Es gibt also viele Möglichkeiten, die Toskana-Kulturreise mit einem Badeurlaub zu verbinden. Dafür empfehlen sich der Juni und die erste Juli-Hälfte. Die Strände sind dann noch relativ leer, weil die Italiener erst im August anreisen.

Die kleine **Isola del Giglio** mit ihren Felsenstränden und Grotten ist ein Paradies für Schnorchler und Taucher, an den breiten Sandstränden der **Versilia**, dem Küstenstreifen zwischen Marina di Carrara und Viareggio, werden sich Familien mit Kleinkindern wohlfühlen. **Talamone**, im Süden des Naturparks Maremma, ist für Wassersportler und Familien geeignet. Drei Badeorte der Toskana sind besonders mondän: Betuchte Intellektuelle verbringen ihre Ferien an den malerischen Sandstränden **Ansedonia** und **La Feniglia** am südlichen **Monte Argentario**. Industrielle besitzen Sommervillen im gepflegten Seebad **Forte dei Marmi** bei Carrara. Beide Orte sind empfehlenswert. Das exklusive **Punta Ala**, an der Spitze des Golfs von Follonica, mit Poloklub und Jachthafen hat dagegen schon manchen enttäuscht: Der Strand ist schön, aber der aus Beton gebauten Hafenpromenade fehlt das mediterrane Flair. Die schönste toskanische Stadt am Meer ist **Castiglione della Pescaia**, im Westen von Grosseto, mit alten Palazzi, engen Gassen und der traumhaften Aussicht auf Fischmarkt, Hafen, Strand und Meer.

risten. Dann wird der farbenprächtige **Karneval** von Viareggio gefeiert, der wegen seiner großen Wagen berühmt ist.

Pietrasanta

Die geschäftige 20 000-Einwohner-Stadt, gegründet von dem lucchesischen Podestà Guiscardo di Pietrasanta (1255), liegt nördlich von Viareggio auf einem Hügel und lebt heute fast ausschließlich von der **Marmor-Industrie**. Aber hier werden nicht nur große Marmorplatten für Küchen, Fußböden und Grabsteine zurechtgeschnitten, bei den Steinmetzen in Pietrasanta lassen Künstler aus aller Welt ihre Skulpturenentwürfe ausführen. In den zahlreichen **Werkstätten** und **Ausstellungshallen** kann man Kopien berühmter Marmorskulpturen und -porträts erstehen.

Von kunsthistorischem Interesse ist vor allem der **Dom San Martino**, ab 1256 bis 14. Jh., mit einer *Fassade* aus dem 16. Jh. und einer hauptsächlich barocken *Innenausstattung*. Der einheimische Bildhauer *Stagio Stagi* bekam 1504 den Auftrag seines Lebens: Er verkleidete das Chorgestühl, stattete das Langhaus mit Weihwasserbecken aus, schuf die Statue Johannes' d. T. und die Kanzel – alles mit dem kostbaren Marmor. Aus der Werkstatt Stagis stammt auch der Altar der kleinen Kirche **Sant'Agostino**, die im 14. Jh. links vom Dom errichtet wurde.

Torre del Lago

Das kleine Seebad liegt 5 km südlich von Viareggio. Eine Lindenallee führt von dort in Richtung **Lago Massaciúccoli**, dem bezaubernden See zwischen Lucca und dem Meer, und zur Jugendstilvilla von *Giacomo Puccini* (1858–1924). Die **Villa Puccini** (Tel. 05 84 34 14 45, www.giacomopuccini.it, April/Mai Di–So 10–12.30, 15–18 Uhr, Juni–Okt. Di–So 10–12.30, 15–18.30 Uhr, Dez.–März Di–So 10–12.30, 14.30–17.30 Uhr), in der Puccini seine Hauptwerke ›La Bohème‹ und ›Tosca‹ komponierte, ist heute ein Museum. 1926, zwei Jahre nachdem Puccini in Brüssel verstarb, wurde er nach Torre del Lago überführt und in der Hauskapelle bestattet. Im Sommer findet hier ein *Puccini-Festival* am See statt.

i Praktische Hinweise

Information

APT, Viale Carducci 10, Viareggio, Tel. 05 84 96 22 33, Fax 0 58 44 73 36, www.aptversilia.it

Puccini-Festival

Informationen und Tickets bei **Fondazione Festival Puccini**, *Ufficio Biglietteria*, Viale Giacomo Puccini 257 A, Torre del Lago, Tel. 05 84 35 93 22, Fax 05 84 35 02 77, www.puccinifestival.it.

Einkaufen

An jedem letzten Wochenende im Monat findet auf der Piazza Manzoni ein kleiner, aber feiner **Antiquitätenmarkt** statt.

Restaurant

Gran Caffè Margherita, Viale Regina Margherita 30, Viareggio, Tel. 05 84 96 25 53, www.ristorantemargherita.it. Berühmtes Jugendstilhaus aus dem Jahr 1928 (Mi geschl.).

28 Villa Torrigiani, Villa Mansi, La Garfagnana

Gartenarchitektur und der Zauber der Provinz.

Etwa 11 km nordöstlich von Lucca erreicht man bei Camigliano die **Villa Torrigiani** (Tel. 05 83 92 80 41, März–Anf. Nov. tgl. 10–

Landsitz mit Lustgarten: Villa Mansi in der Nähe von Segromigno

13, 15 Uhr bis Sonnenuntergang, sonst nur nach Voranmeldung), eine der schönsten und bedeutendsten Villen des 17. Jh. in der Region Lucca. Der Palast ist zu besichtigen und enthält zahlreiche Möbel des 18. Jh. Vor der Villa liegt ein mit Statuen und Wasserspielen gestalteter Park.

Weiter südlich bei Segromino in Monte liegt die wunderschöne **Villa Mansi** (Tel. 05 83 92 02 34, April–Okt. tgl. 10–13, 15–19 Uhr, Nov.–März 10–13, 15–17 Uhr), die im 18. Jh. nach einem Entwurf des Turiner Barockarchitekten *Filippo Juvarra* gebaut wurde. Die Villa umgibt ein herrlicher Garten mit Wasserspielen.

La Garfagnana nennt man das Tal des Flusses Serchio zwischen den Apuanischen Alpen im Westen und dem toskanisch-emilianischen Apennin im Osten. Für die Lucchesen ist die Garfagnana aber auch der Inbegriff für Provinzialität: In dieser abgeschiedenen Region lebten bis vor wenigen Jahrzehnten vor allem Hirten und Bauern. Heute führen moderne Staatsstraßen (erst die 12, dann die 445) von Lucca aus in die Garfagnana: Wer sich auf diesen Weg macht, kann eine erste Pause in **Brancoli** (12 km nördlich von Lucca) einlegen, um die im lombardischen Stil errichtete romanische Pfarrkirche **Pieve di Brancoli** (12. Jh.) mit **Kanzel** von *Guidetto da Como* zu besichtigen.

Die Straße 12 führt weiter nach **Bagni di Lucca** [s. S. 181]. Ein kunsthistorisch in-

Romantisches Fleckchen vor atemberaubender Kulisse: Castiglione di Garfagnana

teressanter Ort ist das 11 000-Einwohner-Städtchen **Barga**. Man biegt kurz vor Bagni di Lucca auf die 445 ab und fährt etwa 10 km weit. Barga ist mit Recht stolz auf seinen imposanten romanischen *Dom San Cristofano* (11.–15. Jh.), der sich mit seinem zinnenbekrönten Turm auf dem höchsten Punkt der Stadt erhebt. Blickpunkt der schlichten romanischen Fassade ist das Portal aus dem 12. Jh., das von zwei Säulen mit Löwen eingerahmt wird. Auf dem Architrav sieht man ein Weinlese-Relief. Eine kleine Tür links führt in die Krypta. Das Portal an der östlichen Flanke weist einen Türsturz mit einer außergewöhnlich gut gearbeiteten Gastmahlsszene (des Ahasverus) auf. Das Prunkstück im Inneren ist eine *Kanzel* (nach 1200): Vier rote Marmorsäulen tragen das mit Reliefs (*Prophet Isaias, Verkündigung, Geburt Christi, Anbetung der Hl. Drei Könige*) geschmückte Becken. Beachtenswert ist auch die bunte *Holzstatue* des hl. Christopherus.

Einen Abstecher auf der SS 324 nach Norden lohnt das alte Städtchen **Castiglione di Garfagnana** mit seiner imposanten Rocca und der bis heute erhaltenen Stadtmauer.

Pistoia und Provinz – Berge, Täler und Thermen

Die Provinz Pistoia mit ihrer geruhsamen Hauptstadt und den Bädern des renommierten Kurortes **Montecatini Terme** hat den Ruf, das Sanatorium der Toskana zu sein. Doch hat die Provinz in der waldigen Landschaft des Apennin auch reichlich Abwechslung zu bieten. Neben der malerischen Altstadt **Pistoias** locken die herrlichen, üppig grünen Parkanlagen der **Villa Garzoni** bei Collodi oder der kleine **Pinocchiopark** sowie exklusive **Wintersportorte** wie **Abetone**.

29 Pistoia

Die vernachlässigte Nachbarin von Florenz.

Die von den Römern im 2. Jh. v. Chr. gegründete Stadt war wichtiges Handelszentrum der Franken und Langobarden und erlangte im Jahr 1115 den Status der freien Stadt. Doch bereits im 14. Jh. verlor sie jede politische Bedeutung und existierte fortan nur noch als Anhängsel von Florenz. Einmal, um das Jahr 1300, spielte Pistoia die Hauptrolle in einem Stück auf der ›Bühne der Weltgeschichte‹, in das eine der berühmtesten Familien Europas verwickelt war. Angefangen hatte alles mit einem **Familienstreit** in der vornehmsten Gesellschaft von Pistoia. Giorgio Vasari erzählt, dass die mächtige Patrizier-Familie Cancellieri wegen eines Streites zwischen Schwiegermutter und -tochter bei einem Festessen derart aneinandergeriet, dass eine Fehde ausbrach. Ein Teil der Familie, der sich auf einen Ahnen mit Namen Bianchi (bianco = weiß) berief, stritt unter dem Symbol der *Farbe Weiß*. Die Gegner wählten als Symbol die *Farbe Schwarz*. Beide Parteien sorgten fortan für ununterbrochenen Mord und Totschlag in den Straßen von Pistoia.

Der Rat der Stadt wusste sich nicht besser zu helfen, als **Florenz** um Hilfe zu bitten. Die Abgesandten der streitenden Parteien zogen nach Florenz, wo die ›Weißen‹ bei der Familie Cerchi einzogen und die ›Schwarzen‹ bei der adeligen Familie Frescobaldi. Wenige Tage nachdem der Rat von Florenz damit begonnen hatte, diesen Streit zwischen Weiß

Reizvolles Ensemble: Piazza del Duomo mit dem Battistero San Giovanni und den Domarkaden von San Zeno in Pistoia ▷

und Schwarz vor Gericht zu schlichten, beleidigte ein Frescobaldi einen Cerchi auf der Straße, weil er die ›Weißen‹ aus Pistoia aufgenommen hatte. Der **Streit** übertrug sich wie ein Virus. In kürzester Zeit erfasste er die ganze Stadt, wenig später große Teile der Toskana. Auf der Seite der ›Schwarzen‹ sammelten sich der Adel und die reiche Kaufmannsschaft, die in allen toskanischen Stadtstaaten die Regierung bildeten, während der verarmte Adel und die Angestellten und Handwerker sich auf die Seite der ›Weißen‹ stellten. In der Toskana entbrannte schließlich ein Krieg zwischen Arm und Reich, zwischen Unterdrückung und politischer Macht. Das ›Kapital‹ vertrat ein halsstarriger Heerführer mit Namen *Corso Donati*. An der Spitze der Partei der ›Armen‹ stand den Quellen zufolge ein ›ungehobelter Wollweber‹ mit Namen Vieri de Cerchi.

Papst Bonifazius VIII. wollte dem Bürgerkrieg vor den Grenzen des Kirchenstaates ein Ende setzen, bevor er auf sein Land übergreifen konnte, und verlangte Truppen vom König der Franzosen. Der Sohn von König Philipp II., *Prinz Karl von Valois*, marschierte in Italien ein. Er sollte die ›Weißen‹ zur Vernunft bringen. Ein unglaubliches Gemetzel begann, in das die Medici auf der Seite der ›Schwarzen‹ eingriffen. 1306 hatten die ›Schwarzen‹ die Oberhand in Florenz. Die meisten ihrer **Feinde** waren nach Pistoia geflüchtet. Dafür musste die Stadt einen hohen Preis bezahlen. Im selben Jahr noch belagerten die florentinischen Truppen Pistoia mit Erfolg. Von diesem Schlag hat sich die Stadt nie wieder erholt.

Im August 1466 versuchten die Herzöge von Ferrara vergeblich, den Florentinern Pistoia zu entreißen. Papst Clemens VII. schuf im Jahr 1530 für seinen Neffen Alessandro de' Medici das Herzogtum Pistoia. Von nun an teilte die Stadt die Geschicke des Herzogtums Toskana bis zur Einigung Italiens. Im **Zweiten**

Pistoias einzigartiger Silberschatz: Dossale di San Jacopo (Detail) im Dom San Zeno

Weltkrieg wurde Pistoia, das sich zu einem Industriezentrum entwickelt hatte, von den Amerikanern bombardiert. Mehr als 2000 Häuser und Paläste standen in Flammen.

Besichtigung Pistoia liegt am nordwestlichen Zipfel der fruchtbaren Ebene zwischen dem Monte Albano und den zum linken Ombrone-Ufer abfallenden Hängen des Apennins. Herz der von Mauern umgebenen Altstadt ist die *Piazza del Duomo* mit **San Zeno** (12.–13. Jh.). Der Dom hat eine bemerkenswerte romanisch-pisanische Fassade mit dreistöckigen Bogengängen und einem Doppelfenster über dem marmornen Hauptportal. In der Lünette empfängt eine *Madonna mit zwei Engeln* (1505) aus der Terrakotta-Werkstatt Andrea della Robbias den Gläubigen. Das bunte Terrakotta-Kassettengewölbe der *Vorhalle* (16. Jh.) stammt ebenfalls von Andrea della Robbia. Der **Campanile** soll einst Wachturm der Langobarden gewesen sein, im 13. Jh. bekam er seine pisanische Form, im 15. Jh. das Glockengeschoss.

TOP TIPP Glanzstück im Inneren ist das **Dossale di San Jacopo** in der Kapelle des hl. Jakobus im rechten Seitenschiff. Diese Altarverkleidung besteht rundum aus Reliefs: 628 aus Silberblech getriebene und zum Teil vergoldete Figuren wurden von mehreren Künstlergenerationen geschaffen. An ihm lässt sich eine Stilgeschichte von der Gotik bis zur Renaissance ablesen. Die Goldschmiedekunst hatte großen Einfluss auf die Techniken und ästhetischen Vorstellungen der Bildhauerei und Malerei und viele Künstler der Renaissance absolvierten zu Beginn ihrer Ausbildung eine Lehre als Goldschmied.

Der **Altar** ist an der Vorderseite mit 15 Episoden aus dem Neuen Testament von Andrea di Jacopo d'Ognabene (um 1316) geschmückt. Auf der rechten Seite sieht man neun Darstellungen aus dem Alten Testament von Leonardo di Giovanni und Francesco di Niccolò (um 1360), auf der linken Seite neun Darstellungen aus dem Leben des hl. Jakobus von Leonardo di Giovanni (um 1370). Die zahlreichen weiteren Verzierungen, unter ihnen zwei halbfigurige Propheten links vom Altaraufsatz, vermutlich von Brunelleschi, entstanden bis 1450.

Unter der weiteren, reichen Domausstattung ist vor allem das **Grabmal** mit Sitzfigur des Dichters und Juristen Cino da Pistoia von einem unbekannten sienesischen Künstler (1337) im rechten Seitenschiff erwähnenswert.

An den Dom schließt sich der romanische **Palazzo dei Vescovi** an, in dem das **Museo di San Zeno** (Tel. 05 73 36 92 72, Di, Do, Fr 10–13 und 15–17 Uhr) interessante archäologische Funde und eine Kunstsammlung zeigt. Bemerkenswert ist ein Reliquiar von Lorenzo Ghiberti (1378–1455). Von ihm existieren so gut wie keine anderen Werke, da er 48 Jahre lang an den beiden Bronzetüren des Battistero von Florenz arbeitete.

Das mit buntem Marmor verkleidete **Battistero San Giovanni** im Südwesten der Piazza del Duomo wurde von Cellino di Nese (1359) nach Plänen Andrea Pisanos errichtet. Es erhielt eine oktogonale Form, die in ein pyramidenartiges Dach übergeht. Am Architrav des gotischen *Portals* sind Szenen aus der Vita des Johannes zu sehen. Das *Taufbecken* im Inneren signierte Lanfranco da Como (1226). Rechts neben der Taufkirche erhebt sich der im 19. Jh. erweiterte **Palazzo del Podestà** (1367). Genau gegenüber beeindruckt der massige **Palazzo Comunale** (1294–1385) mit Erdgeschossloggia und dem Medici-Wappen zwischen den mittleren Bi- und Triforien. Er beherbergt das **Museo Civico** (Tel. 05 73 37 12 96, Di, Do–Sa 10–18, Mi 16–19, So/Fei 11–18 Uhr, im Winter eine Std. kürzer) mit der städtischen Kunstsammlung. Im Obergeschoss sind Werke aus dem 13.–16. Jh. ausgestellt, im Mezzanin befinden sich die Puccini-Sammlung und eine Dokumentation über das Lebenswerk des einheimischen Architekten Giovanni Michelucci (1891–1990).

Am Ende der Gasse rechts neben dem Palazzo Comunale liegt der **Palazzo Rospigliosi**. Aus dieser mächtigen Familie stammte Papst Clemens IX. (1667–69), dessen Wohnräume gezeigt werden. Ferner beherbergt der Palast das **Nuovo Museo Diocesano** (Tel. 0573 28 87 40, Di–Sa 10–13 und 15–18 Uhr) mit Kruzifixen, Chorbüchern und kostbaren Handschriften aus Kirchenschätzen des Bistums.

Von hier aus gelangt man durch die Via Pacini links zum **Ospedale del Ceppo**, benannt nach dem hohlen Baumstumpf, in dem Spenden gesammelt wurden. Das im 13. Jh. gegründete Krankenhaus (noch heute in Betrieb) ist mit einer 1514 angefügten sechsbogigen *Fassadenloggia* ausgestattet, die mit entzückenden *Terrakotta-Reliefs* geschmückt ist. Giovanni della Robbia arbeitete um 1525 an den *Tugenden*, sein Mitarbeiter Santi Buglioni schuf um 1585 den Fries mit den *Sieben Werken der Barmherzigkeit*, die zugleich die Auf-

Sozialstation im 16. Jh.: das Ospedale del Ceppo mit seinem von Giovanni della Robbia geschaffenen Terrakottafries ›Die sieben Werke der Barmherzigkeit‹ in Pistoia

gaben des Krankenhauses illustrieren (v. l.): Das Bekleiden der Nackten, Beherbergung der Pilger, Krankenpflege (Ärzte besuchen einen Gichtkranken), Versorgung von Gefangenen, Erteilung der Sterbesakramente, Speisung der Hungernden, Tränkung der Durstigen.

Westlich des Krankenhauses liegt die Kirche **Sant'Andrea** (11. Jh.) mit ihrer zweifarbigen Fassade (13. Jh.) und einem bemerkenswerten Hauptportal: Das Relief des Türsturzes wurde 1166 vom Meister Gruamonte und seinem Bruder Adeodato gemeißelt. Dargestellt sind *Der Zug der Heiligen Drei Könige* und *Anbetung*. Auf den Seitenportalen sieht man Bogenläufe mit Fabelwesen.

Das Innere der Kirche birgt einen herrlichen Schatz, die **Kanzel** von Giovanni Pisano, 1298–1301 entstanden, also nach der Kanzel seines Vaters Nicola im Pisaner Baptisterium und vor Giovannis Werk im Pisaner Dom. Das sechseckige Kanzelbecken ruht auf sieben Säulen aus rotem Marmor, die ihrerseits auf Postamenten stehen: realistisch verspielt die Löwin, die ihre Jungen säugt, Furcht erregend der Löwe, der einen Esel reißt. Die Mittelstütze ruht auf einem Sockel aus Adler, Greif und Löwe. Den Kanzelkasten schmücken neutestamentarische Szenen (*Verkündigung, Christi Geburt, Anbetung, Bethlehemitischer Kindermord, Kreuzigung, Jüngstes Gericht*). Zwischen den Reliefs erkennt man Heilige, Evangelisten und Posaunenengel. Die Werke gehören zu den größten Schöpfungen der christlichen Reliefskulptur.

Als mit dem Bau der 1150–1400 errichteten Kirche **San Giovanni Fuorcivitas** an der heutigen Via Cavour begonnen wurde, befand sie sich noch vor den Stadtmauern (fuori = vor, civitas = Ansiedlung). Nicht die Fassade, sondern die Nordflanke ist mit weiß-grünem Marmor und Blendarkadengalerien dekoriert. Über dem Hauptportal beeindruckt die vielleicht schönste Arbeit des Meisters Gruamonte: ein hoch stilisiertes *Abendmahlrelief* von 1162. Prachtstück im einschiffigen Inneren ist eine rechteckige *Kanzel* (1270) von Fra Guglielmo da Pisa, einem Schüler des berühmten Nicola Pisano. Sie wird von zwei kräftigen Pfeilern getragen, die auf Löwenskulpturen ruhen. Die Reliefs zeigen Szenen des Neuen Testaments (linke Schmalseite: *Verkündigung* und *Heimsuchung*, darunter *Geburt* und *Verkündigung an die Hirten*; Vorderseite: *Fußwaschung* und *Kreuzigung, Beweinung* und *Abstieg in die Vorhölle*; rechte Schmalseite: *Himmelfahrt, Pfingstwunder* und *Marientod)*. Sehenswert ist auch das *Weihwasserbecken* in der Mitte des Kirchenschiffs auf sechseckiger Basis, für das Giovanni Pisano die Skulpturen der weltlichen Tugenden schuf.

In der einstigen Kirche **Sant'Antonio dei Frati del Tau** (Tel. 057 33 22 04, Mo–Sa 8.30–13.30 Uhr) am Corso San Fedi (Piazza Garibaldi), seit 1968 *Museum*, ist der schönste Freskenzyklus Pistoias zu sehen. Unbekannte Künstler schufen im14./15. Jh. Szenen des Alten und Neuen Testamentes, der Vita des hl. Antonius Abbas und der Legende des hl. Gürtels.

Die Kirche **San Bartolomeo in Pantano** an der Piazza San Bartolomeo, benannt nach dem Sumpfboden (Pantano), auf dem sie ab 1159 errichtet wurde, erinnert in ihrer Bauweise stark an Sant'Andrea. Der *Achitrav* mit Darstellungen des Erlösers und der Apostel über dem Hauptportal soll aus der Werkstatt Fra Gruamontes stammen. Hochinteressant ist im Inneren die *Kanzel* von Guido da Como (um 1250). Sie gilt als einer der Höhepunkte der toskanisch-romanischen Bildhauerkunst vor Nicola Pisano: Die zuvor übliche gleichmäßige Reihung der Figuren und die starke Bindung an die Rückwand werden allmählich überwunden. Die zerbrochene Kanzel wurde aus Einzelteilen rekonstruiert. Auch hier tragen Löwenfiguren und Atlanten die Säulen, auf denen das Kanzelbecken ruht.

San Francesco, die große Kirche an der Piazza San Francesco d'Assisi (ab 1294) mit bunter Marmor-Fassade aus dem 18. Jh. musste in der Vergangenheit als Kaserne und Warenlager, Munitionsdepot und Lazarett herhalten. Daher sind die hochinteressanten *Fresken* im Inneren schwer beschädigt. Der schönste Zyklus (Hauptkapelle) ist dem Leben des hl. Franziskus gewidmet und wird dem Giotto-Schüler Puccio Capanna zugeschrieben. Die Wandbilder in der Kapelle links neben dem Chor führten Pistoieser Künstler des 14. Jh. im Giotto-Stil aus (links oben: *Marientod*, darunter: *Christus erscheint Paulus*, rechts oben: *Verlöbnis Mariens*, darunter: *Predigt des hl. Augustinus*). Auch die 1. und 2. Kapelle rechts vom Chor waren freskiert, doch von diesen Bildern sind nur Fragmente erhalten.

Die **Basilica della Madonna dell'Umiltà** in der Via della Madonna wurde ab 1495 von Ventura Vitoni in der Formensprache

Bildhauerkunst von höchstem Rang: Kanzel von Giovanni Pisano in Sant'Andrea in Pistoia

Filippo Brunelleschis errichtet. Nach Vitonis Tod im Jahr 1522 beendete Giorgio Vasari die Bauarbeiten. Dem oktogonalen Zentralbau ist ein Vestibül mit Tonnengewölbe und Kuppel vorgelagert. Am Hauptaltar sieht man die *Madonna dell' Umiltà*, ein Fresko des 14. Jh.

Ausflüge

Die **Villa Garzoni** (Tel. 05 72 42 95 90, April–Okt. tgl. 9–19, Nov.–März tgl. 9–17 Uhr) im Rokokostil liegt etwa 25 km westlich von Pistoia in Collodi (in der Nähe von Pescia). Sie entstand auf den Resten einer

Einer der schönsten Barockgärten Italiens umgibt die Villa Garzoni in Collodi

mittelalterlichen Festung Anfang des 16. Jh. und wurde im 18. Jh. durch Ottaviano Diodati ausgebaut. Der *Park* mit Labyrinth aus Buchsbaumhecken, Wasserspielen, Nymphäum, Freilufttheater und Barockgarten gehört seit seiner Ende des 20. Jh. in Angriff genommenen Erneuerung wieder zu den schönsten Italiens.

Ebenfalls in Collodi, nahe der Villa Garzoni, liegt der bei Kindern beliebte **Parco di Pinocchio** (Tel. 0572429342, www.pinocchio.it, tgl. 8.30 Uhr bis Sonnenuntergang), ein literarischer Skulpturengarten mit Darstellungen vieler Szenen aus dem Leben der berühmten Marionette. Der Erfinder Pinocchios, der Schriftsteller Carlo Lorenzini (1826–1890), gab sich den Künstlernamen ›Collodi‹, weil er in diesem Dorf geboren wurde.

Sehenswert ist in der Provinz Pistoia außerdem der berühmte Thermalkurort **Montecatini Terme**. In den palastartigen Thermalanlagen, etwa dem *Bagno Regio* oder der *Terme Leopoldine*, weilten seit ihrer Entstehung 1773 und 1779 zahlreiche gekrönte Häupter und andere illustre Gäste, um die Heilkraft der Quellen zu genießen [s. S. 180].

Skiläufer treffen sich im Winter in **Abetone**, einem exklusiven Wintersportort im **Apennin** auf 1400 m Höhe. Auf vier Täler verteilen sich insgesamt 80 km Pisten bis zu einer Höhe von 1900 m.

i Praktische Hinweise

Information

APT, Piazza del Duomo 4, Pistoia, Tel. 0573321622, Fax 057334327, www.pistoia.turismo.toscana.it

Servici Turistici, Palazzo Comunale, Montecatini Terme, Tel. 0572772244, info@montecatini.turismo.it

Stadtfest

Giostra del Orso: Alljährlich am 25. Juli finden ein Bären-Turnier, ein Umzug und Reiterspiele in historischen Kostümen auf dem Domplatz statt.

Einkaufen

Antik-Markt an jedem zweiten Samstag und Sonntag im Monat (außer Juli/August) im Messe-Pavillon Ex-Breda in der Via Pacinotti. Pistoia ist im Übrigen bekannt für das *Schmiedeeisen-Handwerk*. In der **Werkstatt Bartoletti** in der Via Sestini 110 kann man werktags den Handwerkern bei der Arbeit zuschauen. **Geschäft** in der Via G. Marconi 8, Pontenuovo-Pistoia.

Hotels

*****Arcobaleno**, Via Valdi e Sammommè 37, Sammommè, Tel. 05 73 47 00 30, Fax 05 73 47 01 47, www.wel.it. Das Hotel liegt etwa 14 km vor Pistoia in einem 500-Einwohner-Dorf. Man erreicht es von Pistoia aus über die S 64 in Richtung Modena. Einfaches, schönes Landhaus mit 28 Zimmern, Swimmingpool, Tennisplatz und Garten.

*****Il Convento**, Via S. Quirico 33, Pontenuovo, Tel. 05 73 45 26 51, Fax 05 73 45 35 78, www.ilconventohotel.com. Das ehemalige Kloster mit 24 Zimmern liegt 4 km außerhalb von Pistoia in Richtung Montale-Ponte Nuovo auf einem Hügel und bietet eine schöne Aussicht sowie Garten und Pool.

*****Patria**, Via Crispi 8, Pistoia, Tel. 05 73 2 51 87, Fax 05 73 36 81 68, www.patriahotel.com. Eine gute Adresse, wenn man in der Stadt übernachten möchte. Das 28-Zimmer-Hotel liegt zentral, ist komfortabel und nicht zu teuer.

Souvenir aus Collodi: Am Parco di Pinocchio warten bunte Marionetten auf neue Besitzer

Restaurants

Corradossi, Via Frosini 112, Pistoia, Tel. 0 57 32 56 83. Hervorragendes Restaurant in Bahnhofsnähe, pistoiesisch-florentinische Gerichte (So geschl.).

La Botte Gaia, Via del Lastrone 17, Pistoia, Tel. 05 73 36 56 02. Gepflegte Weinstube und ausgezeichnetes Restaurant lokaler Küche mit wunderschöner Terrasse zum Domplatz (So mittags und Mo geschl.).

Gepflegter Jungbrunnen: Kuranlage in Montecatini Terme

Prato und Provinz – Heimat der Tuchhändler

Prato, seit 1991 eigenständige Provinz der Toskana, bildet das Zentrum der regionalen **Tuchindustrie**, die sich besonders in den Vororten der Provinzhauptstadt ausgebreitet hat. Diese besitzt eine beschauliche **Altstadt**, die von einer gut erhaltenen Stadtmauer umgeben und einer der typischen **Stauferburgen** dominiert wird. Hier schuf zudem der Maler, Mönch und Abenteurer *Fra Filippo Lippi* seine schönsten Werke, die bereits Michelangelo bewundert hat.

30 Prato

Das Werk eines Mönchs in der Stadt der Tücher.

Sie hatte ihren eigenen Kopf, die Dame, die dort auf der Wand im Chor des Doms von Prato vor der Tafel eines Festmahls tanzt, das offenbar historische Persönlichkeiten aus der Epoche der Renaissance und biblische Gestalten an einem Tisch vereint. In Wirklichkeit hieß sie *Lucrezia Buti* und der Herr, der sie mit sichtlichem Gefallen betrachtet, ist niemand anderes als Herodes, der ein Festmahl gibt zur Feier der Enthauptung Johannes des Täufers. Wie sie als *Salome* auf dieses **Fresko** geriet, die fromme Tochter aus dem Haus des Florentiner Bürgers Buti, ist eine seltsame Geschichte: Künstlerbiograf *Giorgio Vasari* berichtet, dass Lucrezia nur zum Wasserholen gegangen war, hinuntergestiegen aus ihrem Kloster bei Florenz, und damit den Schritt getan hatte, der sie auf dieses Bild führen sollte. Lucrezia muss eine der schönsten Frauen des frühen 15. Jh. gewesen sein. Beim Wasserholen sah sie der Dominikanermönch **Fra Filippo Lippi**, der schon eine Entführung durch sarazenische Piraten hinter sich hatte, aus der er sich, so Vasari, mithilfe seiner Zeichenkunst hatte befreien können. Dieser Mönch und Maler, ein Findelkind, führte ein abenteuerliches Leben. Sein Mut verblasst jedoch nahezu vor dem Mut der blonden Lucrezia, die um ihrer Liebe willen schließlich aus dem Kloster floh. Lucrezia war nicht nur die Geliebte Filippo Lippis, sie war seine Lebensgefährtin, sein Modell und die Mutter des gemeinsamen Sohnes und späteren Malers Filippino Lippi. Sie hatte eben ihren eigenen Kopf, jene Frau, die Lippi immer wieder porträtierte. Er versuchte es ihr durch seine Liebe zu danken. Als Cosimo de' Medici ihn einsperren ließ, um ein Fresko zu beenden, floh er durchs Fenster, um Lucrezia zu sehen, jene Frau, die als Beweis dafür gelten kann, dass die *Renaissance* keineswegs nur eine Epoche der Männer, sondern auch einiger Frauen gewesen ist, die den Mut hatten, den Traum vom freien Menschen zu träumen.

Geschichte Sehr wahrscheinlich entstand Prato auf den Ruinen einer etruskisch-römischen Siedlung mit Namen Pagus Cornius. Im Krieg mit den Goten wurde der Ort zerstört, unter Herrschaft der Langobarden unter dem Namen Borgo al Cornio wieder aufgebaut. Die Familie der Alberti wählte im 11. Jh. Prato als Sitz und legte den Grundstein für bescheidene **Textil-Manufakturen**. Im 12. Jh. entwickelte sich Prato zur **Republik**, die den Eroberungsversuchen Luccas widerstand, im 14. Jh. aber unter die Herrschaft von Florenz geriet. Ab dem 15. Jh. teilt Prato die Geschicke von Florenz, dem es sich aber nie wirklich beugte, bis heute nicht, denn die Bürger der Stadt setzten am 22. Juni **1991** durch, dass Prato von der Florentiner Verwaltung unabhängig zur 10. eigenständigen Provinz der Toskana erhoben wurde.

Besichtigung Die **Altstadt** Pratos ist von einer gut erhaltenen **Stadtmauer** umgeben. Vom Bahnhof aus erreicht man über die Piazza San Marco und den Viale Piave zunächst das **Castello dell'Im-**

Baldachin für Prediger: Die zurückhaltend-elegante Streifenfassade des Doms Santo Stefano von Prato erhält durch die Außenkanzel Michelozzos einen besonderen Akzent

peratore. Die Stauferburg auf viereckigem Grundriss mit acht Außentürmen entstand 1237–48. Es ist das einzige Kastell im Norden Italiens, das im Auftrag *Friedrichs II.* entstand, der ähnliche Burgen in Süditalien anlegen ließ.

Ca. 300 m südlich des Castello lohnt das neue **Museo del Tessuto** (Via Santa Chiara 24, Tel. 05 74 61 15 03, www.museodeltessuto.it, Mo, Mi–Fr 10–18, Sa 10–14, So 16–19 Uhr) einen Abstecher. In einem Fabrikgebäude des 19. Jh. gewährt es Einblicke in 800 Jahre Textilgeschichte.

Wieder zurück beim Castello beeindruckt schräg gegenüber die Renaissance-Kirche **Santa Maria delle Carceri**, die 1484–95 anstelle eines Gefängnisses errichtet wurde. Giuliano da Sangallo verwirklichte hier auf dem Grundriss eines griechischen Kreuzes die Vorstellungen Brunelleschis vom Zentralbau. Harmonisch wirkt die Innenausstattung aus

Die Geliebte von Fra Filippo Lippi tanzt als Salome im ›Gastmahl des Herodes‹ im Chor des Doms

Pietra serena mit *Terrakotta-Dekorationen* von Andrea della Robbia (um 1490).

Schräg vis-à-vis an der Piazza San Francesco erhebt sich die Ziegelbaukirche **San Francesco** mit den Grabmälern des Gimignano Inghirami (Bernardo Rossellino zugeschrieben) und des Tuchhändlers Francesco di Marco Datini von Niccolò Lamberti (1409).

Durch die Via Ricasoli rechts erreicht man den **Palazzo Pretorio** an der Piazza Comunale. Der rechte Teil ist ein ehemaliger Wohnturm mit zugemauerten Erdgeschossarkaden, der linke Teil wurde im 14. Jh. angeschlossen.

Heute birgt der Palast die **Galleria di Palazzo Pretorio** (zzt. wegen Restaurierung geschl.). Bis zur Wiedereröffnung sind die Schätze des Museums im *Chiostro von San Domenico* (Tel. 0574440501, tgl. 9–13 Uhr, Fr/Sa auch 15–18.30 Uhr) an der Piazza San Domenico zu sehen. Aus der Fülle der Werke des 14.–18. Jh. seien hier nur zwei genannt: Filippo Lippis *Madonna del Ceppo* (1450) war eine Auftragsarbeit des Wohltätigkeitsvereins Ceppo, den der Kaufmann Francesco di Marco Datini gegründet hatte. Den verstorbenen Wohltäter – der zum Zeitpunkt der Entstehung bereits 40 Jahre tot war – porträtierte Lippi neben fünf Vereinsmitgliedern zu Füßen der Madonna. Interessant ist der Vergleich mit dem Bild von Filippos Sohn, Filippino Lippi, *Madonna mit hl. Lucia, Antonius, Stephanus und Margarethe* (1498), das die Gebetsnische im Haus seiner Mutter Lucrezia schmückte. Während die Figuren des Vaters noch beziehungslos zueinander auf goldenem Grund gezeichnet sind, schafft Filippino, der bei Botticelli in die Lehre gegangen war, ein Bildensemble, in dem die Figuren harmonisch in die romantische Landschaft eingefügt werden.

Vom Platz vor der Bildergalerie führt die Via Mazzoni zum prächtigen **Duomo Santo Stefano**, dem ab 1211 nach Plänen Guido da Comos errichteten und 1385–1457 mit grün-weißer Fassade ausgestatteten Dom. Auffällig ist vor allem die **Außenkanzel** mit Baldachin (1434/38) von Michelozzo, sehenswert der Puttenfries auf goldenem Grund am Außenrand der Kanzel von *Donatello*. Die Kanzel wurde inzwischen durch eine Kopie ersetzt, das Original ist im Dommuseum ausgestellt. Das dreischiffige *Innere* des Domes ist von großen Umbauplänen verschont geblieben. Einziges Ornament des mittleren Kirchenschiffes ist eine mit Reliefs versehene Kanzel (1437) von Mino da Fiesole (*Gastmahl des Herodes, Enthauptung Johannes' d. T.*) und Antonio Rossellino (*Mariä Himmelfahrt, Steinigung des hl. Stephan*).

An der rechten Wand des Hauptchores ist eines der Hauptwerke der Renaissance zu sehen, der u. a. von Michelangelo bewunderte **Freskenzyklus** ›Vita Johannes d. T.‹ von Fra Filippo Lippi und seinem Gehilfen Fra Diamante (1452–66). Ganz links die *Geburt*, darüber *Namengebung*, in der Mitte von oben nach unten *Abschied von den Eltern, Predigt in der Wüste*, rechts das *Gastmahl des Herodes*, auf dem die Bewegungen der Hauptfiguren wie auf einem ›Schnappschussfoto‹ festgehalten sind. Fra Filippo Lippi entdramatisiert hier die Täufergeschichte und erzählt mit modischer Eleganz eine intrigante Novelle. Im edlen, kühlen Speisesaal einer Renaissancevilla entfalten sich die entscheidenden Szenen des Martyriums Johannes'. Links steht Salome neben dem Täufer, dessen Ermordung sie verursacht. Im Zentrum tanzt sie leichtfüßig beim Gastmahl des Herodes und rechts präsentiert sie das Haupt des Johannes ihrer Mutter. Auf der Wand gegenüber (im Norden) sieht man Lippis etwas konventionelleren Freskenzyklus ›Leben des hl. Stephanus‹.

Links neben dem Haupteingang des Doms liegt die **Cappella del Sacro Cingolo** (Kapelle des ›Heiligen Gürtels‹). Der Legende nach soll die Muttergottes das Zeichen ihrer Jungfräulichkeit in der Stunde der Himmelfahrt dem hl. Thomas übergeben haben, der es einem Priester schenkte. Ein Kaufmann aus Prato, Michele Dagomari, bekam den wunderwirkenden Gürtel als Mitgift geschenkt, als er in Jerusalem eine Frau namens Maria ehelichte. Die Kapelle wurde 1392–95 von Agnolo Gaddi mit *Fresken* ausgeschmückt, die diese ›Legende des Gürtels‹ nacherzählen. Die Reliquie selbst wird im Schrein der Altarmensa aufbewahrt und an Feiertagen zur Schau gestellt.

Vom Kreuzgang aus dem 12. Jh. mit seinen bezaubernden romanischen Kapitellen erreicht man die **Krypta** mit Relieftafeln und Malereien des 14. Jh.

Im **Museo dell' Opera del Duomo** (Eingang links neben der Domfassade, Tel. 05 74 29 33 39, Mo–Sa 9.30–12.30, 15–18.30, So 9.30–12.30 Uhr), ist Filippo Lippis *Tod des hl. Hieronymus* besonders sehenswert. Vorne links erkennt man ein Selbstporträt des lebensfrohen Mönchs.

Sehenswert ist auch die Kirche **San Domenico** (1283–1322) am Ende der Via Guasti mit schönem *Marmorportal* und einer barocken *Innenausstattung*. Im angeschlossenen *Kloster* wurde das **Museo di Pittura Murale** (Tel. 05 74 44 05 01, So–Do 9–13, Fr/Sa 9–13 und 15–18 Uhr) eingerichtet, das abgelöste Fresken und Sinopien aus Prateser Kirchen zeigt und die Freskotechnik veranschaulicht.

Etwa 2 km südlich des Zentrums an der Viale della Repubblica 277 (nahe der Autobahnausfahrt Prato Est) lockt das **Centro per l'Arte Contemporanea Luigi Pecci** (Tel. 05 74 53 17, Di–So 10–19 Uhr) mit interessanten Wechselausstellungen und einer Sammlung zeitgenössischer Kunst.

i Praktische Hinweise

Information

APT, Via Luigi Muzzi 38, Prato, Tel. 0 57 43 51 41, Fax 05 74 60 79 25, www.prato.turismo. toscana.it (Zimmervermittlung: http://prato. toscanaeturismo.net)

Stadtfeste

Viermal im Jahr wird der **Sacro Cingolo**, der ›Heilige Gürtel‹, im Dom ausgestellt: Ostern, 1. Mai, 15. Aug. und 25. Dez.

Hotel

*****Hotel Giardino**, Via Magnolfi 4, Prato, Tel. 05 74 60 65 88, Fax 05 74 60 65 91, www.giardinohotel.com. Komfortables und gepflegtes 28-Zimmer-Hotel in der Altstadt in einem eleganten, sorgfältig restaurierten historischen Palazzo.

Die silberglänzende Skulptur ›Exegi Monumentum Aere Perennius‹ von Anne und Patrick Poirier (1988) bildet das Entrée zum Centro per l'Arte Contemporanea Luigi Pecci in Prato

Florenz und Provinz – Kunstmetropole am Arno

Neben den wichtigsten Kunstschätzen der Regionshauptstadt Florenz (knapp 400 000 Einw.) werden im Folgenden auch die Künstler-Sommerfrische **Fiesole** mit ihrem schönen antiken Theater, die romantischen **Landvillen der Medici**, das Kartäuserkloster **Galluzzo**, das geschäftige **Empoli** und die Leonardo-Stadt **Vinci** sowie die wichtigsten Sehenswürdigkeiten des **Chianti** beschrieben, dessen südlicher Teil schon zur Provinz Siena gehört.

31 Florenz

Plan hintere Umschlagklappe

Stadt der Medici und Kunst-Metropole der Welt.

Nach Schätzungen der UNESCO ist nahezu jeder zehnte besonders erhaltenswerte Kunstschatz der Welt in Florenz zu sehen. Für den Toskana-Reisenden, der einen Kurzbesuch plant, sind im Folgenden die kunsthistorisch bedeutendsten Monumente und Museen aufgeführt.

Geschichte Florenz erhielt seinen Namen von den Römern (Municipium Florentia), wurde im 4. Jh. Bischofssitz und 1183 Stadtrepublik. Während der mittelalterlichen Kriege der **Guelfen** gegen die **Ghibellinen** errang das päpstliche Florenz die Vormachtstellung in der Toskana.

Dramatische Inszenierung – Brunelleschis Domkuppel gilt als das Wahrzeichen von Florenz

Tuchhandel und *Bankgeschäfte* blühten. 1282 bildeten die Zunftältesten den Stadtrat, 1293 wurde der Adel von der Regierung ausgeschlossen. Vor der Pest des Jahres 1348 lebten etwa 120 000 Menschen in Florenz, damit zählte die Stadt zu den bevölkerungsreichsten der Welt. 1434 gelang es dem Großbankier **Cosimo de' Medici** die Macht an sich zu reißen. Seine Nachkommen gaben sie bis auf kurze Unterbrechungen nicht wieder ab. Die Medici, allen voran *Lorenzo der Prächtige*, förderten Kunst und Wissenschaft, regierten jedoch wie absolutistische Fürsten. Im 16. Jh. sicherte Cosimo I. – von Papst Pius V. 1570 zum Großherzog der Toskana ernannt – den Einfluss des Hauses Medici auf die gesamte Toskana mit Ausnahme von Massa und Carrara. Nach dem Aussterben der Medici übernahm das Haus **Habsburg-Lothringen** die Herrschaft und regierte mit Ausnahme der napoleonischen Zeit (1801–14) bis 1859. Danach wurde die Toskana an das Königreich Piemont-Sardinien angeschlossen. 1865–71 war Florenz Hauptstadt des neu geschaffenen Königreiches Italien. Im Zweiten Weltkrieg und während der Überschwemmung 1966 erlitt es erhebliche Schäden.

Stets bestaunt und bewundert: die goldene Porta del Paradiso des Battistero San Giovanni

Rund um den Dom

Die rote Kuppel und der weiß-bunte Glockenturm des Domes im Herzen der Stadt prägen das Panorama von Florenz. Doch das älteste Gebäude am Domplatz ist das achteckige **Battistero San Giovanni** 1 (Tel. 05 52 30 28 85, www.operaduomo.firenze.it, Mo–Sa 12–18.30, So 8.30–13.30 Uhr). Den Baustil dieser Taufkirche, die in ihrer heutigen Form vermutlich zwischen 1059 und 1150 entstand, bezeichnet man als klassizierende Romanik oder Protorenaissance, denn dieser Stil unbekannter Baumeister wurde zum Vorbild der Renaissancearchitektur.

Die Proportionen des *Außenbaus* täuschen den Betrachter. Das Platzniveau lag ursprünglich gut 1 m tiefer, die Basis des Baptisteriums steckt in der Erde. Die einzelnen Seiten des Oktogons sind durch horizontal umlaufende Gesimse in drei Geschosse gegliedert und vertikal durch kräftige Pilaster ebenfalls dreigeteilt. Die mittlere Zone schmücken jeweils drei große Rundbogenarkaden. Die Attika ist durch flache Pilaster gegliedert. Von diesem Obergeschoss wird der Kuppelansatz verdeckt, die *Kuppel* selbst ist unter einem pyramidenartigen Dach verborgen. Anders als beim etwa gleichzeitig entstandenen Pisaner Dom ist der Bau nicht mit Marmorblöcken, sondern mit 4–5 cm dünnen Platten verkleidet und nicht bunt, sondern nur zweifarbig. Der dunkelgrüne Marmor ›zeichnet‹ geometrische Formen auf weißem Grund. Frappierend, verglichen mit dem pisanischen Stil, ist der Unterschied in der Dekoration. Während die Pisaner ihren Prachtbau üppig mit vorgesetzten Laufgängen und Skulpturen verzierten, sind hier in Florenz ähnliche Formen nur abstrakt angedeutet und in den Gesamtbau integriert. *Bronzeportale* und *Skulpturen* sind Dekorationen des 14. und 15. Jh.

Besondere Beachtung gebührt den berühmten Reliefs an den *Bronzetüren* des Baptisteriums. Die des **Südportals** (heutiger Eingang) schuf *Andrea Pisano* 1330 bis 1336. 28 Felder zeigen Szenen aus der *Geschichte Johannes d. T.* und *Tugenden* (in den beiden unteren Reihen). Zu ihrer Zeit waren diese zum Teil schon vollplastischen Figuren unendlich bewunderte Meisterwerke und der Auslöser für einen der berühmtesten Wettbewerbe der Kunstgeschichte. 1402 bewarben sich die besten Bildhauer ihrer Zeit – Jacopo della Quercia, Donatello, Brunelleschi und Ghiberti – um den Auftrag, die beiden anderen Por-

Die goldenen Bilderwelten im Kuppelmosaik des Battistero San Giovanni sind Werke des 13./14. Jh.

tale des Baptisteriums schaffen zu dürfen. *Lorenzo Ghiberti* gewann den Wettstreit und arbeitete 1403–24 am **Nordportal** (heutiger Ausgang): Er schuf 20 Tafeln mit Szenen aus dem Neuen Testament, darunter acht Felder mit Kirchenvätern und Evangelisten. Die dicht gedrängten Figuren überraschen durch ihre vielschichtige Plastizität und sind schon in Hintergrundarchitektur und Landschaft integriert. Am mittleren Ornamentstreifen der linken Flügeltür hat sich Ghiberti selbst porträtiert (5. Kopf von oben).

Den Zenit seines Schaffens erreichte Ghiberti allerdings mit der **Paradies-Tür** am Ostportal, an der er zwischen 1425 und 1452 arbeitete. Der Name der Tür geht auf Michelangelo zurück, der das Werk für würdig empfand, die Türen des Paradieses zu schmücken. Was in der Malerei noch nicht gelang, schaffte Ghiberti hier am Relief: die perfekte *tiefenräumliche Darstellung* von Szenen durch Vollplastik, gestuft bis zu feiner grafischer Zeichnung, lebendige, in Mimik und Gestik ausdrucksstarke Gestalten. Die zehn originalen glanzvergoldeten Tafeln mit Szenen des Alten Testamentes werden heute im Museo dell'Opera del Duomo ausgestellt, am Portal befinden sich Kopien. Die oberste Tafel ist den Themen Schöpfung, Sündenfall und Vertreibung aus dem Paradies gewidmet, darunter wird die *Geschichte Noahs* geschildert, gefolgt von der Szene *Geburt Esaus und Betrug Jakobs*. Im nächsten Relief empfängt Moses die Gesetzestafeln, in der Szene darunter wird Goliath von David besiegt, auf der nächsten Tafel wird Kain von Abel erschlagen. Auf der siebten Tafel von oben erkennt man die *Erscheinung der Engel vor Abraham*, die gefolgt wird von der Darstellung des *Joseph und seiner Brüder*. Die beiden untersten Szenen schildern die *Überquerung des Jordan* sowie den *Empfang der Königin von Saba vor Salomon*.

Die Innendekoration des Baptisteriums ist wie das Äußere dreizonig gegliedert und mit zweifarbigen Marmorinkrustationen geschmückt. Die Säulen der unteren Wandzone sind antik. Festlich ist das **Kuppelmosaik** byzantinisch-venezianischer Schule, entstanden im 13. und 14. Jh. vermutlich unter Mitwirkung *Cimabues*. In der Mitte thront Christus als Weltenherrscher auf einem Regenbogen. Die Bildstreifen erzählen von oben nach unten die *Schöpfung*, die *Josephsgeschichte*, *Szenen aus dem Leben Marias und Christi* und aus der *Vita Johannes d. T.* Beachtenswert ist auch das **Grabmal** des Gegenpapstes Johannes XXIII. (gestorben 1419 in Florenz) rechts vom Altar, das Michelangelo (Architektur) und Donatello (Skulpturen) schufen.

TOP TIPP Der **Duomo Santa Maria del Fiore** 2 (Tel. 05 52 30 28 85, www.operaduomo.firenze.it, Mo–Mi, Fr 10–17, Do 10–15.30, Sa 10–16.45, So 13.30–16.45 Uhr) ist so atemberaubend schön, dass selbst Florentiner, die mit dem Dom vor Augen aufgewachsen sind, immer wieder staunend verweilen, wenn sie aus einer der engen Gassen des Domviertels kommend plötzlich vor diesem gewaltigen Monument stehen.

Zwischen 1296 und 1461 war der Domplatz eine Großbaustelle. Die bis ins 16. Jh. unfertige Fassade wurde 1588 im Auftrag des Großherzogs Ferdinando I. abgerissen und so, wie sie sich heute präsentiert, erst im 19. Jh. im gotisierenden Stil auf gelungene Weise vollendet. Der erste Baumeister des Domes war der aus Rom berufene *Arnolfo di Cambio*, der die Breite des Mittelschiffs festlegte, aber ein kürzeres Langhaus geplant hatte. Nach seinem Tod 1311 ruhten die Arbeiten, bis *Giotto* 1334–1337 die Bauleitung übernahm. Von ihm stammt der Entwurf des Campanile.

Die weitere Folge zahlreicher Architekten beendete *Filippo Brunelleschi*, der 1434 endlich die achteckige, 107 m hohe **Kuppel** mit 45 m Durchmesser schloss. Für die übliche Kuppel-Bauweise wären die Fundamente zu schwach gewesen. Brunelleschi löste dieses Problem, indem er eine leichtere zweischalige Segmentkuppel aus Ziegelsteinen im Fischgratverband errichtete. Die Laterne wurde erst im Jahr 1461 aufgesetzt.

Mit 153 m Länge und 38 m Breite ist Santa Maria del Fiore eine der größten Kirchen der Christenheit. Trotz der langen Bauzeit wirkt das **Äußere** des Domes erstaunlich einheitlich. Dennoch lässt sich die Änderung der Baupläne an den Längsseiten ablesen: Ab dem 4. Joch sind die Fenster größer und setzen höher an. Wie die Dome in Pisa und Siena verbindet der Florentiner Dom ein basilikales Langhaus mit Querschiff und Kuppel.

Die weiß-grün-rote Marmorinkrustation geht auf Giotto zurück, der dieses Muster im **Campanile** (tgl. 8.30–19.30 Uhr) bereits vorgegeben hatte. 414 Stufen führen auf den 84,70 m hohen Glockenturm, die Aussicht lohnt die Mühe des Aufstiegs.

Das **Innere** des Domes ist eine Überraschung: Der Besucher betritt eine schmucklose, kühle dreischiffige Halle. Im 19. Jh.

Grandioser Auftritt: Battistero San Giovanni (links) und Dom Santa Maria del Fiore mit Campanile

Zwei gemalte Reiterstandbilder zählen zu den bedeutendsten Kunstwerken im Dom von Florenz

wurde die Kirche ›entkleidet‹. Erst auf den zweiten Blick entfaltet sich die reiche Einzelausstattung, von der im Folgenden nur die Glanzstücke genannt werden. Die schönen *Glasmalereien* der Frührenaissance entstanden nach Entwürfen von Ghiberti, Donatello, Paolo Uccello, Andrea del Castagno und Antonio Gaddi. An der Westwand besticht das *Mosaik* der Marienkrönung von Gaddo Gaddi (nach 1300). Die *Prophetenköpfe* an der Uhr stammen von Paolo Uccello. Nah am Eingang an der rechten Langhauswand befindet sich eine *Gedenkstätte für Brunelleschi* mit einer Büste des Kuppelerbauers, ausgeführt von seinem Schüler Andrea Cavalcanti (1446). Kunsthistorisch bedeutend sind vor allem an der linken Langhauswand die *gemalten Reiterstandbilder*, links das des Niccolò da Tolentino von Andrea del Castagno (1456), daneben die in ihrer perspektivischen Verkürzung äußerst radikale Darstellung des Giovanni Acuto von Paolo Uccello (1436).

Das *Kruzifix* am Hauptaltar ist ein Werk Benedetto da Maianos (1497). Beachtung verdient in der Hauptkapelle des Vorraums der *Sarkophag* mit der Reliquie des hl. Zenobius von Ghiberti (1432–42). Vom Mittelschiff aus hat man Zugang zu den **Ausgrabungen** der Vorgängerkirche Santa Reparata, einer im 5. Jh. gegründeten Basilika, die im 14. Jh. abgerissen wurde.

Schräg gegenüber des Chors von Santa Maria del Fiore befindet sich das **Museo dell'Opera del Duomo** 3 (Piazza del Duomo 9, Tel. 05 52 30 28 85 Uhr, Mo–Sa 9–19.30, So 9–13.45 Uhr). Das Erdgeschoss beherbergt links eine Dokumentation über die *Konstruktion der Domkuppel* mit Werkzeugen, wie sie Brunelleschi verwendete, und im anschließenden Saal die *Skulpturen*, die Arnolfo di Cambio, Donatello (Johannes) und Nanni di Banco (Lukas) für die unvollendet gebliebene und später abgerissene Domfassade meißelten. Einer der größten Schätze befindet sich auf dem Treppenabsatz zum 1. Stock: eine unvollendete **Pietà** von *Michelangelo* (1543–53) von dramatischer Ausdruckskraft, die er für sein eigenes Grab schaffen wollte. Der Bildhauer machte bei der Arbeit einen Fehler und geriet darüber so in Zorn, dass er die Figurengruppe zertrümmerte. Sein Schüler Calcagni setzte sie nach seinem Tod wieder zusammen und vervollständigte die Magdalena. Joseph von Arimathia, der den Christus stützt, trägt die Züge Michelangelos.

Im Obergeschoss sind als Hauptattraktion die **Bronzetafeln** der Paradies-Tür des Baptisteriums von Lorenzo Ghiberti ausgestellt. Im *Saal der Chöre* entzückt ein Basrelief-Fries mit musizierenden Engeln, den Donatello 1433–39 und Luca della Robbia 1431–38 für die Sängertribuna des Doms schufen, wobei die Putti Donatellos weitaus quirliger tanzen und musizieren als die erhabeneren Engelschöre Della Robbias. Von dramatischem Ernst sind die beiden von Donatello geschaffenen

Skulpturen der ausgezehrten *Magdalena* und des glatzköpfigen *Habakuk*, die einst die Fassade des Domes zierten.

Im *Großen Saal* des Obergeschosses befinden sich die Originale eines Relief-Zyklus' mit Szenen der Genesis und verschiedenen handwerklichen Tätigkeiten. Die Reliefs, die den Campanile schmückten, wurden von Giotto gezeichnet und von Andrea Pisano ausgeführt.

Museen am Arno

Die **Piazza della Signoria** ist seit fast 600 Jahren das politische Zentrum der Stadt. Die weiträumige Platzanlage wird beherrscht vom burgartigen **Palazzo Vecchio** 4 (Tel. 05 52 76 82 24, Mi–Mo 9–19 Uhr, Di 9–14 Uhr), vor dem eine Kopie von Michelangelos berühmtem David (Original in der Galleria dell'Accademia, s. S. 147) und Baccio Bandinellis Herkules die Werte der freien Republik sowie die Herzogswürde repräsentieren. Der Eingang zum Palast, der von Arnolfo di Cambio 1299–1314 als Versammlungshaus der Zunftältesten errichtet und bis ins 16. Jh. mehrmals umgebaut wurde, liegt an der Via della Ninna. Den **Innenhof** (nicht zugänglich) mit mächtigem Portikus gestaltete Michelozzo im Auftrag der Medici (1470), die im Palazzo Vecchio residierten, bevor sie in den Palazzo Pitti umzogen. Die große *Treppe* Vasaris (1560–63) führt zu den herzoglichen ›Quartieri‹ hinauf.

Im Inneren beeindruckt zunächst der gigantische **Saal der Fünfhundert** mit pompösen *Schlachten-Fresken* Vasaris (1550–70) und zahlreichen *Statuen*, darunter dem *Sieg* Michelangelos. Angeschlossen ist das kleine **Studiolo** des Medici-Herzogs Francesco I. (Vasari 1570), in dem der Herzog chemische Experimente durch-

Kunstvolle Kaffeepause – alle Touristenpfade führen immer wieder zur Piazza della Signoria

führte. Zum wissenschaftlichen Interesse des Herzogs passt das Bildprogramm unter der gewölbten Decke: Poppis *Allegorie von Prometheus und den Elementen*. Im 2. Stockwerk ist besonders der von Benedetto da Maiano eingerichtete **Saal der Lilien** mit wunderschöner Kassettendecke beachtenswert. Den Raumeindruck erweitern die *Fresken* mit antiken Themen von Domenico Ghirlandaio (1481–85). Im Rahmen von Führungen können außerdem die **Percosi Segreti**, geheime Räume und Gänge des Palastes, besichtigt werden.

Nur wenige Schritte rechts vom Hauptportal des Palazzo Vecchio befindet sich der Eingang der **Galleria degli Uffizi** 5 (Tel. 05 52 38 86 51, www.firenzemusei.it, Di–So 8.15–18.30 Uhr, letzter Einlass 45 Min. vor Schließung, um Wartezeiten zu vermeiden, sollte man die Möglichkeit der Kartenvorbestellung

nutzen: s. S. 152). Der Name der Galerie leitet sich vom italienischen Wort ›Uffici‹ (Büros) ab. Die dreiflügelige Anlage, die sich bis zum Arno erstreckt, entstand 1560–80 nach einem Entwurf von Giorgio Vasari. Cosimo I. hatte in diesem Verwaltungsgebäude die wichtigsten Amtssitze seines Reiches unterbringen wollen. Heute gehören die Uffizien zu den bedeutendsten Gemäldegalerien der Welt.

Die **Sammlung** mit ihren mehr als 1500 Exponaten umfasst neben weltberühmten Gemälden das Grafische Kabinett, Gobelins und antike Skulpturen. Zu den bedeutendsten Werken zählen die *Maestà* von Giotto, das *Doppelporträt der Montefeltro* von Piero della Francesca, die *Geburt der Venus* von Sandro Botticelli, die *Anbetung der Könige* von Leonardo, das *Tondo Doni*, das einzige frühe Ölgemälde von Michelangelo, die *Flora* von Tizian und *Jugendlicher Bacchus* von Caravaggio.

Auf der Höhe der Uffizien überbrückt der **Ponte Vecchio** 6 den Arno. Die älteste Brücke der Stadt entstand im 14. Jh. auf der Basis eines antiken Ponte und dient

Das einstige Büro- und Amtsgebäude der Galleria degli Uffizi **(oben)** *birgt heute die größte Gemäldegalerie Italiens mit der von Buontalenti entworfenen Tribuna* **(links)** *und berühmten Werken wie der ›Geburt der Venus‹ von Sandro Botticelli* **(unten)**

seit dem 16. Jh. gleichzeitig als *Einkaufspassage*. Zunächst richteten Metzger, später nur noch Goldschmiede ihre Läden auf dem Ponte Vecchio ein. Dabei ist es bis heute geblieben. Auf Wunsch Cosimos I. überbaute Giorgio Vasari die Brücke mit einem **Korridor** (von den Uffizien aus zu besichtigen), durch den der Großherzog, unbehelligt vom Volke, vom Palazzo Vecchio aus in seine Residenz im Palazzo Pitti gelangen konnte.

Der wuchtige, dreistöckige **Palazzo Pitti** 7 am anderen Ufer des Arno an der *Piazza dei Pitti* entstand ab 1457 als Wohnhaus für den reichen Bankier Luca Pitti. Ein Jahrhundert später kauften die Medici den Palast, erweiterten ihn um den berühmten 45 000 m² großen **Giardino di Boboli** (Tel. 05 52 29 87 32, Juni–Aug. Di–So 8.15–19.30 Uhr, April/Mai, Sept./Okt. Di–So 8.15–18.30 Uhr, Nov.–Febr. Di–So 8.15–16.30 Uhr, März Di–So 8.15– 17.30 Uhr, außerdem ganzjährig jeden 2. und 3. Mo im Monat, letzter Einlass 1 Std. vor Schließung, Kartenvorbestellung s. S. 152) mit *Amphitheater* und *Wasserspielen* sowie durch einen gigantischen **Innenhof**. Im 18. Jh. wurde der Palazzo Pitti noch einmal an den Seiten um je drei Fenster verlängert, sodass die Fassade schließlich eine Länge von 200 m überschritt. Das Gebäude beherbergt heute verschiedene Museen.

Die **Galleria Palatina** (Tel. 05 52 38 86 11, Di–So 8.30–18.45 Uhr) im 1. Stockwerk wurde in den ehemaligen Wohnräumen des Großherzogs untergebracht. Die Säle sind von *Pietro da Cortona* ausgemalt und verfügen über eine außerordentliche Gemälde-Sammlung, die sich vor allem auf drei bedeutende Maler konzentriert: **Raffael** (*Donna Velata, Madonna del Granduca, Madonna della Seggiola, Gravida, Bildnis des Agnolo und Magdalena Doni*), **Tizian** (*Konzert, Die Schöne, Pietro Aretino, Bildnis eines Edelmannes, Hl. Magdalena*) und **Rubens** (*Rückkehr von den Feldern, Vier Philosophen, Allegorie des Krieges, Bildnis der Isabella Clara Eugenia*). Im gleichen Stockwerk kann man die **Appartamenti reali** besichtigen, die Zeugnis über drei Abschnitte in der Geschichte des Palastes abgeben: Die *Kapelle des Großfürsten Ferdinand* blieb aus der Medici-Zeit erhalten, aus der Epoche der Lothringer stammt das prunkvolle *Ankleidezimmer der Königin* im Rokoko-Stil, aus dem 19. Jh., als die italienischen Könige in Florenz residierten, der *Thronsaal* im neobarocken Stil.

Das in den ehemaligen Sommergemächern des Großherzogs untergebrachte **Museo degli Argenti** (Tel. 05 52 38 87 09, Öffnungszeiten wie Giardino di Boboli, s. o.) zeigt eine kostbare *Sammlung von Tafelsilber, Juwelen* und *Stoffen* der Großherzoglichen Schatzkammer. Auf toskanische Malerei des 19. und 20. Jh. ist die **Galleria d'Arte Moderna** (Tel. 05 52 38 86 16, Di–So 8.15– 18.50 Uhr, letzter Einlass 45 Min. vor Schließung, Kartenvorbestellung s. S. 152) im 2. Stockwerk spezialisiert.

Michelangelos berühmter ›David‹ steht im Zentrum der Galleria dell'Accademia

Hübsche Aussichten: der Ponte Vecchio, die älteste Brücke von Florenz, vom Ponte S. Trinità

Zwei bedeutende Skulpturen-Museen

Der Besuch zweier weiterer Museen gehört zu den Höhepunkten eines Florenzbesuches: In der Via del Proconsolo 4 befindet sich das bedeutendste Skulpturen-Museum der Renaissance, das **Museo Nazionale del Bargello** 8 (Tel. 05 52 38 86 06, Di–Sa 8.15–13.50 Uhr, auch jeden 2., 4. So sowie jeden 1., 3., 5. Mo im Monat, Kartenreservierung s. S. 152). Im Erdgeschoss werden Werke von **Michelangelo Buonarroti** gezeigt: der verspielte, nach antiken Vorbildern entstandene *Trunkene Bacchus mit kleinem Satyr* (1497), Michelangelos erste größere Plastik, der *Kleine David* (1531), das *Tondo Pitti* (1504) und eine *Büste des Brutus* (1540). Im Hauptsaal des Erdgeschosses ist außerdem das Original einer weltberühmten, viel kopierten Skulptur des Frühbarock zu sehen: der eilende Götterbote *Merkur* von *Giambologna* (1564). Ein Vorbild dieses Werks wird im 1. Stockwerk gezeigt: *Donatellos* bronzener **David** (um 1408/09), die erste frei stehende Aktfigur seit der Antike, ist ein verspielter feingliedriger Jüngling, eigentlich zu zart, um das Schwert zu heben, mit dem er Goliath das Haupt abschlug. Spannend ist der Vergleich zwischen den beiden Reliefs *Opferung Isaaks* im Hauptsaal, mit denen sich *Ghiberti* (der Sieger) und *Brunelleschi* um den Auftrag für die *Baptisteriumstüren* bewarben. Zu den weiteren Ausstellungsstücken gehören Skulpturen von Cellini, Sansovino, Ammanati, Luca della Robbia, Verrocchio u. a.

Wer weitere plastische Werke Michelangelos kennen lernen möchte, sollte einen Besuch in der **Galleria dell'Accademia** 9 (Tel. 05 52 38 86 09, Di–So 8.15–18.50 Uhr, 6. Juni–24. Sept. auch 19–22 Uhr bei freiem Eintritt, Kartenreservierung s. S. 152) in der Via dei Ricasoli 60 nicht versäumen: Hier ist die weltberühmteste Skulptur eines nackten Mannes, der gut 4 m hohe, heroische **David** (1501–04) zu sehen, den der erst 26-jährige Michelangelo aus einem Marmorblock schlug, der jahrelang unverwendet vor der Dombaustelle gelegen hatte. Die Stadtregierung kaufte den ›Giganten‹ für 400 Dukaten und stellte ihn als Symbol städtischer Freiheit auf die Piazza della Signoria. Vielleicht noch interessanter als der anatomisch perfekte David sind die Figuren, die in der Galerie den Weg zum Giganten säumen: Die vier **Sklaven** Michelangelos sind regelrecht im Stein gefangen. Es ist nicht geklärt, ob Michelangelo die Skulpturen selbst aus dem Stein meißelte und, wie Vasari schreibt, bewusst nicht beendete, oder ob es sich nur um Vorarbeiten von Gehilfen handelt. Zwei weitere Werke Michelangelos verdienen Beachtung: ein weitgehend vollendeter *Matthäus* (1503) und die *Pietà aus Palestrina*, die aus einem antiken, in Palestrina gefundenen Dachgesims entstand. Manche Kunsthistoriker bezweifeln die Zuweisung dieser Gruppe. Im Übrigen sind in der ›Accademia‹ Werke von florentinischen Malern der Frührenaissance ausgestellt, darunter Sandro Botticellis *Madonna des Meeres*.

Klöster und Kirchen

Ein einmaliges Erlebnis ist der Besuch des ehemaligen Dominikaner-Klosters **San Marco** 10 mit dem *Museo di San Marco* (Tel. 05 52 38 86 08, Di–Fr sowie jeden 1., 3. und 5. Mo im Monat 8.15–13.50, Sa 8.15–18.50 Uhr, jeden 2. und 4. So 8.15–19 Uhr) an der gleichnamigen Piazza. Den prachtvollen Ausbau durch *Michelozzo* finanzierte Cosimo de' Medici 1437–42. Die dem Stifter vorbehaltene Zelle für Meditationstage kann man heute ebenso besichtigen wie den Schlafraum von **Fra Girolamo Savonarola**, ab 1491 Abt des Klosters. Dieser großartige Rhetoriker, fanatische Asket, Bilderstürmer und Reformator rief die Florentiner zu moralischer Reinigung auf, löste eine Revolte aus und regierte für kurze Zeit an der Spitze einer theokratischen Stadtverwaltung Florenz, sein ›Neues Jerusalem‹. 1497 wurde er vom Papst exkommuniziert, 1498 als Häretiker verbrannt. Auch die anderen **Klosterzellen** sind sehenswert: Sie wurden um 1440 von dem frommen Mönch und genialen Künstler *Beato Angelico* und Gehilfen mit Fresken geschmückt. Die schönsten Bilder im Kloster sind jedoch Fra' Angelicos *Verkündigung* mit einer hingebungsvollen Maria und das Tafelbild der *Kreuzigung* im Zellengang sowie das Fresko *Abendmahl* mit weich modellierten Figuren von Domenico Ghirlandaio (1480) im kleinen **Refektorium**. Beachtenswert ferner das abgenommene Fresko *Das Jüngste Gericht* von Fra Bartolomeo (1499–1501) im großen Refektorium und die *Madonna* desselben Künstlers (1510) im angrenzenden Raum.

Unter den vielen sehenswerten Kirchen von Florenz gehören sechs zu den absoluten Höhepunkten einer Toskanareise. **Orsanmichele** 11 (wird zzt. restauriert, Kirche geöffn., Museum geschl.) in der *Via de Calzaiuoli* entstand im 14. Jh. als Marienoratorium (im Erdgeschoss) und Getreidespeicher in den beiden oberen Stockwerken. Eine Bruderschaft stiftete 1349 einen goldglänzenden Marienaltar, den Andrea Orcagna (Skulptur) und Bernardo Daddi (Malerei) anfertigten. Später ließen die Zünfte die 14 Fassadennischen mit *Heiligenskulpturen* und *Tabernakel-Reliefs* mit Handwerker- und Händlerszenen schmücken, die einen Überblick über die florentinische Bildhauerkunst ermöglichen. An diesen Aufträgen arbeiteten

Die Spanische Kapelle in den Chiostri Monumentali di Santa Maria Novella zeigt in einem fein ausgeklügelten Freskenprogramm die Missionierung durch die Dominikaner

Albertis Volutengiebel an der Fassade von Santa Maria Novella wurden noch im Barock imitiert

berühmte Bildhauer wie Donatello, Ghiberti, Nanni di Banco (1410–1428), Andrea del Verrocchio (1483) und Giambologna (1601). Die meisten Skulpturen wurden inzwischen durch Kopien ersetzt.

Die dreischiffige gotische Dominikanerkirche **Santa Maria Novella** 12 beeindruckt durch ihre mit weiß-grünem Marmor verkleidete *Fassade*, deren von korinthischen Säulen flankiertes Mittelportal und Obergeschoss 1456–70 nach Entwürfen *Leon Battista Albertis* entstanden. Der Fries im Gebälk zeigt geblähte Segel, das Wappen des Auftraggebers Giovanni Ruccellai. Der **Dreiecksgiebel** und die seitlichen Voluten sind Erfindungen Albertis, die noch im Barock kopiert wurden.

Das **Innere** der Basilika mit Querschiff und fünf Chorkapellen nach Vorbild der Zisterzienserkirchen überrascht durch ein gotisches Kreuzgratgewölbe und hohe Arkaden. Das Querhaus und die Kapellen sind herrlich freskiert und reich mit Kunstschätzen ausgestattet. Hier sollte man sich viel Zeit nehmen und genug Münzen für die Beleuchtungsautomaten in der Tasche haben. Die **Hauptkapelle** wurde 1485–90 von Domenico Ghirlandaio und seinen Schülern ausgemalt, zu denen auch der junge Michelangelo gehörte. Ghirlandaio zeichnet hier ein vorzügliches Bild der Florentiner Gesellschaft der Renaissance, die Bürger treten als Komparsen des *Marienlebens* und der *Vita Johannes d. T.* auf. Die **Cappella Filippo Strozzi** rechts neben der Hauptkapelle schmückte sieben Jahre später, 1497–1502, Filippino Lippi, der Sohn Fra Filippo Lippis, in deutlich bewegterem, frühmanieristischen Stil aus. Die Bilder erzählen Legenden des Apostels Philippus sowie Johannes d. T. 140 Jahre älter ist das Fresko in der **Cappella Strozzi** am linken Ende des Querhauses: Nardo di Cione (1357) breitete über drei Wände das Thema des *Jüngsten Gerichtes* aus. Das berühmteste Bild der Kirche Santa Maria Novella befindet sich an der linken Langschiffwand: Masaccios **Trinità** (1426) bildet zum ersten Mal die antikisierende Formensprache des Architekten Brunelleschi in der Malerei nach. Das Kreuz steht unter einer von Wandpfeilern und Säulen mit korinthischen und ionischen Kapitellen gesäumten Loggia. Innovativ sind auch die Porträts Masaccios: Maria (links) ist hier keine idealisierte Heilige, sondern eine von Enttäuschung gezeichnete ältere Frau. Auf einer Stufe unter dem Kreuz knien die beiden Stifter des Bildes.

Sehenswert sind auch links der Kirche die **Chiostri Monumentali di Santa Maria Novella** (Tel. 055 28 21 87, Mo–Do, Sa 9–17 Uhr) mit dem **Grünen Kreuzgang**, in dem Fresken des 15. Jh. von Paolo Ucello erhalten sind, sowie der faszinierenden **Spanischen Kapelle** mit einem einzigartigen Freskenprogramm zum rechten Heilsweg der Menschen und der Missionierung durch die Dominikaner, geschaffen von Andrea Buonaiuti.

Eine der bedeutendsten Renaissancekirchen ist **San Lorenzo** 13, deren heutige Gestalt im Wesentlichen auf den Plänen Brunelleschis beruht. Sie gehört zu den ältesten Kirchenbauten der Stadt (393 von Bischof Ambrosius geweiht) und wurde ab 1418 erweitert. Die Folge von Säule und Rundbogen im Kircheninneren steht ganz in antik-frühchristlicher Tradition. Bedeutendste Ausstattungsstücke sind die *Bronzekanzeln* von Donatello (1460–70). Der wohl eigenständigste Bauteil Brunelleschis und zugleich erste Zentralraum der Renaissance ist die Alte Sakristei (1420–28), Teil der sog. **Cappelle Medicee** (Tel. 05 52 38 86 02, Di–Sa sowie jeden 2. und 4. Mo im Monat 8.15–16.50, jeden 1., 3. und 5. So 8.15–18.50 Uhr). Über einem quadratischen Grundriss spannt sich eine großartige *Schirmkuppel*. Gegenüber liegt die bedeutende **Neue Sakristei** von *Michelangelo* (ab 1520). Seine Grabmäler für Giuliano und Lorenzo de' Medici gehören zu den Höhepunkten der Florentiner Grabmalskunst.

Eines der schönsten Werke der Frührenaissance-Malerei birgt die 1268 begonnene und 1771 abgebrannte Kirche **Santa Maria del Carmine** 14, von der nur die Sakristei, die Cappella Corsini sowie die **Cappella Brancacci** (Tel. 05 52 76 82 24, www.comune.fi.it, nur nach Voranmeldung, Mo, Mi–Sa 10–16.30, So 13–17 Uhr) gerettet werden konnten. Letztere ist berühmt wegen ihres ausdrucksstarken Freskenzyklus zur *Vita des hl. Petrus*, den Masolino und Masaccio 1424 begonnen haben und den Filippino Lippi 1481/82 vollendete.

Santa Croce 15, ein dreischiffiger Kirchenbau aus dem 13. Jh., erlangte vor allem wegen seiner *Grabmäler* für Ghiberti, Galilei, Michelangelo, Rossini und der *Fresken* Giottos in den **Cappelle Bardi e Peruzzi** Berühmtheit. Der weiträumige Platz vor der Kirche wird alljährlich im Juni während des **Calcio Storico Fiorentino** zum Schauplatz eines ausgelassenen Fußballwettkampfs in historischen Kostümen.

Meilenstein der europäischen Freskomalerei: die ›Cappella Brancacci‹ in Santa Maria del Carmine

Volksbelustigung mit Tradition: der Calcio Storico Fiorentino auf der Piazza Santa Croce

Ein stimmungsvoller Abschluss eines Kurzbesuches in Florenz ist die Besichtigung der Basilika **San Miniato al Monte** 16. Schon der Weg bis zum *Piazzale Michelangelo* lohnt sich wegen der herrlichen Aussicht auf die Stadt. Auf dem Gipfel des Hügels erhebt sich die romanische Basilika (1018–1207), die man schon von weitem an den weiß-grünen geometrischen Ornamenten der **Marmorfassade** erkennt. Fünf Blendbögen spannen sich im Erdgeschoss über Halbsäulen mit korinthischen Kapitellen. Der obere Teil hat die Form eines kleinen Tempels. In der Ädikula leuchtet ein *Mosaik* auf goldenem Grund (13. Jh.): Christus ist mit der Jungfrau und dem hl. Minias (dem an dieser Stelle im 3. Jh. getöteten Märtyrer) abgebildet. Das **Innere**, von frühchristlicher Strenge, wird von antiken Säulen in drei Schiffe gegliedert. Die rechte Langhauswand weist Reste von *Fresken* aus dem 14. und 15. Jh. auf. Der Fußboden ist mit herrlichen *Marmorintarsien* (1207) geschmückt. Der Chor liegt erhöht über einer Krypta mit Kreuzgratgewölbe auf dünnen Säulen, deren Fassade mit Marmorintarsien prunkvoll dekoriert wurde (1207). Aus dieser Zeit stammen auch *Kanzel* und *Chorschranken*. Im Mittelschiff erhebt sich über einem Altar das **Marmorziborium** von Michelozzo (1448). Die Terrakotta-Dekoration führte Luca della Robbia aus, die *Altarbilder* stammen von Agnolo Gaddi (1394–96). Am Ende des rechten Schiffes führt eine Tür in die **Sakristei**, die um 1400 von Spinello Aretino mit *Szenen aus dem Leben des hl. Benedikt* ausgemalt wurde (vgl. auch Monte Oliveto Maggiore, s. S. 52). Sehenswert ist ferner die **Kapelle des Kardinals von Portugal** in der Mitte des linken Schiffs: Dieser Zentralbau wurde 1461–66 von dem Brunelleschi-Schüler Antonio Manetti an die Kirche angeschlossen und von Luca della Robbia (Skulpturen), Alessio Baldovinetti (Fresken) und Antonio Rossellino (Grabmal) ausgestattet.

i Praktische Hinweise

Information

APT, Via Cavour 1/r, Florenz, Tel. 0 55 29 08 32, Fax 05 52 76 03 83, www.firenzeturismo.it

APT, Via Manzoni 16, Florenz, Tel. 05 52 33 20, Fax 05 52 34 62 86

Kartenreservierung für Museen

Um lange Wartezeiten vor Museen zu vermeiden, kann man bei **Firenze Musei**, Tel. 055 29 48 83, www.firenzemusei.it sowie bei **Weekend a Firenze**, Fax 05 74 40 17 44, www.weekendafirenze.com vorab Eintrittskarten reservieren.

Hotels

*****__Regency e Rist. Relais Le Jardin__, Piazza Massimo d'Azeglio 3, Florenz, Tel. 055 24 52 47, Fax 05 52 34 67 35, www.regency-hotel.com. Exklusives Stadthotel in einer Patriziervilla mit Spitzenrestaurant, noch nahe am Zentrum, aber abseits der Touristenströme gelegen.

***__Fiorino__, Via Osteria del Guanto 6, Florenz, Tel. 055 21 05 79, Fax 055 26 89 29,

Meisterwerk Michelozzos: Marmortabernakel im Chor von San Miniato al Monte

Florenz wie auf dem Silbertablett: Aussichtsterrasse Piazzale Michelangelo

www.hotelfiorino.it. Schlichtes, sauberes kleines Hotel in ruhiger, aber zentraler Lage hinter der Piazza Signoria.

*****Loggiato dei Serviti**, Piazza SS. Annunziata 3, Florenz, Tel. 055 28 95 92, Fax 055 28 95 95, www.loggiatodeiserviti hotel.it. Charmantes, luxuriöses Hotel mit 25 geräumigen, antiquitätengeschmückten Zimmern in einem früheren Ordenshaus aus dem 16. Jh. unweit des Doms. Und das alles zu annehmbaren Preisen. Deshalb sollte man lange im Voraus buchen.

Restaurants

TOP TIPP **Enoteca Pinchiorri**, Via Ghibellina 87, Florenz, Tel. 055 24 27 57. Für viele das beste Restaurant in Florenz, der Michelin vergibt zwei Sterne und das Prädikat ›eine Reise wert‹ (So/Mo sowie Di/Mi mittags geschl.).

Paoli, Via dei Tavolini 12/r, Florenz, Tel. 055 21 62 15. Charakteristisches Restaurant in Domnähe mit einem Ambiente, das dem 14. Jh. nachempfunden ist (Di geschl.).

32 Fiesole

Im 15. Jh. die Sommerfrische der Florentiner, später Refugium von Künstlern wie Paul Klee und Marcel Proust.

Das schöne 15 000-Einwohner-Städtchen liegt in den Hügeln bei Florenz. Schon von den **Etruskern** war der Ort besiedelt, Sulla eroberte ihn 80 v. Chr. Im Mittelalter waren Florenz und Fiesole noch zwei etwa gleich große, konkurrierende Nachbarstädte, doch dem Aufstieg der Florentiner konnten die Fiesolaner schließlich nicht standhalten. 1125 unterwarf Florenz die Nachbarstadt. Seitdem erlangte sie nie wieder Selbstständigkeit.

Im Stadtzentrum liegt der interessante **Archäologische Bezirk**, der sich rund um das schön in die Landschaft gefügte, unter Claudius errichtete *Theater* mit einst 3000 Plätzen erstreckt. Die *Thermenanlage* (2. Jh. n. Chr.) an der etruskischen *Stadtmauer* ist noch gut zu erkennen. Auch Reste der *Tempelanlage* mit einem etruskischen Teil im Süden und einem römischen im Norden auf gemeinsamem Fundament sind zu sehen. Das **Museo Archeologico e Teatro Romano** (Tel. 05 55 94 77, März–Okt. tgl. 9.30–19 Uhr, Nov.–Febr. Mi–Mo 9.30–17 Uhr) hinter dem Theater zeigt Fundstücke des antiken Fiesole.

Der Dom **San Romolo** an der Piazza Mino da Fiesole, über dem römischen Forum, stammt aus dem 11.–13. Jh., wurde jedoch im 19. Jh. stark umgebaut. Im **Inneren** ist neben dem *Marienaltar* von Lorenzo di Bicci vor allem die **Salutati-Kapelle** rechts neben dem Presbyterium mit einem *Grabmal* des Bischofs Salutati von Mino da Fiesole und *Fresken* von Cosimo Rosselli (um 1465) beachtenswert.

In einem neoklassizistischen Palast neben dem Dom zeigt das **Museo Bandini** (Tel. 05 55 94 77, März–Okt. tgl. 9.30–19 Uhr, Nov.–Febr. Mi–Mo 9.30–17 Uhr) mittelalterliche Gemälde und Skulpturen. Die am

Park gelegene Kirche **Sant'Alessandro** erhielt ihr Äußeres im 19. Jh., innen beeindrucken acht Säulen aus griechischem Marmor von der Insel Euböa.

Schräg gegenüber liegt das 1905 umgebaute Konvent **San Francesco** aus dem 14. Jh. Von der klassizistischen Umgestaltung verschont blieb der Hauptaltar mit der *Verkündigung* von Raffaellino Garbo (um 1495).

i Praktische Hinweise

Information

APT, Via Portigiani 3,
Tel. 0 55 59 87 20, Fax 0 55 59 88 22,
www.comune.fiesole.fi.it

Hotel

TOP TIPP *****Villa San Michele, Via Doccia 4, Fiesole, Tel. 05 55 67 82 00, Fax 05 55 67 82 50, www.villasanmichele.orient-express.com. Die herrliche Anlage aus dem 15. Jh. gilt als eines der besten Hotels Italiens. Entsprechend teuer ist es freilich auch.

33 Villa Medicea di Poggio a Caiano und Villa Medicea della Petraia

Landsitze und Lustgärten der Renaissance.

Ab Mitte des 15. Jh. ließen die Medici, angeregt durch das Vorbild antiker Patrizier, zahlreiche vornehme Landvillen rund um Florenz anlegen, die der Entspannung, der Falken-Jagd, der Erziehung der Kinder und amourösen Treffen dienten. Nicht zuletzt lieferten die Landgüter auch Lebensmittel. Denn wie heute noch legten die wohlhabenden Toskaner bereits in der Renaissance großen Wert darauf, sich an garantiert frischen Nahrungsmitteln erster Güte zu laben. Die meisten ehemaligen Landvillen sind heute in Privatbesitz. Viele wurden zweckentfremdet wie die *Villa Ambrogiana* bei Montelupo (Gefängnis), die *Villa di Castello* (Sitz einer Sprach-Akademie) oder die *Villa Artimino* (privates Kongresszentrum). Manche ste-

◁ *Das Teatro Romano in Fiesole ist nicht nur als archäologische Attraktion, sondern auch wegen seiner herrlichen Lage eine Reise wert*

hen leer und verfallen wie die *Villa di Caffagiolo* im Mugello oder wurden abgerissen wie die *Villa Demidoff* in Pratolino, von der nur ein herrlicher englischer Garten übrig blieb. Zwei Medici-Villen können besichtigen werden.

Die **Villa Medicea di Poggio a Caiano** (17 km außerhalb von Florenz Richtung Prato, Tel. 055 87 70 12, März 8.15–16.30 Uhr, April/Mai, Sept. 8.15–17.30 Uhr, Juni–Aug. 8.15–18.30 Uhr, Nov.–Febr. 8.15–15.30 Uhr, jeden 2. und 3. Mo im Monat geschl.), umgeben von einer hohen Mauer mit Ecktürmen, ist der wohl schönste Medici-Landsitz. Der Patrizierbau und die Parkanlage hätten allerdings einige Restaurierungsarbeiten nötig. Giuliano da Sangallo baute den Palast 1480–85 für Lorenzo den Prächtigen. Die Fassade mit ihrer Arkadenloggia im Erdgeschoss und einer kleineren, von einem *Terrakottafries* gekrönten Kolonnade im Obergeschoss unter dem ausladenden Dreiecksgiebel geht auf das Vorbild antiker Kaiserpaläste zurück. Das **Innere** wurde im 16. Jh. von Andrea del Sarto und Pontormo mit *Fresken* dekoriert, deren antike Thematik Bezüge auf die Politik der Medici nimmt.

Nach Lorenzos Tod war Poggio a Caiano Sommerresidenz des Medici-Papstes Leo X. 1587 starben Großherzog Francesco I. und seine venezianische Gemahlin Bianca Cappello in der Villa. Drei Jahrhunderte später erwählte König Viktor Emanuel II. die Villa als Residenz.

Die **Villa Medicea della Petraia** (Tel. 055 45 26 91, Juni–Aug. tgl. 8.15–19.30 Uhr, April/Mai, Sept. tgl. 8.15–18.30 Uhr, März, Okt. tgl. 8.15–17.30 Uhr, Nov.–Febr. tgl. 8.15–16.30 Uhr, jeden 2. und 3. Mo im Monat geschl.) liegt 6 km außerhalb von Florenz Richtung Sesto Fiorentino. Eine grazile **Venus** machte die Villa weltberühmt. *Giambologna* schuf diese Figur einer nackten jungen Frau aus Bronze für den Brunnen, der den Garten dieser Medici-Villa schmückt. Die Venus wird heute im Haus ausgestellt. Im **Hängenden Garten** (dreistufige Anlage) sollte man spazieren gehen: Er bietet einen herrlichen Blick auf Florenz und das Arno-Tal. Die Villa war einst ein turmbewehrtes mittelalterliches Kastell, das *Buontalenti* 1576 in ein Herrenhaus umwandelte. Der *Innenhof* wurde von Volterrano (1636–48) mit *Taten der Medici* ausgemalt. Die Einrichtung mit interessanten Möbeln stammt von König Viktor Emanuel II. aus dem 19. Jh.

34 Certosa di Galluzzo, Empoli, Vinci, Chianti-Gebiet

Leonardo und der Geist des Weines.

Certosa di Galluzzo

7 km südöstlich von Florenz, nahe der Autobahnausfahrt ›Certosa‹, erhebt sich auf dem Hügel Monteacuto eines der schönsten Kartäuserklöster Italiens: Es wurde 1342 von dem Florentiner Adligen Niccolò Acciaioli gegründet. Heute leben in dem Komplex, der an eine Zitadelle erinnert, Zisterziensermönche. Größter Schatz des Klosters sind die herrlichen *Fresken* mit Szenen aus dem Leben Christi von *Pontormo* (um 1520) in der **Pinacoteca della Certosa** (Tel. 055 20 49 226, Di–So 9–11 und 15–16.30 Uhr).

Empoli

Die fortschrittliche 45 000-Einwohner-Stadt südöstlich von Florenz ist ein Verkehrsknotenpunkt und lebt hauptsächlich von ihrer florierenden Glasindustrie. Das Stadtbild ist entsprechend modern. Empoli besitzt aber auch eine sehenswerte Pinakothek. Das **Museo della Collegiata** (Tel. 05 71 75 77 29, Di–So 9–12, 16–19 Uhr) in der Altstadt neben der Kirche *Collegiata di S. Andrea*, die im 11. Jh. errichtet und im 18. Jh. umgebaut wurde, verfügt über eine beachtenswerte Sammlung toskanischer Malerei des 14. bis 17. Jh. mit Werken von Pontormo, Filippo Lippi, Tino di Camaino und Mino da Fiesole.

Vinci

Das 14 000-Einwohner-Städtchen zwischen Olivenhainen und Weinbergen, das man am besten von Empoli aus erreicht, ist weltberühmt: Dabei wurde Leonardo da Vinci am 15. April 1452 gar nicht hier, sondern 4 km südöstlich im Nachbardorf Anchiano geboren, wo sein Vater, ein Notar, ein Gut besaß. In **Anchiano** jedenfalls steht die *Casa di Leonardo* (Tel. 0571 56519, März–Okt. tgl. 9.30–19 Uhr, Nov.–Febr. tgl. 9.30–18 Uhr), das als Geburtshaus Leonardos restauriert wurde. Interessanter ist das **Museo Leonardiano** (Tel. 0571 56055, www.museoleonardiano.it, März–Okt. tgl. 9.30–19 Uhr, Nov.–Febr. tgl. 9.30–18 Uhr) in Vinci. Das Museum ist im *Castello dei Conti Guidi* (13. Jh.) untergebracht und besitzt zwar außer einer *Terrakotta-Madonna* keine Kunstwerke von Leonardo, dafür sind hier *Nachbauten* der von ihm erfundenen Maschinen ausgestellt, darunter auch ein Fahrrad, das offiziell erst 300 Jahre später erfunden wurde.

TOP TIPP Chianti-Gebiet

Wenn es dieses Lied nicht gegeben hätte über den **Chianti-Wein**, wenn dieser leicht wieder erkennbare schwarze Hahn nicht auf der bauchigen ›Fiasco‹-Flasche prangen würde, dann würden sich wahrscheinlich nicht Jahr für Jahr Touristenströme durch all jene Dörfer wälzen, in deren Namen das Wort Chianti vorkommt. Denn das waldige, mühevoll gerodete Gebiet mit den wie Soldaten aufgereihten Weinstöcken, das sich die Provinzen Florenz und Siena teilen, gehört landschaftlich nicht unbedingt zu den reizvollsten Gegenden der Toskana. Und aus kunsthistorischer Sicht ist das Chianti-Gebiet vergleichsweise bedeutungslos. Trotzdem lieben Deutsche und Engländer ihre Chianti-Region, wohl weil sie zentral liegt und sich hier viele Kennzeichen der vielfältigen toskanischen Landschaft zu einem unaufdringlichen Ganzen vereinen, aber auch weil das Chianti-Classico-Konsortium von jeher eine hervorragende Promotion betrieb. Darüber vergaßen die Winzer, sich um das Wohl ihres Weines zu kümmern. Sie setzten auf Masse statt Klasse [s. S. 177]. Seit einigen Jahren gibt es allerdings wieder

engagierte Weinproduzenten, die diese Tendenz umkehren. Ein Ausflug ins Chianti-Gebiet lohnt sich allemal, schon um die obigen Aussagen zu überprüfen. Im Folgenden werden die bekanntesten Orte zwischen dem Arno-Tal südlich von Florenz und dem Tal des Ombrone nördlich von Siena kurz beschrieben.

Das 15 000-Einwohner-Städtchen **San Casciano** im Val di Pesa liegt an der Schnellstraße zwischen Florenz und Siena und entwickelte sich zu einem kleinen Industriezentrum. Der Ort beherbergt aber eine der interessantesten Kirchen der Region: *Santa Maria del Prato*. Sie entstand im gotisch-toskanischen Stil um 1335, wurde im 16. Jh. umgebaut und verwahrt im Inneren eine ganze Reihe sehenswerter Kunstschätze. Am zweiten Altar rechts beeindruckt ein *Tafelkreuz*, ein Frühwerk des Sienesen Simone Martini (vor 1335). Am Hauptaltar sind Reste eines Triptychons von Ugolino di Neri aus dem 14. Jh. zu erkennen. Darüber hinaus beachtenswert: eine Madonna mit Kind von Taddeo Gaddi und die Kanzel mit Reliefs (Verkündigung und Heilige) von Giovanni di Balduccio da Pisa (beide 14. Jh.).

Der 11 000-Einwohner-Ort **Greve in Chianti**, die Hauptstadt des Chianti, zeichnet sich durch die weitläufige, asymmetrische, von Loggien umgebene *Piazza Matteotti* aus, an der die Pfarrkirche *Santa Croce* aus dem 19. Jh. liegt. Eine Besichtigung lohnt sich, denn im Inneren werden ein Triptychon von Bicci di Lorenzo (15. Jh.) mit einer Verkündigung und eine Madonna des sog. Meisters von Greve aus dem 13. Jh. gezeigt.

Das nur 3000 Einwohner zählende **Castellina in Chianti** liegt reizvoll auf einem Hügel zwischen den Tälern Dell'Arbia und Dell'Elsa, wird von den Resten einer *Burg* aus dem frühen 15. Jh. beherrscht und besitzt noch zahlreiche Gebäude des 14. und 15. Jh. Die Hauptstraße führt auf eine moderne *Pfarrkirche*, die ein Fresko von Bicci di Lorenzo (15. Jh.) besitzt.

Das noch kleinere Dorf **Radda in Chianti** wird bis heute von einer mittelalterlichen *Stadtmauer* umgeben und bewahrte in weiten Teilen auch die Stadtanlage des späten Mittelalters. Es liegt in 500 m Höhe am Arbia-Tal und war ab 1415 Hauptort der Chianti-Liga.

Das Weindorf **Gaiole in Chianti** (3000 Einwohner) ist von Weinbergen und Burgruinen umgeben und besitzt in unmittelbarer Nähe eine sehr schöne romanische Kirche aus dem 12. Jh. *Santa Maria a Spaltenna* wurde innen leider im 18. Jh. umgebaut.

Auf einem Feldherrenhügel vor dem kleinen Ort **Montaperti** erinnert eine *Pyramide* an die Schlacht vom 4. September 1260, als Siena mit Unterstützung fremder Heere zum ersten und letzten Mal Florenz besiegte [s. S. 23].

Schwelgen im Wein: Im Chianti-Gebiet gedeiht manch renommierter Rebensaft

Arezzo und Provinz – der Schlüssel zur Toskana

Die Provinz Arezzo vereint die Ebene und die Handelsstadt Arezzo im Westen mit der hügeligen und gebirgigen Landschaft im Osten und Süden. Wahre Schmuckstücke der Provinz sind die Stadt **Sansepolcro**, Geburtsstadt des Malers Piero della Francesca und Aufbewahrungsort einiger seiner Hauptwerke, die verträumten Klöster **La Verna** und **Farneta** sowie der Ort **Monterchi**, der Pieros ›Madonna del Parto‹ besitzt und sich stolz ›Bilderschrein‹ nennt.

35 Arezzo

Die Stadt Vasaris – heute das Mekka der Antiquitätenhändler.

Von der **Etruskerstadt** Arretinum, die auf dem Hügel des heutigen Arezzo lag, ist nichts erhalten geblieben. Ausgrabungsstücke wie die Chimäre von Arezzo (um 500 v. Chr.), die im Archäologischen Museum von Florenz aufbewahrt wird, beweisen jedoch den außergewöhnlichen wirtschaftlichen und kulturellen Grad der Etruskerkultur in Arezzo. Die **Römer** unterwarfen die Stadt im Jahr 295 v. Chr.

Im **Mittelalter** wurden die letzten Reste der Etruskerstadt abgerissen, um einer ›modernen‹ mittelalterlichen Stadtanlage Platz zu machen. Nach einer kurzen Blüte fiel die Provinz Arezzo 1337 Florenz zu. Sie wurde schlicht verkauft. Eine zweite Kaufurkunde aus dem Jahr 1384 nennt den Preis von 40 000 Gold-Scudi für Arezzo und Umland. Dies entsprach einem Wert von 200 Pferden.

Während Giotto in Florenz und Duccio di Buoninsegna in Siena die Kunst revolutionierten, entwickelte sich in Arezzo nur ein bescheidener künstlerischer Standard. Doch die Legende, dass in Florenz im 13. und 14. Jh. besonders begabte Künstler rascher als anderswo erkannt und besser gefördert worden wären, widerlegt die Lebensgeschichte des berühmten Malers Piero della Francesca [s. S. 166] aus der Provinz Arezzo, der in den Kunstmetropolen gefeiert wurde.

Und als Piero della Francesca 1492 starb, war **Michelangelo**, der wohl größte Sohn der Provinz Arezzo, der sein Leben lang als Florentiner galt, gerade 17 Jahre alt. Er wurde in dem winzigen Ort Caprese bei Arezzo geboren, der sich später in Caprese Michelangelo umbenannte. Michelangelo signierte die erste Pietà, die er mit 18 Jahren vollendete, allerdings als

Neuer alter Schrank gefällig? Der riesige Antiquitätenmarkt auf der Piazza Grande in Arezzo lässt kaum Wünsche offen ▷

›Fiorentinus‹. Sein Genie verhalf der Stadt Florenz bereits in den Jahren um 1500 zu Ruhm als friedfertige Kunst- und Handelsstadt.

Geschichte Wo heute der Dom von Arezzo steht, gründeten im 5. Jh. v. Chr. die Etrusker die Stadt Arretium. Im 4. Jh. v. Chr. zogen sie eine *Stadtmauer* um ein Gebiet, das heute die Burg, den Dom und die Piazza Grande umfasst. Im 3. Jh. v. Chr. bekämpften Etrusker und Römer vor den Toren Arezzos gemeinsam die Gallier. Im frühen Mittelalter allerdings fiel der Ort in die Bedeutungslosigkeit zurück. Erst im 9. Jh., nachdem Arezzo zum Bischofssitz ernannt worden war, siedelten sich hier wieder Bauern und Handwerker an. 1089 wurde Arezzo freie Stadt. Den wirtschaftlichen und kulturellen Höhepunkt der Stadtgeschichte erlebte Arezzo unter der Signoria des Bischofs Guido Tarlati, der im Jahr 1321 zum ersten Herrn der Stadt gewählt worden war. Nach dem Tod Tarlatis verlor Arezzo seinen Status als freie Kommune. Die Stadt wurde an Florenz verkauft und stand fortan unter der Herrschaft der Florentiner.

Besichtigung Wer von Norden her anreist und sein Auto auf dem großen Parkplatz vor der Stadtmauer abstellt, kann mit der neuen Rolltreppe ganz bequem hinauf in die Stadt fahren. Von dort

TOP TIPP

ist es nicht weit zur Kirche **San Francesco** am gleichnamigen Platz im Zentrum der Altstadt. Sie gehört wegen der Fresken von Piero della Francesca im Chor zu den bedeutendsten Kunststätten der Toskana. Der typische Bettelordens-Bau mit einem 53 m langen Mittelschiff, drei Chorkapellen und offenem Dachstuhl wurde in seiner jetzigen Form 1377 fertig gestellt. Den herrlichen **Freskenzyklus** *Die Legende vom Heiligen Kreuz* in der Cappella Bacci (Der Zutritt ist auf max. 25 Personen und 30 Min. begrenzt, Voranmeldung daher ratsam, Tel. 0575352727, www.apt.arezzo.it, Mo–Fr 9–18.30, Sa 9–17.30, So 13–17.30 Uhr, im Winter kürzer) malte Piero della Francesca zwischen 1453 und 1464. Dieses Werk brachte ihm den Beinamen ›della Francesca‹ ein. Der Zyklus wurde bereits 1858 und 1959 vorsichtig restauriert, war aber dennoch bedroht, weil Kalk in der Wand die Bilder zerstörten. Der Freskenzyklus ist nach über

San Francesco, Cappella Bacci

1 Alter und Tod Adams
2 Anbetung des Kreuzholzes
3 Die Königin von Saba bei Salomo
4 Transport des Kreuzholzes
5 Traum Konstantins
6 Sieg Konstantins über Maxentius
7 Der Engel erscheint Helena
8 Verhör des Judas
9 Auffindung des Kreuzes
10 Kreuzwunder
11 Sieg des Heraklius über Cosdras
12 Verurteilung des Cosdras
13 Anbetung des Kreuzes

20-jähriger Restaurierung heute wieder vollständig zu sehen.

Die ›Kreuzlegende‹ wurde Ende des 13. Jh. von Jacobus de Voragine in den Heiligenviten ›Legenda Aurea‹ zum ersten Mal aufgeschrieben. Piero della Francesca arbeitete nach dieser Vorlage. Der Zyklus beginnt auf der rechten Wand oben in der Lünette mit *Alter und Tod Adams* [**1**]: Aus seinem Grab wächst der Baum, aus dem später das Kreuz gemacht wird. Darunter die *Anbetung des Kreuzholzes* durch die Königin von Saba [**2**], die auf dem Weg zu König Salomon erkennt, dass die Brücke aus heiligem Holz gemacht ist. In der rechten Szene sagt sie Salomon den Untergang des jüdischen Reiches voraus [**3**]. Das vierte Bild ist rechts in der Mitte neben dem Chorfenster zu sehen: König Salomon lässt das Holz zum Tempelbau nach Jerusalem schaffen [**4**].

Szenen aus dem Neuen Testament malte Piero della Francesca hier nicht. Auch die Kreuzigung ließ er aus, weil schon damals vor dem Altar das Kruzifix aus dem 13. Jh. hing, das auf diese Weise in den Bildzyklus eingefügt wurde. Der Maler stellte als fünfte Szene, unten rechts vom Chorfenster, den spätantiken *Traum Konstantins* [**5**] dar. Ein Engel weissagt dem Kaiser im Traum, dass er seinen Gegner Maxentius im Zeichen des Kreuzes besiegen wird. Dieses Bild, eine der ersten Nachtszenen in der Kunstgeschichte, ist das berühmteste und **revolutionärste**

Der herrliche Freskenzyklus Piero della Francescas in der Kirche San Francesco (hier Detail aus dem ›Sieg des Heraklius über Cosdras‹) macht Arezzo zu einem Pilgerziel für Kunstliebhaber

Unter Vasaris Loggien an der Piazza Grande von Arezzo lässt es sich entspannt genießen

Fresko von Piero della Francesca. Giorgio Vasari lobt, dass der Maler zum ersten Mal **Lichteffekte** »der Natur entnimmt und die Wirklichkeit nachahmt«. Anders als seine Vorgänger ›beleuchtet‹ der Künstler hier nicht nur seine Hauptfiguren, sondern die gesamte Szene realistisch mit Licht und Schatteneffekten, wobei er das Chorfenster als Lichtquelle in den Bildaufbau miteinbezieht. Auf dem sechsten Bild auf der rechten Wand unten ist die Schlacht am Ponte Milvio [**6**] dargestellt, die Konstantins Sieg veranschaulicht (leider ist das Fresko halb zerstört). Auf dem siebten Bild links unten neben dem Fenster fordert ein Engel die Mutter Konstantins auf, das Kreuz Christi zu suchen, eine Szene, die an die Verkündigungsmotive erinnert [**7**]. Levit Judas wird brutal verhört [**8**] (links oben neben dem Fenster). Auf der linken Wand sind die letzten fünf Episoden dargestellt: *Auffindung des Kreuzes* [**9**] (Mitte links) und *Kreuzwunder* [**10**] (Mitte rechts) sowie *Sieg des Heraklius über den Perserkönig Cosdras II.* [**11**], der das Kreuz geraubt hat (unten links), *Verurteilung des Cosdras* [**12**] (rechts daneben) und schließlich *Anbetung des Kreuzes* [**13**] in Jerusalem (ganz oben in der Lünette). Die feierliche Strenge im tektonischen Aufbau und die atmosphärischen Licht- und Landschaftsdarstellungen stellen den Zyklus der Kreuzlegende in die Reihe der bedeutendsten Werke der italienischen Renaissance-Malerei überhaupt.

Unter den übrigen Wandmalereien des 15. Jh. in San Francesco verdienen der *Michaels-Zyklus* von Spinello Aretino (um 1400) in der **rechten Chorkapelle** sowie die *Wunder des hl. Antonius von Padua* von Lorentino d'Arezzo (1480) in der **linken Seitenkapelle** besondere Beachtung.

Das Herz der Stadt Arezzo ist die von mittelalterlichen Häusern mit Holzbalkonen gesäumte **Piazza Grande**, seit 1593 Austragungsort der Reiterspiele ›Giostra del Saracino‹ und Marktplatz (u. a. für Antiquitäten). Vom Platz aus genießt der Betrachter einen Blick auf die von Giorgio Vasari entworfenen *Loggien*, die die Piazza einfassen, und auf die Fassade des Renaissancepalastes **Palazzo della Fraternità dei Laici** mit seinem *Uhrturm* von Vasari (dessen Fassade 1375–77 von gotischen Baumeistern begonnen und 1433 im Stil der Frührenaissance von Bernardo Rossellino weitergebaut wurde) sowie auf die romanische Apsis der **Pieve di Santa Maria**. Die im 12. und 13. Jh. aus Sandstein erbaute Kirche gehört zu den schönsten romanischen Monumenten in der Toskana. Die weltberühmte *Fassade* weist im Erdgeschoss fünf Blendarkaden auf, darüber erheben sich drei elegante Säulenloggien, die erste mit 12, die zweite mit 24, die dritte mit 32 Säulen, wobei keine der anderen gleicht. Der rechteckige *Campanile* trägt wegen seiner 40 romanischen Biforien, die ihm ein filigranes Aussehen verleihen, den Spitznamen ›Turm der 100 Löcher‹. Der unregelmäßige Grundriss im *Inneren* der Kirche war notwendig, um Unebenheiten des Geländes auszugleichen. Ein außen nicht sichtbares Querhaus bildet mit dem Mittelschiff eine Vierung, über der der Ansatz einer nicht ausgeführten Kuppel zu erkennen ist. Unter dem Presbyterium befindet sich eine *Krypta*. Sehr schön sind die spätromanischen Kapitelle. Prachtstück der *Innenausstattung* ist ein elegantes **Marien-Polyptychon** von Pietro Lorenzetti, das er im Jahr 1320 im Auftrag des Bischofs Tarlati malte. Das *Taufbecken* mit drei Reliefszenen aus dem ›Leben Johannes d. T.‹ rechts neben dem Eingang stammt von Giovanni d'Agostino (14. Jh.). Weitere *Reliefs* unbekannter Künstler des frühen 13. Jh. zieren Westwand und linkes Seitenschiff.

Giorgio Vasari – ›Vater der Kunstgeschichte‹

Giorgio Vasari (1511–1574) war ein begnadeter Maler, ein genialer Architekt und ein gewaltiges Klatschmaul. Dafür muss ihm die Wissenschaft ewig dankbar sein, denn sein Interesse für das Geschwätz unter Kollegen sorgte dafür, dass er unschätzbar wertvolles Material sammelte und dadurch ganz nebenbei eine neue Disziplin der Wissenschaften erfand. Dank seiner Chronik **›Leben der ausgezeichnetsten Maler, Bildhauer, Baumeister‹** gilt er als Vater der Kunstgeschichte. In dem Werk weiß er so erhellende Einzelheiten zu berichten, wie dass der Karmelitermönch **Filippo Lippi** schönen Frauen gern teure Geschenke machte und sie dafür mit ihm zu Bett gingen und dass **Sandro Botticelli** unter einem Nachbarn litt, der täglich einen mörderischen Krach verursachte. Doch Vasari tratscht auch über das Hickhack der Maler untereinander. So berichtet er, dass **Michelangelo Buonarroti** den Maler Tizian für einen dilettantischen Zeichner hielt. In seinen Berichten nahm es Vasari mit der Wahrheit nicht immer so genau, dafür schrieb er mit Herzblut, auch über sich selbst. Über seinem Haus in Arezzo [s. S. 163] liegt eine gewisse Melancholie. Hier wohnte Vasaris Frau Nicolosa (Spitzname: Cosina) meist ganz allein. Während ihr Mann gerade damit beschäftigt war, die gewaltigen Fresken an die Wände des Palazzo Vecchio in Florenz zu malen oder an den Uffizien zu bauen, musste sie sich mit seinen Bildern zu Hause begnügen, schließlich hatte Vasari das Haus vom Keller bis zum Dach ausgemalt.

Über die Via dei Pileati erreicht man von der Piazza Grande aus den Dom **San Donato** (1277–1510): Die aus Macigno-Stein erbaute gotische Kathedrale weist Einflüsse französischer Zisterziensergotik auf. Obwohl die Bauarbeiten zu Beginn rasch vorangeschritten waren, entstand 1340 eine ca. 130 Jahre andauernde Pause. Piero della Francescas Fresko in S. Francesco hält diesen Bauzustand der Kathedrale in seiner Darstellung Jerusalems fest. Der *Campanile* wurde erst 1858, die Fassade 1914 fertig gestellt. Die Besichtigung des Innenraums lohnt sich vor allem wegen der seltenen Schönheit der fünf vielfarbigen *Glasfenster* des vor seinem Eintritt ins Kloster in eine Mordaffäre verwickelten französischen Mönches Fra Guillaume de Macillat (ab 1515) im südlichen Seitenschiff der Kirche. Aus der weiteren Ausstattung sei ein gotischer Altar von 1369 mit zahlreichen Reliefdarstellungen und ein *Maria-Magdalena-Fresko* von Piero della Francesca (1465/66) an der Wand rechts neben dem Eingang zur Sakristei erwähnt. Links daneben befindet sich das *Grabmal des Bischofs Guido Tarlati* (1330) von Agostino di Giovanni und Agnolo di Ventura, angeblich nach einem Entwurf Giottos.

Vom Dom aus erreicht man über die Via Ricasoli und die Via di Sassi Verde die Kirche **San Domenico**, einen eindrucksvollen, nach dem Bauschema der Bettelordenskirchen gestalteten Saalbau des 13. Jh. Die ursprüngliche Fassade, die nach dem Vorbild von S. Maria Novella in Florenz errichtet wurde, ist mehrfach umgebaut worden, erhalten geblieben ist jedoch das romanische *Portal*. Im Inneren der Kirche wurden die Barockaufbauten entfernt und die *Fresken* – soweit noch vorhanden – wieder freigelegt. Wichtigstes Ausstattungsstück ist ein frühes **Tafelkreuz** von *Cimabue* (1260) über dem Hauptaltar, das Kunsthistoriker zu den herausragendsten Werken des 13. Jh. zäh-

Spannende Szenen bieten in Arezzo alljährlich die Reiterspiele der Giostra del Saracino

len. Zum ersten Mal ist Christus in dieser Monumentalität als leidender Mensch dargestellt. Die Eingangswand rechts von der Tür bemalte um 1390 *Spinello Aretino* mit den *Viten der Apostel Jakobus und Philippus*, die *Kreuzigung* links stammt von Spinellos Sohn Parri (vor 1450).

In der Via XX Settembre 55 liegt die **Casa di Vasari** (Tel. 05 75 40 90 40, Mo, Mi–Sa 8.30–18.30, So 8.30–12.30 Uhr), das Haus von Giorgio Vasari (1511–1574). Der gebürtige Aretiner ist neben seiner Tätigkeit als Maler und Architekt vor allem wegen seines sechsbändigen literarischen Werkes mit ›Künstlerviten‹ berühmt geworden [s. S. 162]. Die Entwürfe des Palazzo gehen größtenteils auf Vasari selbst zurück (1540–48). Bemerkenswert sind vor allem die *Wandfresken* mit Darstellungen der Künste. Das Gebäude ist eines der wenigen erhaltenen Beispiele eines Privathauses im manieristischen Stil. In der *Camera della Fama* (Zimmer des Ruhmes) verewigte Vasari sich selbst neben den Künstlern Luca Signorelli, Spinello Aretino, Bartolomeo della Gatta, Andrea del Sarto und Michelangelo. Im *Saal des Apollon* malte Vasari den Gott Apoll mit den Musen, darunter auch ein Porträt seiner Frau, Nicolosa Vasari, geborene Bacci.

Das schönste Museum Arezzos ist das **Museo d'Arte Medievale e Moderno** (Tel. 05 75 40 90 50, Di–So 8.30–19 Uhr) im Renaissance-**Palazzo Bruno-Ciocchi** in der Via San Lorentino 8. Der Palast wurde vermutlich im Jahr 1445 von Bernardo Rossellino für Donato, den Sohn des Florentiner Kanzlers Leonardo Bruni-Aretino, entworfen. Bemerkenswert ist der schöne *Innenhof* mit Kompositkapitellen. Das *Museum* selbst birgt eine umfangreiche Sammlung aretinischer und toskanischer Malerei vom Mittelalter bis zur Neuzeit, darunter ein berühmtes Bild von Luca Signorelli aus dem Jahr 1487, *Adorazione del Bambino*. Besonders sehenswert sind Vasaris *Gastmahl des Ahasver* (1548), eine *Madonna* des jungen Rosso Fiorentino (vor 1520) sowie ein *San Rocco* von Bartolomeo della Gatta (1479). Die *Sala dei Spinelli* im ersten Obergeschoss ist den beiden bekanntesten einheimischen Malern Spinello Aretino und seinem Sohn Parri gewidmet. Außerdem enthält das Museum die umfassendste *Majoliken-Sammlung* der Toskana.

Eine Vorstellung von der Größe der antiken Stadt Arezzo geben die Ruinen des **Amphitheaters** in der Via Margaritone 12, das im 2. Jh. n. Chr. errichtet wurde und ursprünglich etwa 8000 Zuschauer aufnehmen konnte. Die Ausmaße des Amphitheaters waren bemerkenswert, die längere Achse des ovalen Theaters erreichte 121 m, die kürzere 68 m. Der Bau ist allerdings bis ins 18. Jh. hinein als Steinbruch benutzt worden. Das Archäologische Museum, **Museo Archeologico Mecenate** (Tel. 0575 20 88 82, tgl. 8.30–19.30 Uhr), liegt direkt neben dem antiken Amphitheater und enthält wertvolle Fundstücke etruskischer und römischer Zeit. Berühmt sind die im 13. Saal ausgestellten *Vasi corallini*, korallenrote Vasen römischer Produktion (1. Jh. v. Chr.–1. Jh. n. Chr.), die besonders schön gearbeitete Reliefs aufweisen und ein Exportschlager ihrer Zeit waren.

Vor den Stadtmauern Arezzos, leicht zu erreichen über die Via Mecenate, liegt in einem ummauerten Piniengarten die im 15. Jh. erbaute kleine Kirche **Santa Maria delle Grazie**. An dieser Stelle soll der hl. Bernhardin aus Siena 1428 mit seiner Predigt ein ›heidnisches‹ antikes Quellheiligtum zerstört haben. Die elegante *Vorhalle*, die gleichsam auf schmalen Säulen ›schwebt‹, ist ein Meisterwerk von Benedetto da Maiano (Ende 15. Jh.). Der *Hauptaltar* der Kirche ist eine der am besten erhaltenen Arbeiten von Andrea della Robbia, die er zum Teil in Marmor ausführte, was für diesen Künstler, der fast ausschließlich mit glasiertem Ton arbeitete, äußerst ungewöhnlich ist. Eingefügt in den Altar ist ein Fresko von Parri di Spinello, das die *Madonna della Misericordia* zeigt.

i Praktische Hinweise

Information

APT, Piazza Risorgimento 116, Arezzo, Tel. 0575 23 39 52, Fax 0575 28 80 42, www.apt.arezzo.it

APT, Piazza della Repubblica 28, Arezzo, Tel. 0575 37 76 78, Fax 0575 20 08 39

Stadtfest

Giostra del Saracino (Termine unter www.giostradelsaracino.arezzo.it): Einmal im Jahr finden auf der Piazza Grande Reiterspiele in historischen Kostümen statt. Eine hölzerne Drehstatue hält rechts einen Schild, den die ›Ritter‹ der acht Stadtteile mit Lanzen treffen müssen, und links einen Morgenstern, der die ungeschickten Reiter aus dem Sattel wirft.

Einkaufen

An jedem ersten Wochenende des Monats findet auf den Straßen rund um die **Piazza Grande** im historischen Stadtzentrum von Arezzo der größte **Antiquitätenmarkt** der Toskana statt.

Hotels

******I Portici**, Via Roma 18, Arezzo, Tel. 0575 40 31 32, Fax 0575 30 09 34, www.hoteliportici.com. Exklusiv: Im fünften Stock eines antiken Palastes werden acht elegante Zimmer vermietet.

*****Casa Volpi**, Via Simone Martini, Arezzo, Tel. 0575 35 43 64, Fax 0575 35 59 71, www.casavolpi.it. Romantisches 15-Zimmer-Hotel am Stadtrand in einer Villa aus dem 19. Jh. mit exzellentem Preis-Leistungs-Verhältnis.

*****Continentale**, Piazza Guido Monaco 7, Arezzo, Tel. 0575 20 20 51, Fax 0575 35 04 85, www.hotelcontinentale.com. Das zentral gelegene Hotel ist modern und komfortabel eingerichtet.

Fattoria Montelucci, Via Montelucci, Pergine/Valdarno, Tel. 0575 89 65 25, Fax 0575 89 63 15, www.montelucci.com. Gutshof mit Familienatmosphäre.

Restaurants

Antica Osteria L'Agania, Via Mazzini 10, Arezzo, Tel. 0575 29 53 81, www.agania.com. Preiswerte Hausmannskost (Mo geschl.).

Buca di San Francesco, Piazza San Francesco 1, Arezzo, Tel. 0575 23 27 71, www.bucadisanfrancesco.it. Eines der besten Restaurants der Stadt mit einem Saal aus dem 14. Jh. (Di und Juli geschl.).

La Torre di Gnicche, Piazza San Martino 8, Arezzo, Tel. 0575 35 20 35. Gemütliche Weinstube mit großer Auswahl lokaler Tropfen, in der man auch appetitliche kleinere Gerichte zu sich nehmen kann (Mi und 14.–24. Juli geschl.).

36 Monterchi

Der kleine Ort birgt eines der spektakulärsten Bilder des Piero della Francesca.

Das mittelalterliche Dorf mit ca. 1800 Einwohnern, das bei einem Erdbeben 1917 stark beschädigt wurde, liegt auf einem Hügel etwa 35 km östlich von Arezzo. In einer Kapelle auf dem mit Zypressen bepflanzten Friedhof der römischen Pfarrei am Ortsausgang, *Pieve Romana*, wurde 1888 bei Renovierungsarbeiten unter weißer Tünche ein Schatz entdeckt: die 1460

Die berühmteste ›Schwangere‹ der Kunstgeschichte: Die ›Madonna del Parto‹ von Piero della Francesca in Monterchi wurde 1888 unter dem Putz einer Friedhofskapelle entdeckt

gemalte **Madonna del Parto** (derzeit in der Via Reglia 1, Tel. 05757070713, April–Sept. tgl. 9–19 Uhr, Okt.–März tgl. 9–17 Uhr), eines der berühmtesten Werke von *Piero della Francesca*. Links und rechts halten zwei Engel einen Zeltvorhang auf, unter dem die ›Maria guter Hoffnung‹, also die schwangere Madonna, erscheint. Um dieses Bild ist ein Streit entbrannt, als es nach Abschluss der aufwendigen Restaurierung im Sommer 1993 nicht wieder in der Friedhofskapelle, sondern in dem in einer ehemaligen Grundschule eingerichteten Museum aufgehängt wurde.

37 Sansepolcro

Die Geburtsstadt des Piero della Francesca.

Sansepolcro, heute ein 16 000 Einwohner zählendes Handelszentrum am Rande der Toskana, war noch zu Beginn des 15. Jh. ein »Kaff voller Schlamm und Lehm«. So bezeichnete Piero della Francesca in einem Brief seinen Heimatort, der nur deshalb einen Platz in der Kunstgeschichte einnimmt, weil eben dieser Künstler hier geboren wurde.

Während **Piero della Francesca** am Hof des Herzogs von Urbino arbeitete, wurde Sansepolcro im Jahre 1441 für 25 000 Goldflorin von Papst Eugen IV. an Florenz verkauft. Die Medici bauten die kleine Burg in eine ansehnliche Fortezza um und sorgten für einen bescheidenen wirtschaftlichen Aufschwung. Als der inzwischen berühmte und wohlhabende Piero della Francesca im Jahr 1492 starb, wurde er, so schreibt Vasari, »von seinen Mitbürgern ehrenvoll in der Hauptkirche bestattet«. Seitdem pilgern kunstinteressierte Menschen aus aller Welt nach Sansepolcro. 1992, im *500. Todesjahr* des Künstlers, profitierte Sansepolcro wieder einmal von seinem berühmten Sohn. Der malerische Ort mit seinen Türmen, Renaissance- und Barockpalästen – ansonsten bekannt für seine Goldschmiedehandwerker und die Zementmanufaktur – erlebte im Zuge der Sonderausstellungen einen regelrechten Tourismus-Boom.

Die **Piazza Torre di Berta**, die ihren Namen behielt, obwohl der Turm gegen Ende des Zweiten Weltkrieges von deutschen Minen in die Luft gesprengt wurde, ist das Zentrum der Stadt.

Von hier aus erreicht man durch die Via Matteotti den **Dom**. Er ist dem Evangelisten Johannes geweiht und entstand im 11. Jh. als Abteikirche der Camaldulenser. Er wurde zu Beginn des 14. Jh. erneuert. Spätere Umbauten wurden zwischen 1936 und 1945 wieder entfernt. Der Schatz des Doms ist das *Holzkruzifix* ›Volto Santo‹ in der linken Chorkapelle, eine der Kopien des wundertätigen Kreuzes im Dom von Lucca. Das *Polyptychon* stammt von Matteo di Giovanni: Die *Taufe Christi* auf der Mitteltafel, die Piero della Francesca schuf, wurde im 19. Jh. verkauft und befindet sich heute in London.

Links vom Dom liegt der **Palazzo delle Laudi**, das heutige Rathaus, ein manieristischer Bau von Alberto Alberti und Antonio Cantagallina aus den Jahren 1595 bis 1609 mit einem herrlichen *Innenhof*. Durch das Tor ›Porta della Pesa‹ gelangt man auf die *Piazza San Francesco* mit den beiden Kirchen **Santa Maria delle Grazie** aus dem 16. Jh. und **San Francesco** aus dem 13. Jh., die im 18. Jh. umgebaut wurde. Interessant ist der *gotische Hauptaltar* (1304) mit dem Gemälde *Disput im Tempel* von Domenico Passignano (1558–1636).

In der Via Aggiunti 71 liegt die **Casa di Piero della Francesca**. Dieses Haus ist nicht das Geburtshaus des Künstlers, sondern ein hübscher Stadtpalast aus dem 15. Jh., den Piero bauen ließ.

Keinesfalls versäumen sollte man einen Besuch im **Museo Civico** (Tel. 0575732218, Mitte Juni–Mitte Sept. tgl. 9–13.30, 14.30–19.30 Uhr, Mitte Sept.–Mitte Juni tgl. 9.30–13.30, 14.30–18.30 Uhr) in der Via Aggiunti 65, in dem **Hauptwerke Piero della Francescas** ausgestellt sind. Darunter sein berühmtes, überaus poetisches Fresko der *Resurrezione* (Auferstehung Christi) von 1463: Vor einer kargen Landschaft steigt der frontal dargestellte, siegesgewisse Christus mit dem Kreuzesbanner in der Hand und den Blick auf den Betrachter gerichtet, mit festem Schritt aus seinem Grab, vor dem vier Wächter niedergekauert liegen. Zwei von ihnen schlummern noch immer, ein dritter reibt sich die Augen, während der vierte – bereits geblendet vom Licht des Herrn – vergeblich versucht, sich aufzurichten.

Empfohlen sei noch eine Besichtigung der Kirche **San Lorenzo** (1556) in der Via Luca Pacioli. Am Hauptaltar hängt ein Meisterwerk von Rosso Fiorentino: eine *Beweinung Christi*, die er zwischen 1528 und 1530 malte.

Genie aus der Provinz

Als **Piero della Francesca**, der eigentlich Piero di Benedetto dei Franceschi hieß, um 1420 geboren wurde, besaß sein Geburtsort noch nicht einmal den Status einer Stadt. Sansepolcro war ein Kuhdorf. Als Ausbildungsort kam für den Jungen, der eine **Lehre** in der Werkstatt eines Malers absolvieren wollte, nur **Florenz** in Frage. Doch dort wurde das Genie des Provinzlers weder erkannt noch gefördert. Ein Fresko, das er in Florenz beendete, blieb unbeachtet. Es ist zerstört. Nach dieser ersten Arbeit verließ Piero della Francesca Florenz und kehrte nie wieder dorthin zurück. Er arbeitete für die Herzöge von **Urbino** und **Rimini** und bereiste wichtige Kunstzentren wie **Ferrara** und **Rom**. Als das kleine Sansepolcro zur Stadt erhoben wurde, ließ sich Piero zum Stadtrat wählen. Die reiche Kaufmannsfamilie Baxxi aus Arezzo bot ihm schließlich die Gelegenheit, sein Genie zu entfalten. Er erhielt den Auftrag, den Chor der Kirche von **San Francesco** in Arezzo mit der Legende vom Heiligen Kreuz auszumalen. Zwischen 1453–64 entwarf Piero della Francesca ein ›modernes‹ **Meisterwerk**, das die Maler der Kunsthauptstädte Florenz und Siena nötigte, nach Arezzo zu pilgern. Noch bevor Piero im Jahr 1482 erblindete, konnte er mit Genugtuung beobachten, dass die florentinischen Meister mit maßlosem Staunen anerkannten, dass Piero della Francesca eine der drängendsten Fragen der Malerei im **Traum Konstantins** [s. S. 160] beantwortet hatte: Woher kommt das Licht?

i Praktische Hinweise

Information

APT, Via Matteotti 8, Sansepolcro, Tel./Fax 0575740536

Stadtfest

Palio della Balestra am zweiten Sonntag im September: Armbrust-Turnier in historischen Kostümen zwischen Sansepolcro und Gubbio an der Torre di Berta.

Einkaufen

Sansepolcro ist landesweit bekannt für seine **Goldschmiedekunst**: Schon der Blick in die Schaufenster der zahlreichen Juweliere lohnt sich.

Hotel

Da Ventura, Via Aggiunti 30, Sansepolcro, Tel. 0575742560, Fax 0575759500, www.albergodaventura.it. Restaurant und Gasthof (sieben Zimmer), schlicht, aber gemütlich, deftige Hausmannskost.

Hier soll der hl. Franz von Assisi seine Stigmata empfangen haben: Klosteranlage von La Verna

38 La Verna

Das ›Assisi der Toskana‹: Refugium der Franziskaner.

La Verna liegt 30 km nördlich von Arezzo auf 1129 m Höhe in den **Alverner Bergen** zwischen dem Arno und dem Tibertal. Der Bergort ist deshalb so berühmt, weil der hl. **Franz von Assisi** an dieser Stelle 1224 die Stigmata empfangen haben soll. Der Adelige Orlando di Chiusi hatte Franz von Assisi im Jahr 1213 das Land rund um La Verna geschenkt. Später bauten franziskanische Ordensbrüder eine kleine Kirche, die Franziskus nach seiner Stigmatisierung gegründet hatte, zu einem **Klosterkomplex** aus.

Seinen außerordentlichen Charme verdankt La Verna der mittelalterlichen Struktur und dem lebendigen geistigen Leben des Klosters. Der Konvent besitzt drei größere Kirchen. Die größte ist die Chiesa Maggiore (1348–1568), deren einschiffiger Innenraum im Stil der Renaissance ausgestattet ist. Hier sind zahlreiche *Terrakotta-Arbeiten* des Meisters Andrea della Robbia (1435–1525) zu sehen. Man verlässt die Kirche über den mit *Fresken* aus dem 17. Jh. geschmückten ›Corridoio delle Stimmate‹, der zu der *Grotte* führt, in der der hl. Franz betete.

Über einen kleinen *Innenhof* erreicht der Besucher die **Chiesa delle Stimate** (Kapelle der Stigmatisation, 1263). In dieser Kirche ist mit einem im 14. Jh. verlegten Stein der genaue Ort bezeichnet, an dem der hl. Franz die Zeichen empfangen haben soll. Hauptwerke sind eine *Kreuzigung* von Andrea della Robbia und eine *Madonna* von Luca della Robbia (am Portal). An die Basilika angeschlossen ist **Santa Maria degli Angeli** mit einem *Portikus*, der angeblich vom hl. Franz mithilfe des Stifters Orlando gebaut worden sein soll, und *Terrakotta-Werken* am Hauptaltar von Andrea della Robbia.

39 Abbazia di Farneta

Don Sante Felice: der letzte Etrusker.

Rund 30 km südlich von Arezzo und 11 km von Cortona entfernt liegt ein hübscher Ort namens Farneta. Dort wirkt ein Mann, der sich selbst gern »der letzte Etrusker« nennt: Don Sante Felice. Der liebenswürdige Priester ist Abt und seit mehr als 50 Jahren einziger Bewohner des ehemaligen Klosters **Abbazia di Farneta**. Ohne ihn hätte die Kirche niemals in einem Kunstführer Erwähnung gefunden, heute wird sie in allen größeren Führern genannt. Als Don Sante als blutjunger Priester in die winzige Bauerngemeinde Farneta geschickt wurde, fand er eine ziemlich hässliche Kirche im Stil des 18. Jh. vor. Don Sante studierte eifrig alte Akten und stellte fest, dass er sich in der ältesten Kirche der Provinz Arezzo befand. Er begann mit einigen Helfern die klassizistischen Verkleidungen abzunehmen, fand Reste von **Fresken** aus dem 14. Jh. und grub vor al-

lem eine wunderschöne **Krypta** aus dem 9. Jh. v. Chr. aus. Während er die Krypta von Schlamm, Geröll, Ratten und Schlangen befreite, entdeckte er etruskische Grabsteine und römische Skulpturenreste, Münzen und Leuchter, mittelalterliche Holzfiguren und diverse andere Fundstücke, die heute in einem eigenen Raum im Museo Civico dell'Accademia Etrusca in Cortona [s. S. 169] zu sehen sind. Einen anderen Fund von Don Sante hütet das Museum für Vor- und Frühgeschichte in Florenz: das Skelett einer prähistorischen Elefantendame, der er den Namen Linda gab. Don Sante entdeckte ›Linda‹ bei Straßenbauarbeiten in der Nähe seines Klosters.

40 Cortona

Einst Etruskerstadt und wichtige Garnison der Römer, heute von Mittelalter und Renaissance geprägt.

Nichts würde das von der Stadt Cortona selbst gepflegte und von den Besuchern gern angenommene Bild stören, dass diese 494 m hoch gelegene Stadt an den Hängen über dem **Chiana-Tal** das echte, das am wenigsten modernisierte Kleinod der Toskana sei, wenn da nicht dieser verräterische Blick der ›Musa Polihymnia‹ im Museum der Etruskischen Akademie wäre. Nichts fehlt, um den Besuchern ein zeitweiliges Eintauchen in eine uralte, aber noch immer lebendige Stadt zu gewähren, die auf einem **etruskischen Stadtgrundriss** wuchs, eine wichtige Garnison der Römer war und in der **Renaissance** ihre typisch toskanische Gestalt erhielt. Bei der angeblich antiken ›Musa Polihymnia‹ allerdings, der sich Cortona seit Jahrzehnten rühmt, handelt es sich – wie man seit einigen Jahren weiß – um eine Fälschung aus dem 18. Jh.

Vielleicht ist die wirklich schöne Stadt gerade deshalb einen Besuch wert, weil die Heimatstadt des großen Renaissance-Malers **Luca Signorelli** eine Lektion darüber erteilen kann, dass Kunst immer auch durch Nachahmung entsteht und die Suche nach dem ›Echten‹ müßig ist. Signorellis Auftraggeber misstrauten ihm; allzu unterschiedlich, gemessen an früheren Arbeiten, schienen ihnen seine neueren Werke. Man glaubte, dass er zu viele Gehilfen einsetzte, seitdem er eine gewisse Berühmtheit erlangt hatte. Dabei hatte der Maler, wie man heute sicher weiß,

◁ *Das hoch gelegene Cortona eröffnet weite Blicke auf das fruchtbare Chiana-Tal*

nur seinen Stil weiterentwickelt. Es gelang ihm gewissermaßen nicht mehr, sich selbst ›zu fälschen‹.

Geschichte Cortona war ein bedeutendes etruskisches Zentrum. Rund um den Stadthügel wurden zahlreiche etruskische Gräber entdeckt und noch heute stehen Teile der 2500 Jahre alten **Stadtmauer**. Erst 1991 ließ der Archäologe Francesco Nicosia unter der Stadt einen ›Tumulus‹, d.h. einen etruskischen Grabhügel, ausgraben und fand zwei Sphinx-Skulpturen aus dem 2. Jh. v. Chr. 450 n. Chr. fielen die Goten in Cortona ein. Doch anders als viele antike Städte ging die Siedlung im Mittelalter nicht unter. Im 12. bis 13. Jh. war Cortona freie Stadt. 1258 wurde die Kommune von Soldaten aus Arezzo geplündert, die Überlebenden flohen. Erst 1261 konnte die vertriebene Bewohnerschaft zurückkehren. 1409 ging Cortona in den Besitz des Königs von Neapel, Ladislao, über. Zwei Jahre später übernahm **Florenz** endgültig die Stadtherrschaft.

Besichtigung Wenn man die Stadt durch die Porta Sant'Agostino betritt, passiert man zunächst die Klosterkirche **Sant'Agostino** in der Via Guelfa 42, die im 17. Jh. vollständig umgebaut wurde, aber noch ein schönes *Portal* aus dem 13. Jh. sowie einen großen *Kreuzgang* besitzt. Kurz darauf erreicht man das Herz der Stadt: die beiden ineinander übergehenden Plätze *Piazza della Repubblica* und *Piazza Signorelli*. Der **Palazzo Comunale** mit seiner großen *Freitreppe* wurde vermutlich schon im 12. Jh. begonnen und im 14. und 16. Jh. erweitert. Schräg gegenüber liegt der **Palazzo del Capitano del Popolo** mit kleiner *Loggia* aus dem 13. Jh. Hinter dem Palazzo Comunale erhebt sich der **Palazzo Pretorio** bzw. **Casali** (um 1300) mit einer manieristischen *Fassade* von *Filippo Berrettini* (1613). Der Palast beherbergt neben Stadtarchiv und Bibliothek auch das **Museo Civico dell'Accademia Etrusca** (Eingang Piazza Signorelli 9, Tel. 0575637235, April–Okt. tgl. 10–19 Uhr, Nov.–März Di–So 10–17 Uhr). Dieses Museum war einst wegen der bereits erwähnten ›Musa Polihymnia‹ berühmt, einem ›antiken‹ Porträt einer schönen Römerin auf Schiefer, das sich aber als Fälschung aus dem 18. Jh. erwiesen hat. Original etruskisch ist hingegen ein anderes wichtiges Objekt des Museums: ein 57,72 kg schwerer *etruskischer Bronzeleuchter* mit einem Durchmesser von etwa 60 cm und 18 verzierten Ölschälchen, dekoriert mit gehörnten Menschenköpfen. Der Leuchter wurde vermutlich in der ersten Hälfte des 5. Jh. v. Chr. hergestellt und 1840 bei Cortona entdeckt. Neben den zahlreichen etruskischen Fundstücken sollte man die *Ägyptische Sammlung* und die Sammlung des Don Sante Felice aus der Abbazia di Farneta [s. S. 168] nicht vergessen.

Wenn man das Museum verlässt, gelangt man nach links zur *Piazza del Duomo* mit dem über einem romanischen Vorgängerbau Ende des 15. Jh. von Giuliano da Maiano errichteten **Dom Santa Maria**. Das dreischiffige Innere wurde jedoch im 17. und 18. Jh. radikal umgebaut. Davon betroffen waren auch die Dekorationen, die man übermalte.

Gegenüber des Domes befindet sich in der ehemaligen Jesuitenkirche (1498–1505) eines der bedeutendsten Museen der toskanischen Kleinstädte: das **Museo Diocesano** (Tel. 0575 62830, April–Okt. tgl. 10–19 Uhr, Nov.–März tgl. 10–17 Uhr).

Im malerischen Herzen von Cortona: Piazza della Repubblica mit Palazzo Comunale

Prunkstück ist die *Verkündigung* (1433/34) von Fra Angelico, eines seiner berühmtesten Gemälde (Saal 3): Der Engel in überaus dekorativem rot-goldenem Gewand tritt aus einem blühenden Garten hervor, demütig empfängt Maria, die in einer Loggia in der Bibel liest, die Botschaft. Im Hintergrund erkennt man die Vertreibung aus dem Paradies. Neben weiteren Werken Fra Angelicos, Pietro Lorenzettis und Bartolomeo della Gattas besitzt das Museum Gemälde von Luca Signorelli (1441–1523) und seiner Werkstatt. Unter diesen ist die **Kreuzabnahme** (Saal 1) beachtenswert, die der Schüler Piero della Francescas 1502 für den Dom fertigte und die als eines seiner besten Bilder gilt. Der Schmerz in den Gesichtern der weinenden Frauen steht im Kontrast zu den fröhlichen Farben und der harmonischen toskanischen Landschaft im Hintergrund. Die beiden diskutierenden Männer unter dem Kreuz sind Stifterbildnisse. Links im Hintergrund sieht man die Kreuzigung, rechts die Auferstehung des Herrn.

Fünf weitere Kirchen Cortonas sind einen Besuch wert: Die kleinste unter ihnen ist **San Cristoforo** hoch über dem Stadtzentrum auf dem Poggio, zu erreichen über die Via Berrettini. Der romanische Backsteinbau ist nur 18 m lang und 6,30 m breit und soll bereits 1192 geweiht worden sein. Im Inneren ist ein *Kreuzigungsfresko* aus dem 14. Jh. zu sehen.

Die hübscheste Kirche von Cortona, **San Nicolo**, stammt aus dem 15. Jh. und liegt an einer steilen Rampe über dem Stadtzentrum. Um sie zu besichtigen, muss man beim Hausmeisterehepaar, den Custodi, klingeln. Die eleganten *Säulengänge* vor und links neben dem Bau sind nicht original, sie wurden erst 1930 nach ursprünglichem Plan wieder aufgerichtet. Im Inneren der Kirche mit schöner Kassettendecke findet sich ein außergewöhnliches Altarbild von *Luca Signorelli*. Außergewöhnlich deshalb, weil es auf beiden Seiten bemalt wurde. Auf der Vorderseite ist eine *Grablegung Christi* dargestellt, auf der Rückseite eine *Madonna mit den Aposteln Petrus und Paulus*. Nahe dem Eingang ein weiteres Fresko von Signorelli: Da es 1768 überputzt wurde, fand man es erst 1847 zufällig.

San Domenico, nahe der Piazza Garibaldi, ein Bau aus dem 14. Jh., wurde erst 1438 vollendet und später mehrmals umgebaut. Da die Kirche vor der Stadtmauer Cortonas liegt, wurde sie bei der Verteidigung der Stadt mehrfach als Bollwerk benutzt und beschädigt. Erhalten blieben ein *Fresko* in der Lünette aus dem Umkreis von Fra Angelico (1387 bis 1455), links ein *Altarbild* von Bartolomeo della Gatta (1448–1502) und der **Mehrtafelaltar** von Lorenzo di Niccolò dei Gerini von 1402.

Die Kirche **San Francesco** in der Via Maffai (Ende Via Berrettini), die auf etruskisch-römischen Resten entstand, war einst eine der wichtigsten Kirchen des Franziskanerordens, weil sie als zweite Kirche des Ordens überhaupt, nach der Basilika in Assisi, von Fra Elia errichtet wurde. Heute präsentiert sie sich in einem bedauernswerten Zustand. Sie wird jetzt restauriert, nachdem sich gezeigt hat, dass die Wände des 1245 begonnenen Baus auseinander zu brechen drohen. Die Kirche wird zurzeit nicht für Gottesdienste genutzt. Alle wichtigen Kunstschätze sind ausgelagert worden. Allerdings lassen sich an den Wänden die erst vor kurzem wieder entdeckten Freskenspuren von Buffalmacco (frühes 14. Jh.) bewundern. Das angeschlossene *Kloster* ist verlassen, ein einziger Mönch lebt noch in dem großen Gebäude und wacht über den Bau und über die Restaurierung, die aus Geldmangel nur langsam fortschreitet.

In der Ebene unterhalb von Cortona, knapp 2 km vor der Stadt an der Straße nach Camucia, liegt die Renaissance-Kirche **S. Maria delle Grazie al Calcinaio**, die 1485–1513 nach einem Entwurf von *Francesco di Giorgio Martini* erbaut wurde. Obwohl das Portal bereits manieristische Stilelemente aufweist, gilt die Kirche als bedeutendes Beispiel der Renaissancebaukunst. Der Grundriss in Form eines lateinischen Kreuzes verbindet den Zentralbau (mit achteckiger Vierungskuppel) mit dem Langhaus. Die Kirche wurde wegen eines wundertätigen *Madonnenbildes* errichtet, das heute in einer Ädikula am Hauptaltar aufbewahrt wird. Der Name der Kirche geht auf eine Kalkgrube (Calcinaio) zurück, die sich an dieser Stelle vor den Mauern befand und die der Schusterzunft zum Gerben diente.

Praktische Hinweise

Information

APT, Via Nazionale 42, Cortona, Tel. 05 75 63 03 52, Fax 05 75 63 06 56, www.apt.arezzo.it

Stadtfest

Sagra della Bistecca. Festival der toskanischen Gastronomie am 14./15. August.

Einkaufen

Cortona ist ein **Antiquitäten**-Schatzkästchen. Von Ende August bis Ende September findet im Palazzo Vagnotti eine Messe für antike Möbel statt.

Hotel

******Albergo San Michele**, Via Guelfa 15, Cortona, Tel. 05 75 60 43 48, Fax 05 75 63 01 47, www.hotelsanmichele.net. Im Renaissance-Palazzo Baldelli im Stadtzentrum.

Restaurant

Osteria del Teatro, Via Maffei 2, Cortona, Tel. 05 75 63 05 56, www.osteria-delteatro.it. Gemütliches kleines Lokal mit leckeren Speisen. Alle Nudeln und Desserts sind hausgemacht (Mi geschl.).

In der belebten Fußgängermeile Cortonas: Via Nazionale nach der mittäglichen Ruhepause

Toskana aktuell A bis Z

Vor Reiseantritt

ADAC Info-Service:
Tel. 018 05/10 11 12, Fax 018 05/30 29 28 (0,14 €/Min.)

ADAC Sommerservice (Juni–Aug.): Tel. 018 05/23 22 21 (0,12 €/Min.), Faxabruf 01 90/67 07 00 40 01 (0,42 €/Min.)

ADAC im Internet:
www.adac.de
www.adac.de/reisefuehrer

Toskana im Internet:
www.turismo.toscana.it,
www.toskana-online.de

Informationen erteilt das Staatliche Italienische Fremdenverkehrsamt **Ente Nazionale Italiana per il Turismo (ENIT)**, www.enit.de. Prospekte können telefonisch bestellt oder im Internet heruntergeladen werden.

Deutschland

Kontorhaus Mitte, Friedrichstr. 187, 10117 Berlin, Tel. 030/247 83 98, Fax 030/247 83 99, enit-berlin@t-online.de

Kaiserstraße 65, 60329 Frankfurt/Main, Tel. 069/23 74 34, Fax 069/23 28 94, enit.ffm@t-online.de

Lenbachplatz 2, 80333 München, Tel. 089/53 13 17, Fax 089/53 45 27, enit-muenchen@t-online.de

Österreich

Kärntnerring 4, 1010 Wien, Tel. 01/505 16 30, Fax 01/505 02 48, delegation-wien@enit.at

Schweiz

Uraniastraße 32, 8001 Zürich, Tel. 04 34 66 40 40, Fax 04 34 66 40 41, info@enit.ch

Allgemeine Informationen

Reisedokumente

Reisepass oder **Personalausweis**, Kinder unter 16 Jahren Eintrag im Pass der Eltern oder Kinderausweis.

Kfz-Papiere

Führerschein, Fahrzeugschein und Internationale Grüne Versicherungskarte. Wer einen fremden Wagen fährt, benötigt eine Vollmacht des Fahrzeughalters.

Krankenversicherung und Impfungen

Seit dem 1. Januar 2006 ist die Europäische **Krankenversicherungskarte** in die übliche Versicherungskarte integriert. Sie wird in ganz EU-Europa anerkannt und garantiert die medizinische Versorgung.

Sicherheitshalber empfiehlt sich jedoch der Abschluss einer zusätzlichen **Reisekranken- und Rückholversicherung.**

Hund und Katze

Für **Hunde und Katzen** ist bei Reisen innerhalb der EU ein gültiger, vom Tierarzt ausgestellter EU Heimtierausweis vorgeschrieben, ebenso Kennzeichnung durch Mikrochip oder Tätowierung. Bis zum Jahr 2011 gelten Übergangsregelungen.

Zollbestimmungen

Reisebedarf für den persönlichen Gebrauch obliegt innerhalb der EU keinen Beschränkungen und darf abgabenfrei eingeführt werden. Richtmengen für den Privatreisenden: 800 Zigaretten, 400 Zigarillos, 200 Zigarren, 1 kg Tabak, 10 l Spirituosen, 20 l Zwischenerzeugnisse, 90 l Wein (davon maximal 60 l Schaumwein), 110 l Bier.

Bei Reisen von und durch Drittländer (Schweiz) dürfen zollfrei mitgeführt werden: 1 Stange Zigaretten, 1 l Spirituosen über 22% oder 2 l Spirituosen unter 22%, 50 ml Parfum, 250 ml Eau de Toilette, 500 g Kaffee und 100 g Tee. Ebenfalls zu beachten ist die EU-weite Einfuhrgrenze für zollfreie Waren in Höhe von 175 €.

Geld

Die gängigen *Kreditkarten* werden von Banken, Hotels und den meisten Geschäften akzeptiert. An zahlreichen *EC-Geldautomaten* kann man rund um die Uhr Geld abheben. Auch mit der *Postbank SparCard* erhält man an VISA-PLUS-Automaten rund um die Uhr Geld.

Tourismusämter im Land

Die Toskana ist in 15 Tourismusgebiete eingeteilt, für die jeweils eine **Azienda di Promozione Turistica** (APT) zuständig ist (s. ›Praktische Hinweise‹ im Textteil). Außenstellen der Ämter oder Informationsbüros, **Ufficio Informazioni**, **IAT** oder **Pro Loco**, findet man häufig am Hauptplatz der betreffenden Städte und Orte.

Notrufnummern

Polizeinotruf, Unfallrettung: Tel. 113

Polizei (Carabinieri): Tel. 112

Ärztlicher Notruf: Tel. 118

Feuerwehr: Tel. 115

ACI-Pannendienst (*Soccorso Stradale*): Tel. 80 31 16, Mobil-Tel. 800 11 68 00 (rund um die Uhr, mehrsprachig). Man beachte die *gelben Notrufsäulen* auf den Autobahnen (ca. alle 2 km).

ADAC-Notrufstation Mailand: Tel. 02 66 15 91 (rund um die Uhr)

ADAC-Notrufzentrale München: Tel. 00 49/89/22 22 22 (rund um die Uhr)

ADAC-Ambulanzdienst München: Tel. 00 49/89/76 76 76 (rund um die Uhr)

Österreichischer Automobil Motorrad und Touring Club
ÖAMTC Schutzbrief-Nothilfe: Tel. 00 43/(0)1/251 20 00

Touring Club Schweiz
TCS Zentrale Hilfsstelle: Tel. 00 41/(0)224 17 22 20

Bei Unfällen mit *Sachschäden* ist es dringend erforderlich, Versicherung und Versicherungsnummer des Unfallgegners zu notieren. Bei Unfällen mit *Personenschäden* muss die Polizei verständigt werden.

Diplomatische Vertretungen

Honorarkonsulat der Bundesrepublik Deutschland, Corso dei Tintori 3, 50122 Florenz, Tel. 05 52 34 35 43, Fax 05 52 47 62 08

Österreichisches Honorarkonsulat, Lungarno A. Vespucci 58, 50123 Florenz, Tel. 05 52 65 42 22, Fax 055 29 54 57, cons.austria@albinipitigliani.it

Schweizer Konsulat, Piazzale Galileo 5, 50125 Florenz, Tel. 055 22 24 34 , Fax 055 22 05 17 (Hotel Park Palace), cons.suisse.firenze@fol.it

Besondere Verkehrsbestimmungen

Tempolimits (in km/h): Für Pkw, Motorräder und Wohnmobile gilt innerorts 50, außerorts 90, auf Schnellstraßen 110 und auf Autobahnen 130, bei Regen jedoch nur 110. Für Wohnmobile über 3,5 t gilt außerorts 80, auf Autobahnen 100; Pkw mit Anhänger dürfen außerorts und auf Schnellstraßen max. 70, auf Autobahnen 80 fahren.

Auf allen Straßen außerhalb von Stadtzentren und Orten muss auch tagsüber mit *Abblendlicht* gefahren werden. Motorräder müssen grundsätzlich mit Abblendlicht fahren.

Es besteht *Anschnallpflicht* und für Lenker und Mitfahrer von Zweiradfahrzeugen *Sturzhelmpflicht*. Kinder unter 12 Jahren müssen auf dem Rücksitz befördert werden. Das *Telefonieren* während der Fahrt ist nur mit Freisprechanlage erlaubt. Das Nationalitätenkennzeichen ist Pflicht, es sei denn, das Fahrzeug besitzt ein EU-Kennzeichen. Jede Person, die im Falle einer Panne oder eines Unfalls auf offener Straße den Wagen verlässt, muss eine nach DIN EN 471 zertifizierte, reflektierende *Warnweste* tragen.

Die *Promillegrenze* liegt bei 0,5.

Öffentliche *Parkplätze* sind durch weiße oder blaue Markierungen gekennzeichnet. Die ›blauen‹ Parkplätze sind gebührenpflichtig.

Wichtig: Jede Ladung, die nach hinten überragt (Surfbretter, Boote, Fahrradständer) muss mit einer 50 x 50 cm großen rot-weiß-roten reflektierenden Warntafel (ggf. mit Rückstrahlern) versehen sein. Keine Ladung darf über die Vorderkante des Fahrzeugs hinausragen.

Anreise

Auto

Umfangreiches **Informations-** und **Kartenmaterial** können Mitglieder des ADAC in Deutschland kostenlos unter Tel.

018 05/10 11 12 (0,14 €/ Min.) anfordern. Im ADAC Verlag sind außerdem erschienen: Reiseführer *Florenz*, LänderKarten *Italien* (1:750 000) und *Norditalien* (1:500 000), Urlaubs-Karten *Toskana* (1:200 000), City-Plan *Florenz* sowie das ADAC Reisemagazin *Toskana* (www.adac.de/karten).

Die wichtigsten **Routen** aus Deutschland und Österreich führen über den Brenner oder Reschenpass und Verona nach Florenz; aus der Schweiz über den St. Gotthard-Pass, dann über Mailand nach Florenz oder von Mailand über Genua, alternativ Piacenza und Parma, zur ligurischen Küste Richtung Pisa.

Auf *österreichischen* und *Schweizer Autobahnen* herrscht **Mautpflicht**, Vignetten gibt es bei den ADAC Geschäftsstellen und an grenznahen Tankstellen. In *Italien* werden die **Autobahngebühren** nach Wagenklassen und Teilstücken berechnet. Besitzer der *Viacard* (erhältlich beim ADAC; in Italien bei Banken an der Grenze und an Autobahnstationen zu 25 € und 50 €) werden bei den Mautstellen auf eigenen Fahrspuren bargeldlos abgefertigt. Achtung: Fehlende Beträge können nicht mit Bargeld beglichen werden.

Autobahn-Tankstellen sind 24 h geöffnet; übrige Tankstellen meist Mo–Fr 7–12.30 und 15–19 Uhr, Sa/So Schichtdienst. An Hauptstrecken gibt es *SB-Tanksäulen*, die Geldscheine annehmen.

Bahn und Autoreisezug

Es bestehen gute Direktverbindungen, auch mit Autoreise- und Nachtzügen, von europäischen Großstädten in die Toskana: Massa-Carrara, Pisa, Livorno, Grosseto liegen an der Strecke Genua – Rom; Florenz und Arezzo an der Strecke Mailand – Rom.

Fahrplanauskunft:

Deutschland

Deutsche Bahn, Tel. 118 61 (gebührenpflichtig), 08 00/150 70 90 (sprachgesteuert), www.bahn.de

Deutsche Bahn AutoZug,
Tel. 018 05/24 12 24, www.autozug.de

Österreich

Österreichische Bundesbahn,
Tel. 05 17 17, www.oebb.at

Schweiz

Schweizerische Bundesbahnen,
Tel. 09 00 30 03 00, www.sbb.ch

Italien

Trenitalia, Tel. 848 88 80 88 (innerhalb Italiens, gebührenfrei, www.trenitalia.com

Bus

Von größeren deutschen Städten fahren Busse z. B. nach Florenz, Siena oder Pisa.

Deutsche Touring,
Am Römerhof 17, 60486 Frankfurt/Main,
Tel. 069/79 03 50, Fax 069/790 32 19,
www.deutsche-touring.com

Flugzeug

Der Flughafen von **Florenz** (Aeroporto Amerigo Vespucci, Tel. 05 53 06 17 00, www.aeroporto.firenze.it) wird von Frankfurt, München, Wien und Zürich angeflogen, **Pisa** (Aeroporto Internazionale Galileo Galilei, Tel. 050 50 07 07, www.pisaairport.com) von Frankfurt und München, außerdem via Mailand. Von Pisa kann man auch täglich nach **Elba** (Marina di Campo) fliegen.

Bank, Post, Telefon

Bank

Banken öffnen in der Regel Mo–Fr 8.30–13.30 und 14.30–15.45, an Flughäfen und Bahnhöfen meist tgl. 8–20 Uhr.

Post

Postämter sind in der Regel Mo–Fr 8–13.30/14 Uhr und Sa 8–12 Uhr geöffnet. Briefmarken (*Francobolli*) gibt es sowohl in Postämtern als auch in Tabakläden (*Tabacchi*), zu erkennen am Monopolzeichen ›T‹ über der Tür, oder in Souvenirläden. Karten und Briefe mit Marken der *Posta prioritata* kommen meist innerhalb weniger Tage in Mitteleuropa an.

Telefon

Internationale Vorwahlen:

Italien 00 39
Deutschland 00 49
Österreich 00 43
Schweiz 00 41

In Italien ist die Ortsnetzkennzahl fester Bestandteil der Telefonnummern und muss **immer** (inkl. der 0) mitgewählt werden. Dagegen fällt bei der Handy-Nr. die Null weg.

Die Benutzung handelsüblicher **GSM-Mobiltelefone** ist in ganz Italien möglich. Man sollte sich jedoch vor Reiseantritt über das günstigste Netz vor Ort informieren und das eigene Mobiltelefon entsprechend programmieren.

Die Telefonzellen sind meist nur für Telefonkarten (*Scheda Telefonica*, perforierte Ecke abreißen!) eingerichtet, die in Tabakläden (*Tabacchi*), Kiosken und manchen Bars verkauft werden.

Einkaufen

Die **Geschäftszeiten** sind regional unterschiedlich. Meist sind Läden Mo–Sa 9–12.30 und 16–19.30 Uhr geöffnet. Am Samstagnachmittag ist normaler Einkauf, dafür schließen viele Läden an einem anderen Werktag früher. Ferienorte haben zusätzliche Öffnungszeiten (abends, manchmal auch sonntags).

Antiquitäten

Antiquitätenmärkte sind Fundgruben für Sammler. Treffpunkt am 1. So des Monats ist **Arezzo**, am 2. So **Pistoia** und **Pisa**, am 3. So **Lucca**. In **Florenz** gibt es werktags Flohmarkt auf der Piazza dei Ciompi.

Delikatessen

Kulinarisches eignet sich gut als Mitbringsel: **Lebensmittelgeschäfte** mit Spezialitäten wie Pecorino-Schafskäse, Wildschweinsalami (*Salame di cinghiale*), Trüffel (*Tartufo*) oder ›Cantucci‹-Kekse findet man in jeder toskanischen Stadt. Günstiger kauft man auf den wöchentlichen **Freiluftmärkten**. *Florenz*: Mercato Centrale (nördlich von San Lorenzo) und Mercato Ambrogio (Piazza Ghiberti), *Siena*: Piazza La Lizza.

Mode und Lederwaren

Zentrum der *Alta Moda* ist **Florenz** mit den eleganten Läden in der Via de' Guicciardini, Via de' Tornabuoni und Via Strozzi, preiswerter ist es um den Dom. Der Lederwarenmarkt auf der Piazza San Lorenzo oder Piazza Santa Croce führt erschwingliche *Lederwaren*; in den Geschäften der Fußgängerzone Via de' Calzaiuoli kauft man nur Exklusives.

Kunsthandwerk

Prato hat sich auf Spitze, Stoff und Strick eingestellt; **Arezzo** gilt als Metropole der Gold- und Silberschmiede; **Impruneta** (unweit südlich von Florenz) pflegt seinen Ruf als führende Terrakottastadt und nach **Colle Val d'Elsa** fährt man für mundgeblasenes Glas. In **Volterra** wird traditionell Alabaster verarbeitet, während man in **San Gimignano** Schmiedeeisen und Korbwaren kauft. Nicht zu vergessen natürlich Marmornes aus **Carrara**.

Essen und Trinken

Für die toskanische Küche gelten zwei **Grundsätze**: 1) einfache, frische, regiona-

Aus feinstem Alabaster entstehen in Volterra reizvolle Kunsthandwerk-Souvenirs

Hochwertiges Olivenöl aus Lucca ist die Basis toskanischer Küche

le Zutaten sowie 2) der Jahreszeit entsprechende Gerichte.

So findet man rund um **Livorno** ausgezeichnete Fischgerichte, etwa ›Caciucco‹, eine Suppe aus mehreren Fischarten.

Die als ›Bistecca Fiorentina‹ geführten T-Bone-Steaks der *Maremma-Rinder* aus der Provinz **Grosseto** werden nach Gewicht berechnet. Unter den Wildschweingerichten sind das Wildschweingulasch ›Cinghiale in umido‹ mit schwarzen Oliven und Polenta zu empfehlen und verschiedene Wildschwein-Nudelgerichte. ›Pappardelle al cinghiale‹ und ›Pappardelle sulla lepre‹ (mit Hasenfleisch) heißen Leckerbissen in der Region um Capalbio, Saturnia und Sovana.

In **Pisa** findet man auf der Speisekarte anspruchsvoller Restaurants als Spezialität ›Cee' alla Pisana‹, auf besondere Art zubereitete winzige Aale.

Mit dem um **Lucca** produzierten qualitätvollen Olivenöl werden die ›Crostini‹, die gerösteten Vorspeisenbrote eingerieben, eine Luccheser Spezialität, die häufig zusätzlich mit einer Creme aus Artischockenherzen (*Carciofini*) serviert wird.

Zwischen **Siena** und **Florenz** gibt es fantastische Lebergerichte und leckeren Fasan wie den mit Schinken und Trüffel servierten ›Fagiano tartufato‹ oder die als Vorspeisen gereichten ›Fegatini‹.

Die Region südlich von Siena, vor allem rund um **Pienza**, ist berühmt für ihren lange gelagerten und gut gewürzten ›Pecorino‹-Schafskäse. Er wird auch, wie Parmesan, zu Nudelgerichten gereicht.

Die bekannteste Sieneser **Süßspeise** heißt ›Panforte‹, ein Kuchen mit Mandeln und Trockenfrüchten. Steinhart, aber köstlich sind die Florentiner ›Cantucci‹, süße Mandelkekse, die man in den Dessertwein ›Vin Santo‹ eintunkt.

Wein

Wenn Sie Wein mit nach Hause nehmen wollen, sollten Sie ein paar Bezeichnungen und Etiketten kennen und die häufig von Weingütern und Enotecen (Weinhandlungen) angebotene Einladung zur Weinprobe (*Degustazione*) nutzen.

DOC (*Denominazione di origine controllata*) ist ein Siegel freiwilliger Konsortien. **DOCG** (… – *e garantita*) steht auf dem Etikett der nach gesetzlichen Vorschriften hergestellten Weine. Wichtig für die Reinheit ist ferner die Aufschrift ›Imbottigliato all'Origine da …‹ gefolgt vom Hersteller- oder Gutsnamen. Wenn nur ›Imbottigliato da …‹ auf der Flasche steht, deutet das auf die Beimischung fremder Weine oder Trauben hin.

Der weltberühmte **Chianti** war jahrzehntelang kein Spitzenwein, erst seit kurzem wird er als Qualitätswein produziert. Der schwarze Hahn auf dem Etikett, der **›Gallo Nero‹**, ist das Zeichen der Winzer des Chianti-Classico-Gebietes, die unter bestimmten Qualitätsauflagen produzieren und sich gegenseitig kontrollieren. Die teils sehr guten Chianti, die nicht aus dem zentralen Chianti-Gebiet kommen – es gibt **sechs weitere Chianti-Anbauzonen** – tragen meist das Etikett **›Chianti Putto‹**. ›Riserva‹ zeigt die mind. 3-jährige, ›Vecchio‹ die 2-jährige Lagerung an.

In der Region südlich von Siena sind gleich zwei Spitzenrotweine beheimatet: **›Brunello di Montalcino‹** und **›Nobile di Montepulciano‹**. Der jahrzehntealt werdende Brunello muss mind. vier, als ›Riserva‹ fünf Jahre lagern. Sein ein Jahr lagernder Bruder heißt ›Rosso di Montalcino‹. Der Nobile ist herber als dieser.

Einen guten Ruf innerhalb Italiens genießen auch die Rotwein-Gebiete **Carmignano**, westlich von Florenz, **Maremma** (Provinz Grosseto) und die **Etruskische Weinstraße** zwischen Montescudaio (Pisa) und Piombino (Livorno).

Im heißen Sommer werden in der Toskana auch Weißweine getrunken: **›Montecarlo‹**, aus dem Gebiet östlich von Lucca, oder **›Vernaccia‹** aus San Gimignano. Sehr leicht und preisgünstig sind der **›Galestro‹** und der **›Bianco della Lega‹**. Als echte Spezialität gilt der bernsteinfarbene Dessertwein **›Vin Santo‹**.

Bars

Zu jeder Tageszeit sorgen die Bars für das leibliche Wohl. Der Italiener nimmt seinen Imbiss oder sein Getränk – preiswerter – im Stehen an der Theke ein.

Rauchverbot

Am 10. Januar 2005 wurde das Rauchverbot in Italien auf Bars, Restaurants und Diskotheken ausgeweitet, die nicht über separate Räumlichkeiten mit besonderer Lüftung verfügen. Die Missachtung des Rauchverbots kann mit Geldstrafen bis zu 275 € geahndet werden.

Feste und Feiern

Feiertage

1. Januar (*Capodanno*), 6. Januar (*Epifania*), Ostersonntag (*Pasqua*) und Ostermontag (*Pasquetta*), 25. April (*Liberazione*, Tag der Befreiung von der deutschen Besatzung 1945), 1. Mai (*Festa del Lavoro*), 15. August (*Ferragosto*, Mariä Himmelfahrt), 1. November (*Ognissanti*), 8. Dezember (*Immacolata Concezione*), 25./26. Dezember (*Natale*).

Feste

Dazu kommen noch die *Festtage der lokalen Schutzheiligen*. Außerdem zahlreiche **Dorffeste**, **Sagre** oder Essfeste, bei denen lokale Spezialitäten aufgetischt werden, sowie **Patronatsfeste** für den Stadtheiligen und **Wettkämpfe in historischen Kostümen**.

In der **Karnevalszeit** wird der Reigen mit regionalem Bauerntheater, **Bruscello**, eröffnet. Höhepunkt ist der Karnevalsumzug in **Viareggio**. **Ostersonntag** beginnt in **Florenz** die Saison historischer Spiele mit dem **Scoppio del Carro** – einem heiligen Feuer auf einem Ochsenkarren.

Mai

Massa Marittima: Balestro del Girifalco – Armbrustschützenwettkampf (auch am 2. Augustsonntag).

Juni

Pisa: Regatta Storica di San Ranieri – historische Ruderregatta (17. Juni).

Florenz: Calcio Storico Fiorentino (Fußballspiel) anlässlich des Stadtfestes zu Ehren Johannes des Täufers (24. Juni).

Pisa: Gioco del Ponte – Kräftemessen auf dem Ponte di Mezzo (Ende des Monats).

Juli

Siena: Palio delle Contrade – Pferderennen zu Ehren der Madonna di Provenzano – auf der Piazza del Campo (2. Juli, Wiederholung am 16. August).

Pistoia: Giostra dell'Orso – Wettkampf um eine Bärentrophäe (25. Juli).

August

Montepulciano: Bruscello – Kostümfest der Handwerker und Bauern (15. Aug.).

September

Arezzo: Giostra del Saracino – Lanzenstechen (1. So).

Lucca: Prozession für den Volto Santo – religiös-folkloristisches Fest (13. Sept.).

Für die Kaffeepause zwischendurch: Caffè oder Cappuccino an der Theke einer schönen Bar

Wild und ungestüm ist das berühmte Pferderennen des Palio delle Contrade in Siena

Klima und Reisezeit

Wer Kunst und Gastronomie genießen will, wird im **Winter** am besten bedient: Dann sind die Preise niedrig, die Museen leer und die immergrüne Landschaft bleibt reizvoll. Der Februar ist der trockenste Monat, aber viele Hotels und Restaurants sind dann geschlossen. Der regenreichste Monat ist der November.

Sonnenanbeter kommen im **Juli** und **August** garantiert auf ihre Kosten, aber bei 40° im Schatten werden Besichtigungstouren zur Tortur. Im **Mai** und **Juni** sowie im **September** und **Oktober** ist die Toskana überfüllt, die Preise sind hoch, die schönsten Hotels ausgebucht. Die Badeorte an der Küste haben von Juni bis September Saison.

Klimadaten Toskana (Florenz)

Monat	Luft (°C) min./max.	Wasser (°C)	Sonnen-std./Tag	Regen-tage
Januar	2/ 8	9	4	8
Februar	3/10	11	4	7
März	6/14	13	5	8
April	8/18	17	7	8
Mai	12/23	18	9	8
Juni	16/28	20	9	7
Juli	19/31	20	11	3
August	18/30	20	9	4
September	16/26	20	8	6
Oktober	11/19	18	6	9
November	7/13	16	4	10
Dezember	3/ 9	14	3	9

Kultur live

Informationen über kulturelle Veranstaltungen in den Orten der Toskana erhält man über die jeweiligen Tourismusämter. Hier eine kleine Auswahl:

April/Mai

Florenz: Maggio Musicale (www.maggiofiorentino.com) – Konzertveranstaltungen (Ende April–Mai).

Gargonza: Festival ›Klänge und Farben der Toskana‹ (südwestlich von Arezzo, Mitte–Ende Mai).

Juni/Juli

Villa Medicea di Poggio a Caiano: Festival delle Colline (www.festivaldellecolline.it) – Musik und Tanz.

Volterra: Volterrateatro (www.volterrateatro.it – Theaterfestival, auch Kindertheater – auf den schönsten Plätzen der Stadt.

Siena: Settimana Musicale Senese – Konzertzyklus der Accademia Musicale Chigiana.

Barga (Garfagnana): Festival Internazionale dell'Opera – Opernfestival.

Juli/August

Montepulciano: Cantiere Internazionale d'Arte – Musikfestival.

Musica nel Chianti – Konzerte und Opern in Gärten, Parks und Villen des Chianti.

Torre del Lago: Festival Puccini (s. S. 123).

Batignano: Musica nel Chiostro – Festival unbekannter und selten aufgeführter Opern (nordöstlich von Grosseto).

Siena: Citta di Siena – Jazzfestival.

August/September

Arezzo: Concorso Polifonico Internazionale Guido d'Arezzo – Internationaler Chorwettbewerb (2. Augusthälfte).

Sansepolcro: Festival delle Nazioni di Musica da Camera – Kammermusik.

Museen und Kirchen

Museen

Die *Öffnungszeiten* der Museen sind uneinheitlich. An Feiertagen sind viele Sammlungen geschlossen. Detaillierte Angaben finden sich im Textteil.

Florenz: Wegen des großen Andrangs gibt es die Möglichkeit der telefonischen oder Online-Kartenvorbestellung für alle großen Museen bei **Firenze Musei**, Tel. 055 29 48 83, www.firenzemusei.it sowie bei **Weekend a Firenze**, Fax 05 74 40 17 44, www.weekendafirenze.com.

Kirchen

Kirchen sind in den Mittagsstunden zumeist geschlossen. Kleinere Kirchen in abgelegenen Orten sind oft generell verschlossen, es findet sich jedoch immer jemand, der behilflich sein kann.

Einige Kirchen in den großen Kunstzentren erheben mittlerweile *Eintrittsgelder* für die Besichtigung ihrer Kunstschätze.

Statistik

Die mittelitalienische Region **Toskana** zwischen der Emilia Romagna im Norden, Ligurien im Nordwesten, Umbrien und Marken im Osten und Latium im Süden nimmt als **fünftgrößte Region Italiens** rund 23 000 km² der Fläche des Landes ein.

Mit einer **Ausdehnung** von 215 km von Nord nach Süd und 235 km von West nach Ost wartet die Region, außer mit den weltberühmten **Kunstzentren** Florenz, Pisa und Siena, mit den verschiedensten Landschaftstypen auf: Den sanft gewellten **Hügeln mit Weinterrassen und Olivenhainen** im Zentrum zwischen Florenz und Siena (67 % der Fläche) stehen im Norden als natürliche Grenze zur Emilia Romagna der **Tosco-Emilianische Apennin** gegenüber, im Nordwesten die wegen ihres Marmors berühmten **Apuanischen Alpen** und im Süden der **Monte Amiata** – diese Gebirgsregionen machen ein Viertel der Gesamtregion aus. Badevergnügen bietet die insgesamt **572 km** lange **Küste** des Ligurischen und Tyrrhenischen Meers oder der Inseln des Toskanischen Archipels.

Von den 3,6 Mio. Bewohnern der Region sind nur rund 3 % in der **Landwirtschaft** beschäftigt, in der **Industrie** immerhin rund 35 %, während der **Dienstleistungsbereich** in dieser Tourismusregion (jährlich etwa 6 Mio. Besucher) mit über 60 % der größte Arbeitgeber ist.

Am dichtesten besiedelt ist das **Arno-Tal** mit 300 Einwohnern pro km², hier liegen auch einige der **größten Städte** des Landes: Florenz (376 000 Einw.), Prato (172 000 Einw.) und Pisa (92 000 Einw.).

Die Region gliedert sich in **10 Provinzen** (Arezzo, Florenz, Grosseto, Livorno, Lucca, Massa/Carrara, Pisa, Pistoia, Prato, Siena), denen jeweils ein Kapitel des Reiseführers gewidmet ist, und **287 Gemeinden**.

Thermen

In der Toskana gibt es sowohl exklusive Kurorte mit modernsten Thermalanlagen als auch badewannengroße Naturbecken mit schwefelhaltigem oder radioaktivem Heilwasser weitab jeder größeren Stadt. Hier eine Auswahl für jeden Geschmack:

Montecatini Terme

Provinz Pistoia, 49 km westlich von Florenz (**Servici Turistici**, Palazzo Comunale, Montecatini Terme, Tel. 05 72 77 22 44 , www.termemontecatini.it)

Der auf halbem Wege zwischen Florenz und Küste gelegene renommierte Kurort mit seinen palastartigen Thermalanlagen aus dem 19. Jh. bietet Kuren zur Heilung von Stoffwechselkrankheiten sowie Haut- und rheumatischen Erkrankungen [s. S. 132].

******Hotel Torretta**, Viale Bustichini 63, Montecatini Terme, Tel. 057 27 03 05, Fax 057 27 03 07, www.hoteltorretta.it. Schönes Hotel mit hübschem Garten und Schwimmbad (Nov.–März geschl.).

Chianciano Terme

Chianciano Terme liegt 73 km südlich von Siena und ist der **größte Kurort** der südlichen Toskana (**APT**, Piazza Italia 67, Chianciano Terme, Tel. 05 78 67 11 22). Die ausgezeichneten Anlagen um die Quellen Acqua Santa, Di Sillene, Di Fucoli und Sant' Elena sind besonders geeignet für Leber- und Gallenleiden sowie Rheuma.

****Hotel Michelangelo**, Via delle Piane 146, Tel. 057 86 40 04, Fax 057 86 04 80, www.hotel-michelangelo.it. Das Hotel besitzt einen Park, ein Thermalschwimmbad sowie Kureinrichtungen.

Saturnia

Der sehr schön gelegene Thermalbadeort (Tel. 05 64 60 08 00, www.termedisaturnia.it) in der Provinz Grosseto besitzt ein gut ausgestattetes **Thermalschwimmbad**, das für die Heilung von Kreislaufbeschwerden und rheumatischen Erkrankungen eingesetzt wird. Der Kurkomplex ist das ganze Jahr geöffnet. In der Nähe liegt ein frei zugänglicher heißer Wasserfall.

****Terme di Saturnia Spa Resort**, Via della Follonata, Tel. 05 64 60 01 11, Fax 05 64 60 12 66, Internet s. o. Das Hotel liegt direkt am Thermalbad, 3 km südlich der Stadt, seine schöne Naturbruchstein-Fassade umrahmt das große Bad.

Top Tipp

***Villa Clodia**, Via Italia 43, Saturnia, Tel. 05 64 60 12 12, Fax 05 64 60 13 05, www.hotelvillaclodia.com. Das Hotel liegt im Ortszentrum, nahe der Haupt-Piazza. Die reizende Villa in schöner Hanglage hat nur zehn unterschiedlich eingerichtete Zimmer.

Terme Bagni di Petriolo

Oberhalb der nur als Ruinen erhaltenen Thermen von Papst Pius II. liegt die heutige kleine Thermalanlage, 32 km südlich von Siena (**Complesso Termale Bagni di Petriolo**, Monticiano, Tel. 05 77 75 71 04, www.termesaluteambiente.com/petriolo). Das radioaktive Thermalwasser ist gegen Rheuma und Hautkrankheiten angezeigt.

Grand Hotel Terme di Petriolo, Tel. 05 64 90 88 71, Fax 05 64 40 87 12. Die moderne Hotelanlage umfasst nur im Sommer benutzte Außenschwimmbecken und ein Hallenbad (Bäder auch für Nicht-Hotel-Gäste geöffnet) mit Kurkomplex.

Terme di Bagno Vignoni

Das Thermalbad (Tel. 05 77 88 73 65) liegt 43 km südlich von Siena. (**Ufficio Informazioni**, Via Dante Alighieri 33, San Quirico d'Orcia, Tel. 05 77 89 72 11.) Schon Lorenzo de' Medici badete im historischen Katharinen-Becken, einem von gut erhaltenen mittelalterlichen Bauten umrahmten Heilwasserbad, das sienesische Baumeister anlegten. Das früher auch zur Heilung Kriegsverwundeter eingesetzte 52 Grad heiße Wasser wird heute in ein modernes Thermalbecken hinter dem Hotel Posta Marcucci geleitet.

***Hotel Posta Marcucci**, Loc. Ara Urcea 43, San Quirico d'Orcia, Tel. 05 77 88 71 12, Fax 05 77 88 71 19, www.hotelpostamarcucci.it. Modernes komfortables Kurhotel mit privatem Zugang zum öffentlichen Thermalschwimmbad und zum Tennisplatz (Jan. geschl.).

La Locanda del Loggiato, Piazza del Monetto 30, Bagno Vignoni, Tel. 05 77 88 89 25, Fax 05 77 88 83 70, www.loggiato.it. Romantisches Acht-Zimmer-Gasthaus im historischen Ortskern.

Bagni di Lucca

Der kleine Badeort (**Pro Loco**, Via del Casinò Municipale 4, Tel. 05 83 80 57 45, Fax 05 83 80 57 45, Bagni di Lucca) liegt 27 km von Lucca entfernt und gehörte früher zu den mondänsten Kurorten Italiens, es wurde auch von Königen besucht. Bade-, Fango- und Schwitzkuren werden zur Heilung von rheumatischen Erkrankungen, Magen-, Leber- und Gallenleiden eingesetzt.

***Bridge Hotel**, Piazza Ponte a Serraglio 5 A, Bagni di Lucca, Tel./Fax 05 83 80 53 24. Das kleine Hotel ist wenig komfortabel, besitzt aber Charme.

Unterkunft

Agriturismo

Auskünfte zu ›Ferien auf dem Bauernhof‹ erteilt **Agriturist**, Corso Vittorio Emanuele II 101, 00186 Rom, Tel. 066 85 23 42, Fax 066 85 24 24, www. agriturist.it.

Bed & Breakfast

Bed & Breakfast wird auch in Italien immer beliebter, *Information* im Internet: www.bedandbreakfast.it.

Camping

Zahlreich ist das Angebot an Campingplätzen. Eine Beschreibung geprüfter Anlagen bieten der **ADAC Camping-Caravaning-Führer**, Band Südeuropa (auch als CD-ROM) und der **ADAC Urlaubsführer Europa**, die beide jährlich erscheinen (www.adac.de/campingfuehrer).

Ferienhäuser und -wohnungen

Im ganzen Reisegebiet werden wochenweise mietbare Ferienhäuser und -wohnungen angeboten. Sie sind komplett eingerichtet, Wäsche muss häufig mitgebracht werden (Kaution und Endreinigung zusätzlich zum Preis einkalkulieren!). *Kataloge* geben detaillierte Auskünfte.

Hotels

Prospekte und Hotellisten sowie den Katalog ›Annuario delle Strutture Ricettive della Toscana‹ mit Informationen über Hotels, Ferienwohnungen, Agriturismo, Campingplätze und Jugendherbergen erhält man über die Tourismusämter oder über das Staatliche Fremdenverkehrsamt **ENIT** [s. S. 173].

Jugendherbergen

Über Jugendherbergen gibt Auskunft: **Associazione Italiana Alberghi per la Gioventù** (AIG), Via Cavour 44, 00184 Rom, Tel. 064 87 11 52, Fax 064 88 04 92, www.ostellionline.org.

Verkehrsmittel im Land

Bahn

Mit der Bahn erreicht man direkt alle größeren Städte in der Toskana. Es gibt Touristenbahnpässe (*Biglietti di Liberia Circolazione*), Senioren- und Juniorenermäßigungen. Auskunft: **Ferrovie dello Stato** (Ital. Staatsbahn), Tel. 89 20 21, www.trenitalia.com.

Das Wohl der Gäste im Sinne haben stilvolle Hotels wie die Villa Clodia in Saturnia

Elba lässt sich auch mit dem Rad entdecken, Mountainbikeverleiher liefern die Ausrüstung

Bus

Von Florenz aus fahren Überlandbusse fast jeden Ort der Toskana an. Ticketkauf vor der Reise bei den Busgesellschaften:

ATAF, Tel. 199 10 42 45, 800 42 45 00 (numero verde), www. ataf.net

Lazzi, Tel. 055 21 51 55, www.lazzi.it

Sita, Tel. 05 54 78 21, www.sitabus.it

Im Innenstadtverkehr der größeren Städte gibt es ein dichtes Liniennetz.

Fahrradverleih

Einige Städte wie Florenz, Lucca, Pistoia und Regionen wie Elba und das Pratomagno (Waldregion nordwestlich von Arezzo) haben sich auf Fahrrad- und Mountainbikeverleih eingestellt (Auskünfte bei den Tourismusämtern).

Mietwagen

Die internationalen Autovermieter sind in den größeren Städten und an beiden Flughäfen vertreten. Für Mitglieder bietet die **ADAC Autovermietung GmbH** günstige Bedingungen. Buchung über ADAC-Geschäftsstellen oder unter Tel. 018 05/31 81 81 (0,14 €/Min.).

Taxi

In größeren Städten gibt es mit Taxametern ausgerüstete Taxis. Doch sollte man wegen der zahlreichen Ergänzungstarife (Nacht-, Sonn- und Feiertags-, Überlandtarife etc.) die offiziellen Tariftabellen in den Taxis einsehen und bei Überlandfahrten vorher einen Festpreis *(Prezzo fisso)* aushandeln.

Sprachführer

Italienisch für die Reise

Das Wichtigste in Kürze

Ja/Nein	*Si/No*
Bitte/Danke	*Per favore/Grazie*
In Ordnung./Einverstanden.	*Va bene./D'accordo.*
Entschuldigung!	*Scusi!*
Wie bitte?	*Come dice?*
Ich verstehe Sie nicht.	*Non La capisco.*
Ich spreche nur wenig Italienisch.	*Parlo solo un po' d'italiano.*
Können Sie mir bitte helfen?	*Mi può aiutare, per favore?*
Das gefällt mir (nicht).	*(Non) Mi piace.*
Ich möchte ...	*Vorrei ...*
Haben Sie ...?	*Ha ...?*
Wie viel kostet ...?/	*Quanto costa ...?*
Kann ich mit Kreditkarte bezahlen?	*Posso pagare con la carta di credito?*
Wie viel Uhr ist es?	*Che ore sono?/Che ora è?*
Guten Morgen!/Guten Tag!	*Buon giorno!*
Guten Abend!	*Buona sera!*
Gute Nacht!	*Buona notte!*
Hallo!/Grüß dich!	*Ciao!*
Wie ist Ihr Name, bitte?	*Come si chiama, per favore?*
Mein Name ist ...	*Mi chiamo ...*
Ich bin Deutsche(r)	*Sono tedesco(-a)*
Ich komme aus Deutschland.	*Sono della Germania.*
Wie geht es Ihnen?	*Come sta?*
Auf Wiedersehen!	*Arrivederci!*
Tschüs!	*Ciao!*
Bis bald!	*A presto!*
Bis morgen!	*A domani!*
gestern/heute/morgen	*ieri/oggi/domani*
am Vormittag/am Nachmittag	*la mattina/al pomeriggio*
am Abend/in der Nacht	*la sera/la notte*
um 1 Uhr/um 2 Uhr ...	*all' una/alle due ...*
um Viertel vor (nach) ...	*alle ... meno un quarto (e un quarto)*
um ... Uhr 30	*alle ... e trenta*
Minute(n)/Stunde(n)	*minuto(-i)/ora(-e)*
Tag(e)/Woche(n)	*giorno(-i)/settimana(-e)*
Monat(e)/Jahr(e)	*mese(-i)/anno(-i)*

Zahlen

0	*zero*	19	*diciannove*
1	*uno*	20	*venti*
2	*due*	21	*ventuno*
3	*tre*	22	*ventidue*
4	*quattro*	30	*trenta*
5	*cinque*	40	*quaranta*
6	*sei*	50	*cinquanta*
7	*sette*	60	*sessanta*
8	*otto*	70	*settanta*
9	*nove*	80	*ottanta*
10	*dieci*	90	*novanta*
11	*undici*	100	*cento*
12	*dodici*	200	*duecento*
13	*tredici*	1000	*mille*
14	*quattordici*	2000	*duemila*
15	*quindici*	10 000	*diecimila*
16	*sedici*	1 000 000	*un millione*
17	*diciassette*	1/2	*mezzo*
18	*diciotto*	1/4	*un quarto*

Wochentage

Montag	*lunedì*
Dienstag	*martedì*
Mittwoch	*mercoledì*
Donnerstag	*giovedì*
Freitag	*venerdì*
Samstag	*sabato*
Sonntag	*domenica*

Monate

Januar	*gennaio*
Februar	*febbraio*
März	*marzo*
April	*aprile*
Mai	*maggio*
Juni	*giugno*
Juli	*luglio*
August	*agosto*
September	*settembre*
Oktober	*ottobre*
November	*novembre*
Dezember	*dicembre*

Maße

Kilometer	*chilometro(-i)*
Meter	*metro(-i)*
Zentimeter	*centimetro(-i)*
Kilogramm	*chilo(-i)*
Pfund	*mezzo chilo*
100 Gramm	*etto(-i)*
Liter	*litro(-i)*

Unterwegs

Nord/Süd/West/Ost	*nord/sud/ovest/est*
oben/unten	*sopra/sotto*
geöffnet/geschlossen	*aperto/chiuso*
geradeaus/links/ rechts/zurück	*diritto/sinistra/ destra/indietro*
nah/weit	*vicino/lontano*
Wie weit ist ...?	*A che distanza si trova...?*
Wo sind die Toiletten?	*Dove sono le toilette?*
Wo ist die (der) nächste ...	*Dove si trova nelle vicinanze ...*
Telefonzelle/	*una cabina telefonica/*
Bank/	*una banca/*
Geldautomat/	*un bancomat/*
Post/	*la posta/*
Polizei?	*la polizia?*
Bitte, wo ist ...	*Scusi, dov'è ...*
der Hauptbahnhof/	*la stazione centrale/*
der Busbahnhof/	*la stazione autolinee/*
die U-Bahn/	*la stazione del metro/*
der Flughafen?	*l'aeroporto?*
Wo finde ich ...	*Dove si trova ...*
eine Bäckerei/	*un panificio/*
Fotoartikel/	*gli articoli fotografici*
ein Kaufhaus/	*un grande magazzino/*
ein Lebensmittel-geschäft/	*un negozio di alimentari/*
den Markt?	*il mercato?*
Ist das der Weg/ die Straße nach ...?	*È questa la strada per ....?*
Ich möchte mit ...	*Vorrei andare ...*
dem Zug/	*col treno/*
dem Schiff/	*colla nave/*
der Fähre/	*col traghetto/*
dem Flugzeug	*col aereo*
nach ... fahren.	*a ...*
Gilt dieser Preis für Hin- und Rückfahrt?	*È la tariffa di andata e ritorno?*
Wie lange gilt das Ticket?	*Fino a quando è valido il biglietto?*
Wo ist das Fremden-verkehrsamt/	*Dov'è l'Ufficio per il turismo/*
ein Reisebüro?	*un'agenzia viaggi?*
Ich suche eine Hotelunterkunft.	*Cerco un albergo.*
Wo kann ich mein Gepäck lassen?	*Dove posso deposi-tare i miei bagagli?*
Ich habe meinen Koffer verloren.	*Ho perso la mia valigia.*
Ich möchte eine Anzeige erstatten.	*Vorrei fare una denuncia.*
Man hat mir ...	*Mi hanno rubato ...*
Geld/die Tasche/	*i soldi/la borsa/*
die Papiere/	*i documenti/*
die Schlüssel/	*le chiavi/*
den Fotoapparat/	*la macchina foto-grafica/*
den Koffer/	*la valigia/*
das Fahrrad gestohlen.	*la bicicletta.*

Freizeit

Ich möchte ein ...	*Vorrei noleggiare ...*
Fahrrad/	*una bicicletta/*
Motorrad/	*un moto/*
Surfbrett/	*una tavola da surf/*
Mountainbike/	*un mountain bike/*
Boot/	*una barca/*
Pferd mieten.	*un cavallo.*
Gibt es in der Nähe ein(en) ...	*Dove si trova nelle vicinanze ...*
Freizeitpark/	*un parco di divertimento/*
Freibad/	*una piscina pubblica/*
Golfplatz/	*un campo di golf/*
Strand?	*una spiaggia?*
Wann hat ... geöffnet?	*Quando è aperto (aperta) ...?*

Bank, Post, Telefon

Brauchen Sie meinen Ausweis?	*Vuole vedere i miei documenti?*
Wo soll ich unterschreiben?	*Dove debbo firmare?*
Ich möchte eine Telefon-verbindung nach ...	*Vorrei un colle-gamento telefonico con ...*
Wie lautet die Vorwahl für ...?	*Qual è il prefisso per ...?*
Wo gibt es ...	*Dove trovo ...*
Telefonkarten/	*le schede telefoniche/*
Briefmarken?	*i francobolli?*

Tankstelle

Wo ist die nächste Tankstelle?	*Dov'è la stazione di servizio più vicina?*

Hinweise zur Aussprache

c, cc	vor ›e‹ und ›i‹ wie ›tsch‹, Bsp.: **ci**ao; sonst wie ›k‹, Bsp.: **co**me
ch, cch	wie ›k‹, Bsp.: **ch**e, **ch**ilo
g, gg	vor ›e‹ und ›i‹ wie ›dsch‹, Bsp.: **ge**nte; sonst wie ›g‹, Bsp.: **go**la
gli	wie ›Lilie‹, Bsp.: fi**gli**o
gn	wie ›Cognac‹, Bsp.: ba**gn**c
sc	vor ›e‹ und ›i‹ wie ›sch‹, Bsp.: **sci**opero; sonst wie ›sk‹, Bsp.: **sc**ala
sch	wie ›sk‹, Bsp.: I**sch**ia
sci	vor ›a,o,u‹ wie ›sch‹, Bsp.: la**sci**are
z	wie ›ds‹, Bsp.: **z**uppa

Ich möchte … Liter … Benzin/Super/Diesel.	*Vorrei … litri … di benzina/super/diesel.*
Volltanken, bitte.	*Faccia il pieno, per favore.*
Bitte prüfen Sie …	*Verifichi per favore …*
den Reifendruck/	*la pressione delle ruote/*
den Ölstand/	*il livello dell'olio/*
den Wasserstand/	*il livello dell'acqua/*
das Wasser für die Scheibenwischanlage/	*l'acqua per il tergicristallo/*
die Batterie.	*la batteria.*
Würden Sie bitte …	*Per favore, mi può …*
den Ölwechsel vornehmen/	*cambiare l'olio/*
den Radwechsel vornehmen/	*cambiare la ruota/*
die Sicherung austauschen/	*sostituire il fusibile/*
die Zündkerzen erneuern/	*sostituire le candele/*
die Zündung nachstellen.	*regolare l'accensione.*

Panne

Ich habe eine Panne.	*Ho un guasto.*
Der Motor startet nicht.	*La macchina non parte.*
Ich habe die Schlüssel im Wagen gelassen.	*Ho le chiavi in macchina.*
Ich habe kein Benzin/Diesel.	*Non ho più benzina/diesel.*
Gibt es hier in der Nähe eine Werkstatt?	*C'è un'officina qui vicino?*
Können Sie mein Auto abschleppen?	*Può effettuare il traino?*
Können Sie mir einen Abschleppwagen schicken?	*Mi potrebbe mandare un carro attrezzi?*
Können Sie den Wagen reparieren?	*Può riparare la mia macchina?*
Bis wann?	*Quando sarà pronta?*

Mietwagen

Ich möchte ein Auto mieten.	*Vorrei noleggiare una macchina.*
Was kostet die Miete …	*Quanto costa il noleggio …*
pro Tag/	*al giorno/*
pro Woche/	*alla settimana/*
mit unbegrenzter km-Zahl/	*senza limite chilometraggio/*
mit Kaskoversicherung/	*con assicurazione ›kasko‹/*
mit Kaution?	*con cauzione?*
Wo kann ich den Wagen zurückgeben?	*Dove posso restituire la macchina?*

Unfall

Hilfe!	*Aiuto!*
Achtung!/Vorsicht!	*Attenzione!*
Rufen Sie bitte schnell …	*Per favore, chiami subito …*
einen Krankenwagen/	*un'ambulanza/*
die Polizei/	*la polizia/*
die Feuerwehr.	*i vigili del fuoco.*
Es war (nicht) meine Schuld.	*(Non) È stata colpa mia.*
Geben Sie mir bitte Ihren Namen und Ihre Adresse.	*Mi dia il suo nome ed indirizzo, per favore.*
Ich brauche die Angaben zu Ihrer Autoversicherung.	*Mi dia i particolari della sua assicurazione auto.*

Krankheit

Können Sie mir einen guten Deutsch sprechenden Arzt/Zahnarzt empfehlen?	*Mi può consigliare un bravo medico/dentista che parla il tedesco?*
Wann hat er Sprechstunde?	*Qual è l'orario delle visite?*
Wo ist die nächste Apotheke?	*Dove si trova la farmacia più vicina?*
Ich brauche ein Mittel gegen …	*Vorrei qualcosa contro ...*
Durchfall/	*la diarrea/*
Halsschmerzen/	*mal di gola/*
Fieber/	*la febbre/*
Insektenstiche/	*le punture d'insetti/*
Kopfschmerzen	*mal di testa*
Verstopfung/	*la costipazione/*
Zahnschmerzen	*mal di denti.*

Hotel

Können Sie mir bitte ein Hotel/eine Pension empfehlen?	*Potrebbe consigliarmi un albergo/una pensione, per favore?*
Ich habe bei Ihnen ein Zimmer reserviert.	*Ho prenotato una camera.*
Haben Sie ein Einzel-/Doppelzimmer …	*Ha una camera singola/doppia …*
mit Dusche/	*con doccia/*
mit Bad/WC/	*con bagno/toilette/*
für eine Nacht/	*per una notte/*
für eine Woche/	*per una settimana/*
mit Blick aufs Meer?	*con vista sul mare?*
Was kostet das Zimmer …	*Quanto costa una camera …*
mit Frühstück/	*con prima colazione/*

mit Halbpension/ mit Vollpension?	*con mezza pensione/ con pensione completa?*
Wie lange gibt es Frühstück?	*Fino a che ora viene servita la colazione?*
Ich möchte um … Uhr geweckt werden.	*Vorrei essere svegliato alle ore …*
Ich reise heute Abend/ morgen früh ab.	*Vorrei partire questa sera/ domani mattina.*
Haben Sie ein Fax/ einen Hotelsafe?	*Ha un fax/una cassetta di sicurezza?*
Kann ich mit Kreditkarte zahlen?	*Posso pagare con la carta di credito?*

Restaurant

Ich suche ein gutes/günstiges Restaurant.	*Cerco un buon ristorante/ un ristorante non troppo caro.*
Die Speisekarte/ Getränkekarte, bitte.	*Vorrei la carta/ la lista delle bevande, per favore.*
Welches Gericht können Sie besonders empfehlen?	*Quale piatto mi può consigliare?*
Ich möchte das Tagesgericht/ das Menü (zu …).	*Vorrei il piatto del giorno/ il menù (da …).*
Ich möchte nur eine Kleinigkeit essen.	*Vorrei uno spuntino.*
Haben Sie … vegetarische Gerichte/ offenen Wein/ alkoholfreie Getränke?	*Ha dei … piatti vegetariani/ vini della casa/ analcolici?*
Kann ich bitte … ein Messer/ eine Gabel/ einen Löffel haben?	*Vorrei avere … un coltello/ una forchetta/ un cucchiaio.*
Darf man rauchen?	*Si può fumare?*
Die Rechnung/ Bezahlen bitte!	*Vorrei il conto, per favore!*

Essen und Trinken

Abendessen	*cena*
Apfel	*mela*
Artischoken	*carciofi*
Auberginen	*melanzane*
Bier	*birra*
Brot/Brötchen	*pane/panino*
Butter	*burro*
Ei	*uovo*
Ente	*anitra*
Erdbeeren	*fragole*
Espresso (mit Milch)	*caffè (macchiato)*
Essig	*aceto*
Feigen	*fichi*
Fisch	*pesce*
Flasche	*bottiglia*
Fleisch	*carne*
Fruchtsaft	*succo di frutta*
Frühstück	*prima colazione*
gegrillt	*ai ferri/alla griglia*
Gemüse	*verdura*
Glas	*bicchiere*
Huhn	*pollo*
Kalbfleisch	*vitello*
Kalbshaxenscheibe	*ossobuco*
Kaninchen	*coniglio*
Kartoffeln	*patate*
Käse	*formaggio*
Knoblauch	*aglio*
Kotlett	*costoletta*
Krabben	*gamberetti*
Lamm	*agnello*
Languste	*aragosta*
Maisgericht	*polenta*
Meeresfrüchte	*frutti di mare*
Miesmuscheln	*cozze*
Milch mit einem Schuss Espresso	*latte macchiato*
Milchkaffee	*caffellatte*
Mineralwasser (mit/ ohne Kohlensäure)	*acqua minerale (con/senza gas)*
Mittagessen	*pranzo*
Nachspeise	*dolce*
Obst	*frutta*
Öl	*olio*
Orange	*arancia*
Parmesankäse	*parmigiano*
Pfeffer	*pepe*
Pfirsich	*pesca*
Pilze	*funghi*
Reisbällchen, gefüllt	*arancine*
Rindfleisch	*carne di marzo*
Salat	*insalata*
Salz	*sale*
Schafskäse	*ricotta*
Schinken	*prosciutto*
Schweinefleisch	*maiale*
Spinat	*spinaci*
Steak	*bistecca*
Suppe	*minestra/zuppa*
Tee	*té*
Thunfisch	*tonno*
Tintenfische	*polpetti*
Tomaten	*pomodori*
Venusmuscheln	*vongole*
Vorspeisen	*antipasti*
Wein, Weiß-/ Rot-/ Rosé-Wein	*vino bianco/ rosso/ rosato*
Weintrauben	*uva*
Zucker	*zucchero*
Zwiebeln	*cipolle*

Register

Impressum

Redaktionsleitung: Dr. Dagmar Walden
Aktualisierung: Kirsten Winkler
Bildredaktion: Astrid Rohmfeld
Karten: Mohrbach Kreative Kartographie, München
Herstellung: Martina Baur
Druck, Bindung: Stürtz GmbH, Würzburg
Printed in Germany

Ansprechpartner für den Anzeigenverkauf:
Kommunalverlag GmbH & Co KG,
MediaCenterMünchen, Tel. 089/92 80 96-44

ISBN 978-3-89905-515-3
ISBN 978-3-89905-328-9 Reiseführer Plus

Gedruckt auf chlorfrei gebleichtem Papier

Neu bearbeitete Auflage 2008

Bildnachweis

Umschlag-Vorderseite: Siena, Dom
Foto: ZEFA-Bildagentur, Düsseldorf
Umschlag-Vorderseite Reiseführer Plus: Der Campanile des Doms von Pisa ist als ›Schiefer Turm‹ weltberühmt.
Foto: Bildagentur Huber, Garmisch-Partenkirchen (Giovanni Simeone)

Titelseite
Oben: Meisterlich in Szene gesetzt – Siena mit Dom Santa Maria Assunta (Wh. von S. 22/23)
Mitte: Höhepunkt der Renaissancemalerei – Fresken von Benozzo Gozzoli in Sant'Agostino in San Gimignano (Wh. von S. 58)
Unten: Blühende Landschaften prägen die Maremma (Wh. von S. 72)

AKG-Images, Berlin: 83 unten (Rainer Hackenberg) – AP Images, Frankfurt am Main: 15 unten – Bilderberg, Hamburg: 6/7 (Hans-Joachim Ellerbrock), 30, 52, 53, 58 (Hans Madej), 98 (Jerzy Modrak), 115 oben, 117 (Madej), 158/159 (Milan Horacek), 176 (Madej) – DIZ Bilderdienst, München: 15 oben – Fan & Mross, Lüneburg: 80/81 (Reisebildarchive), 82 (Achterberg), 172 unten links, 182 oben (Reisebildarchive) – Franz Marc Frei, München: 115 unten – Hartmuth Friedrichsmeier, Hamburg: 10/11, 22/23, 41, 42/43, 50, 172 Mitte (Hubert Stadler) – Bildagentur Huber, Garmisch-Partenkirchen: 8 oben (Fantuz), 10 oben, 16/17, 21, 39, 48 (Giovanni Simeone), 50/51 (Leimer), 56/57 (Hänel), 107 (Simeone), 118 (M. Ripani), 126/127, 143, 179 (Simeone) – IFA Bilderteam, Ottobrunn: 13 oben (Siebig), 35 (Peter Grüner), 138 (Jose Fuste Raga), 153 (Stadler) – János Kalmár, Wien: 36, 37, 139, 172 unten rechts, 178 – Laif, Köln: 62, 76 (Hedda Eid) – Look, München: 55 (Jürgen Richter), 83 oben, 84/85 (Ingolf Pompe) – Mauritius Images, Mittenwald: 18/19 (Pigneter), 20 (Cubolimages), 54/55 (Harscher), 59 (Mehlig), 68/69 (Bibikow), 71 (Harscher), 72/73 (age fotostock), 78, 99, 101, 120 (Cubolimages), 124/125 (age fotostock), 14[illegible] (Pigneter), 156/157 (Hänel) – Werner Neumeister, München: 103 unten, 128 – Jürgen Richter, München: 6, 8 Mitte, 8/9, 61, 79, 100/101, 104, 131, 140, 142, 144, 144/145, 146, 151, 152, 154/155, 165, 157, 170 – Ullstein Bilderdienst, Berlin: 14 unten – Verlagsarchiv: 14 oben, 28, 33, 136, 150 – Hanna Wagner, Wörth: 40, 44, 45, 64, 65 oben, 93, 94/95, 97, 109, 110/111, 116/117, 120/121, 122, 123, 132, 148, 149, 177 – Thomas Peter Widmann, Regensburg: 7 oben, 9 Mitte, 11, 13 unten, 31, 47, 63, 70/71, 77, 105 (2), 114, 129, 133 oben, 135, 145, 147, 160, 161, 163, 166/167, 171, 172 oben links – Ernst Wrba, Wiesbaden: 7 Mitte, 9 oben, 10 Mitte, 12, 24, 25, 26, 32, 34, 46, 49, 65 unten, 66, 67, 68, 74/75, 86/87, 90, 91, 92, 103 oben, 119, 133 unten, 137, 172 oben rechts, 182 unten